上海军休干部口述历史系列 一

陈雁 主编

上海市军队离休退休干部活动中心
复旦大学历史学系 编

戎光印记

复旦大学出版社

目 录

编者序	1
王经文	1
马振甲	15
孙成忠	29
王柱书	36
张大澄	48
陈国祥	56
宋义民	70
王泽礼	95
杨列章	108

李庆华	119
王文钊	130
王承烈	139
刘　琦	148
缪晓辉	172
王　强	194
朱生存	205
康昌兴	220
虞　谦	233
李　旻	250
黄凯辉	264

编者序

2021年初的一天，系主任黄洋教授找我，说上海市退役军人事务局的军队离休退休干部活动中心想跟我们系合作，对在上海的优秀军休干部进行口述访谈，问我有没有兴趣带学生来做。我在系里教"口述历史"课已经十几年了，带学生做口述访谈是我的本业，责无旁贷。而且因受疫情影响，2018级本科生原本该在大二暑假就完成的社会实践课，到大三结束时还没能完成。于是我去问学生们，是否愿意参与一个口述历史项目，以替代他们无法开展的"考察祖国山河"的社会实践课。结果，师生一拍即合；这时候估计学生们窃喜——总算能凑上必修学分，我则想着完成系里布置的任务，师生都预想不到这个项目会给我们带来重要意义。

从2021年暑假开始，我们组成了以2018级本科生为主的访谈队伍，两人一组，开始访谈。在上海市军队离休退休干部活动中心和各军休服务管理机构的支持和帮助下，2021年底前终于完成了20组访谈、视频拍摄和逐字稿整理等工作。虽然都是历史学专业的本科生，虽然我也对他们进行了一定的培训，但项目完成的情况仍然参差不齐，当然很大原因是各组的访谈对象之间有较大差异——最年长的王经文政委，1928年生人，95岁高龄了；最早参军的马振甲同志，1946年入伍，是参加过昌潍、济南、淮海、广德、上海杨行等解放战争重要战役的老战士；最年轻的黄凯辉士官是名80后，这些离退休老兵们的人生经历也千差万别。

等我腾出时间开始修订、逐字校注学生们的文稿已是2022年3月底，所以这本书稿的编校是在上海疫情封控期间完成的，对我来说，这项任务成为封控在家时我生活中的一束光：这些从解放战争的硝烟，从"南京路上好八连"，从人民空军击落U-2侦察机的捷报，从对越自卫反击战的猫耳洞，从对"非典"的阻击战，从汶川地震救灾现场中走来的生动记忆，是那么的感动人心，予人鼓舞，这就是口述历史的力量。

这些老兵向复旦的学生们讲述的不只是他们人生辉煌的故事，润物细无声传递的更是做人的道理、对信念的追求、在困难前的不屈、不计名利得失的谦逊……对于学生们来说，收获的远不只是这2个学分。在这项收集、整理、保存、宣传中国人民解放军先进典型人物事迹的工作中，他们深受教育与激励。很多原本只在教科书、在报刊中读到过的人突然能够面对面地对话，有机会亲身触摸历史，这种感动与教育是课堂和书斋永远无法取代的。

这本访谈集能够完成出版，当然最要感谢的是欣然接受我们访谈的老兵们，他们都是中国人民解放军了不起的英雄模范，但又都那样的平易近人，有问必答。谢谢你们给年轻的大学生们上了最好的一课。

希望《戎光印记——上海军休干部口述历史系列（一）》的出版，是复旦大学历史学系的学生们走出书斋对话英雄模范的第一课，我们系与上海市军队离休退休干部活动中心的合作能够持续开展，为征集、整理英雄模范的口述史料，挖掘优秀典型故事，弘扬人民军队辉煌历史、丰富经验和伟大精神作出贡献。

说明：本书访谈稿以受访者出生年月为序。

陈 雁

2022年8月于复旦

王经文

王经文，1928年11月出生，安徽舒城人。1951年4月入伍，1954年1月加入中国共产党。曾在"南京路上好八连"命名期间，即1960—1965年，担任该连指导员；先后荣立一等功1次、二等功3次、三等功5次，提前晋升军衔1次；被评为团、警备区、南京军区文化学习标兵，全军文化学习先进分子，团、警备区学习毛主席著作标兵，师、警备区、军区优秀共产党员；出席过全国共青团九大，被选为团中央委员；是第五届全国人大代表。1983年11月从上海警备区后勤部副政委岗位上退休。

访谈人：张姿、刘笛

访谈时间：2021 年 6 月 29 日

从安徽农村到大上海

问：王爷爷您好，我们是复旦大学历史学系的两位同学，想先问问您是哪一年参军的？参军以后，部队对于战士们的思想教育对您的工作、学习产生了什么样的影响？

答：我是 1951 年参军入伍的，那时正是抗美援朝、保家卫国。为什么要参军入伍呢？我家世世代代是种田的佃户，本来种着地主的田地，每亩要有 60％交租；解放了，共产党来了，我们这些佃户都解放了，不要交租了。我们这些农民子弟天天披星戴月，艰苦种田，获得的收成全归自己了，所以我们感谢共产党，应该积极报名，参军入伍。

入伍以后，我们到了县城，有个新兵连在县城里组织训练新兵。在新兵训练过程中有的挑选入朝作战，有的继续训练，待后续补充。结果训练到秋天，我们部队就编到安徽六安军分区，我到了警卫营十二连当兵。我们从舒城县政府出发，到六安军分区以后，又到合肥，进入皖北军分区警卫团。从舒城到六安，从六安到合肥的前进路上，让我印象最深的是一个老班长，叫何伟。这位老班长事事走在头里，处处爱护新战士，但是也注意发挥新战士的一技之长。他知道我是小学生，认识几个字，就叫我到班里当宣传员，一路上进行宣传工作。什么宣传活动啊？就是发给我一块黑布做成的胶布，小黑板一样，两头插着小竹竿，给我几支粉笔，给我一个揩布，路上一边行军一边宣传，就是休息的时候，在这个标语牌上写上"同志们辛苦了""我们是为人民去打美国鬼子"。就是这么几个字，鼓舞大家。走了一段，休息的时候，再把标语换成"加油啊，同志们，我们练成铁脚板"。到了一段大休息的时候，就要更换标语。这样做宣传。

从舒城到六安,从六安到合肥,到合肥后我们乘上一列火车,到明光车站①下车,再从明光站转乘一段民船到泗洪县上草湾住下了。到那里去干什么?是去看修治淮河的劳改犯人。淮河在旧社会常年失修,经常是十年当中九年有灾,两岸人民经常受灾,民不聊生,经常逃荒。所以毛主席下决心,一定要把淮河治好,毛主席题词"一定要把淮河治好"。正好这些劳改犯都是上海送去修淮河的。我们成立的这个团叫皖北警备团,去看管犯人修淮河。当时许多新兵有点想不通,我们参军是要去抗美援朝,是要过鸭绿江去打美国鬼子的,现在叫我们来看劳改犯人修淮河,有点不理解。我们指导员、党代表,姓王,是老八路,他就跟大家讲:"同志们,为什么当兵?为谁当兵?为了人民扛枪,为了人民当兵!在淮河边上,看守犯人修好淮河,也是建设祖国,抗美援朝,也是保家卫国,目标是一致的。"这样,使大家安下心来。修淮河也很艰苦啊,劳改犯修淮河,部队警卫战士要巡逻,要站岗,风雨无阻。冬天战严寒,夏天战高温,汗水淋漓,也要保证巡逻站岗,保证绝对安全,不能有一个犯人逃跑。到了10月份,中央要组建空军,第一次在全军选飞行员,我们这个团一共选了18名,我也入选了。先初选,然后经过政治审查,再到卫生队进行体检,基本合格后才正式入选。因为我们看押的对象是从上海来的劳改犯,所以我们又变成上海市公安总队的一个团,那我们这18人呢,就要去上海。我们从上草湾到明光站,沿京沪铁路到了上海。我们这18人到了上海检查以后,政治上都没有问题,审查很严格,政审没有问题;但是身体要求很高,我的眼睛有点沙眼,耳朵害过耳炎,因为这两个小毛病落选了。结果,我们这18名战士一个也没选上。后来军工部门就说,你们这18名同志就不要回皖北去了,就

---

① 明光火车站位于安徽省滁州市境内,是我国最早的火车站之一,在清光绪三十四年(1908)开始兴建,民国元年(1912)通车。

留在上海吧。

问:就此留在上海了?

答:公安总队正好要成立一个摩托营,我们这18名战士就编到摩托营三连当摩托兵。这时候人的思想是很活跃的,抗美援朝没有去成,选飞行员又落选了,最后又要来站岗放哨,大家思想上都有点想法。这时候摩托三连的指导员,姓蔡,蔡指导员给大家讲了一课,说抗美援朝、保家卫国,是为人民,是爱国;在上海,用摩托车巡逻,保卫上海的安全,保卫上海经济建设,也是为人民,也是爱祖国。指导员几句简洁的话给新同志打上了烙印,使新同志印象很深,改变了原来想当飞行员、翱翔蓝天、保卫天空这个幻想。站岗放哨,就是立足站好每一班岗,巡好每一条路,保卫上海的安全,保卫上海的经济建设,当时正大规模地搞经济建设呢。就这样,我编在了三连三排八班。

问:您记得真清楚!那请问您是什么时候入党的?入党对您的人生有什么影响?

答:我们班长丛日新是一个老党员,我们的排长严新春也是个老党员。这两位老党员很注意在青年战士当中物色党的发展对象。因为我是农民出身,热爱劳动,很勤奋,我每一班岗都要提前上岗,去替换同志下来早点休息。站好每一班岗,巡逻每一班哨。班里星期天要出公差,买煤啊,拿大米啊,这些重活、脏活,我都积极报名要求参加。就是说重活、脏活我抢着干,这和我热爱劳动、农民子弟的锻炼有很大关系。所以在18位选飞行员的同志当中,我是第一个立了三等功,第一个当了副班长,以后又当了班长,过了一年以后我又立了一个二等功。在18人当中我第一个入党。

那时候全党、全军都在搞"三反五反"运动。"三反五反"以后,注意在青年一代发展党员,到1954年开始发展新党员,那么班长丛日新、排长严新春这两位老党员就注意考察我作为党的发展对象。两位老同志都是农民出身,文化水平不高,但是他们找我谈话，就是反复讲要坚定理想，要坚定信念，要为共产主义奋斗，争取入党，做好本职工作。争取参加党的队伍，就要把本职工作做好，站好每一班岗，巡好每一班哨，保证警卫任务绝对安全。我很注意听老同志的话，老同志是我的标杆，老同志是我的榜样，他们吃苦走在头里，重活干在头里，我知道党员是要做模范的，党员是要做群众的"火车头"。考察了一段时间，我被正式确定为发展对象。最后党代表、支部书记蔡昌新找我谈话："小王，你读过什么马列书啊？"我就跟他讲："我读过《论共产党员的修养》，我还看过《钢铁是怎样炼成的》。"指导员党代表跟我说："小王，两本书都是好书，《论共产党员的修养》是马列的书，中国人写的马列的书。《钢铁是怎样炼成的》讲保尔·柯察金的故事，他是个英雄，但这不是马列的书，它是讲英雄主义的书。"谈完以后，他送我一本《新民主主义论》和一本《共产党宣言》，交代我说："小王，你要好好读这两本书，争取早一点入党。"

到了1954年4月份，我们连的党支部开全体党员大会，讨论我入党的问题，先由我汇报为什么要入党。我就说，要为共产主义奋斗啊，要为人民服务啊，要坚定理想啊，要坚定信念啊，当然还说要为共产主义做好牺牲的准备，要奋斗一辈子。我的两位介绍人，就是我的老班长和老排长向支部汇报了他们对我考察的情况，两个人的一致意见是：王经文同志经过考察，符合入党条件，我们两个介绍他参加中国共产党。然后支部分小组讨论，连队三个排各一个党小组，再加上连部炊事班一个小组，四个党小组分组讨论。经过讨论，一致认为：根据政治考察情况，根据现实表现，王经文同志符合入党条件。支部大会一致举手表决，同意我加入中国共产党。加入了共产党以后，墙上挂着一面党旗——有镰刀、锤头的大红旗，让我举手宣誓：要为共产主义奋斗，要为人民服务，要不怕牺牲，要不怕困难，要为人民。支部通过以后，还要报营党委批准。共产党员考察以后入党了，还要经过一个预备期。根据党章规定,工人出身,贫下中农出身,预备期为半年;中农以上,要一年考察期;我是中农,营党委审查以后,就给支部讲:"王经文同志是中农成分,中农出身,所以预备期不应是半年,应该是一年。"但是又注了一句,说:"如果这个同志预备期表现出色,成绩显著,可以提前转正。"那这个信息就告诉我要加倍努力干好本职工作,当好警卫战士。结果半年以后,支部讨论提前转正,就这样,我提前转正了,一年的预备期改为半年预备期,正式入党。

入党以后组织上很信任我,考察期满转正后我就被选为战士支委。党支部的支委组成支部,一般都是干部担任的,排的干部和连的干部,个别的也有班长,那我是作为战士代表当了支委。一开始的分工是让我当组织委员,以后又改为宣传委员。当支部委员以后,我又提升当了排长,也是18人中第一个当排长的,当了二排排长。

不久我参加了肃反队,"三反五反"运动以后,部队要纯洁内部,要考察每个成员,特别是党员干部,家庭社会关系不清爽的,出身成分有问题的,要进行考察,要如实向党汇报。我们排有个副排长,是1949年入伍的,山东胶东人,他当时有点社会关系(说不清楚)。国民党败退时,在胶东抓了好多兵到台湾去,我们这个副排长也有亲戚到台湾去了,那时就叫他交代清楚。肃反工作结束后,我就到二连当副指导员,那是1956年。副指导员干什么工作呢?主要是三项工作:一个是抓共青团;第二个是抓俱乐部,开展文化活动;第三件事情就是扫盲学文化。当时的战士都是农民子弟,大部分是文盲、半文盲,这些战士要尽快地扫盲,要达到小学(文化)程度。我就找文化教员把这些战士组织起来,速成学文化。那时候学高玉宝,有个速成识字法,经过半年学习,这些文盲都解决了,都会看报纸,会写家信,会看家书,达到小学程度了。然后还要去考试,让你给家里亲人写一份家信,写好了就合格,算小学毕业了。

我做副指导员工作还是很有成效的。三个营唱歌比赛,我们二连是歌声最响亮、唱得最好、拉歌拉得最好的;俱乐部出黑板报也配合及时,小乐队经常搞演出,这俱乐部的三项工作又评到了二等奖,被评为公安总队直属队的先进俱乐部。这样到了1958年秋天,我就听说公安总队要编出一个团作为警备团,八连要编到警备团,我在的这个摩托连也要编到警备团。从1957年就开始宣传"南京路上好八连",我们直属队摩托连要跟八连一起编到警备团了。

问:您的一生受过很多的荣誉、奖励,在众多的荣誉奖励中,您觉得哪个对您来说是最重要的?如果您方便的话,能否跟我们分享您当年立功的光荣事迹?

王:到了警备团,摩托二连是一个比较后进的连队,因为出了两次大事故,老团长跟我们连级干部谈话:"你们摩托连是个机动连队,车辆有40多部车,容易出事故,我们这个团是全军的二等功勋团,是先进团,你们能不能保证行车安全,维护我们团的光荣?"团长讲话不多,但这几句话给我们摩托连的干部很大的压力。党支部研究决定要学习八连,特别要学习八连的思想工作,保证驾驶员安全行车、不出事故。没过多久,老指导员转业了,我当指导员,我和老连长一起组织带领连队学习八连的政治思想工作,深入细致,春风化雨,点滴入土,防微杜渐,学习八连这些做思想工作的经验。当时支部就委托我主抓政治思想教育、安全教育,我当时考虑就抓一个警示教育,就是在每个月的15号——这是我们连的副连长出车祸牺牲的日子,进行一次警示教育:集合全连,挂好副连长的遗像,全连脱帽,静默5分钟,让大家思考副连长是怎么牺牲的,记住这一天血的教训,要重视行车安全。警示教育很深刻,全连同志高度警惕,确保了行车安全。这样坚持了一年多,每个月都搞一次,一年下来全连行驶20多万公里没有出现大事故,那小的磕碰是很难免了。这一下子打了个翻身仗,后进的摩托连变成安全标兵,被评为行车安全标兵连,立了集体二等功,连长就是三等功,给我记了二等功。这一年,就是1959年,上海警备区开先进代表会,八连和我们摩托连同时上讲台介绍经验,我就讲了学八连打"翻身仗"的经验。

  这个时候同时开展学文化。部队开始搞现代化了,干部要有文化,但是老体制之下,排长(级别的)干部大多是小学文化程度,所以要首先普及初中文化程度,对连排级干部采取多种渠道学习初中文化,有条件的、能够离开岗位的调到补校去学习——那时候叫速成中学,经过一年半的学习,达到初中毕业;没有条件的、离不开工作的,在职上夜校学习。我和连长邱学友因为安全行车任务很重,离不开连队,就在职自学。每天晚上上夜校,夜校是团里面办的。我在夜校一年学了四门初中的课——算术、代数、几何、语文四门课。晚上业余时间学习,白天要工作,所有的节假日和中午、晚上休息时间全部用在学文化了,这样自学了一年,四门课,还要经过"三榜定案"。什么叫"三榜定案"呢?团里面文教组要考核,团的领导要考核,警备区文化办公室要考核,所以叫"三榜定案"。结果我四门课都获得了满分,被评为团、警备区和南京军区三级标兵,并出席了文化教育积极分子代表会议,还被选为全军文化教育积极分子代表,获得了奖状。那一年拿了四块奖牌,三块是自学标兵,一块是文化教育积极分子。文化水平有了提高,工作又打了个"翻身仗"。

去"南京路上好八连"当指导员

  八连的老指导员刘仁福,从1956年开始到1960年超负荷地工作,积劳成疾,累出病了,住在医院,很难坚持工作。组织上在全团20多个连队的正副指导员和机关干事中选人,选来选去选到了我，让我到八连去"接棒"。

我们团政治部主任姓王，负责干部工作，他找我谈话，他说："小王啊，组织上准备调你到八连去，接刘仁福的班，要听听你的意见。"既然组织说是听取意见，我就说："是组织上已经定了，还是征求我意见？如果征求我意见，我不想去，我在摩托连两年，工作已经很顺利，很有成效，关系也很好，我舍不得离开摩托连。如果组织上已经决定了，作为共产党员，服从分配，服从调遣，愉快地去报道。"领导说："小王，党委已经研究定下来了，已经报警备区了，算定下来了。"这样，我就决定调到八连去接班。

1960年10月份，正是丰收季节，我背着背包、乘着公交车到八连的驻地去报道，当时在淮海中路1632号，就是现在上海图书馆的对面，是武警总队的老干部休养所。我去报到了，可是前任指导员生病住在医院，没有人给我交代连队的情况、介绍连队的工作，但我学习老指导员的经验，他有一条原则——有不了解的事情要问战士，不熟悉情况要到战士当中去。这个话在我脑子里印象很深，所以我到八连后，没有人介绍情况，我就自己去了解情况、摸索情况。连队那时候不在南京路，在高安路、淮海路口，负责警卫华东区、警卫康平路市委领导的宿舍，警卫几个高干招待所，兴国宾馆、瑞金宾馆这些都是中央政治局常委到上海时作为招待所的。我们最远的点有在卢湾区永嘉路的，还有在徐汇区龙华的，我就经常到这些点上和战士谈心聊天。战士们看到我去，很热情，无话不说，给我讲了许多前面的指导员怎么做思想工作的具体故事，我就这样子到群众中去，了解了战士的情况，也知道了指导员怎么做思想工作。连里的战士、干部给我介绍前任指导员做思想工作的经验，说他有几个特点，第一个特点是"四个想一想"，他给干部们、给支部领导说："想一想，可以想出问题；想一想，可以想出办法；想一想，可以避免犯错误，想一想，可以提高自己。""四个想一想"，使他思想工作能够抓苗头，发扬积极因素。

另外他还有一个体会：连队的积极因素，连队的先进闪光点，先从个别战士反映出来，在做基层政治工作时要善于发现，会抓住苗头，及时扶持，及时传播，及时推广，把一个人的闪光点普及成为全连的闪光点，一个人的积极苗头变成全连的积极行动。就是这样使连队的思想水平不断提高，不断提升。

我再讲几个故事啊，也是八连的战士给我介绍的，比如叫"闪光的一分钱"，这是体现好八连"拒腐蚀、永不沾"精神很经典的故事。"闪光的一分钱"这个标题是采访的记者给提炼的。有一天早上出操——那时八连还驻在南京路，战士徐淑潮拾到一分钱，跑到指导员跟前喊了一声报告，敬礼说，"指导员，我捡到一分钱，上缴"。这一举动啊，全连同志大多数很羡慕，很敬佩。但有个别战士捂着嘴扑哧一笑，意思是说小题大做，不值得一提。就是这么一件小事，指导员看在眼里，想在心里，他就用这一分钱给全连上了一课，他把这一分钱高高举起，给大家说，"同志们，这一分钱经济价值是微不足道的，拾到以后上交了，是我们革命战士的本分，是一切缴获要归公的纪律要求。如果拾到后不上交，放在自己袋袋里，就在自己的身上和灵魂深处沾上一个污点，而且永远抹不掉"。就是这么一段非常简洁的话，给全连战士打上了一个思想烙印，告诉战士们一分钱交与不交是代表着分清荣辱界限、是非界限。除了给战士们上小课以外，连里还把这位战士徐淑潮的名字记上了光荣榜，又把他的名字和简要事迹放到荣誉室，让大家学习，并且支部做了一个决定：以后每拾到一份钱，不管钱多钱少，不管捡到的失物大小，都要表扬，都要上光荣榜，都要进荣誉室。就是这一分钱的倡导，一分钱的宣扬，在连里养成了拾金不昧、拾物交公的良好风气。

还有个战士有一天拾到了135块钱的汇款单，汇款单上有地址，他就按照地址把汇款单送到失主家。失主是个老大爷，已经70多岁了，这135块是他儿子在外地工作寄来的汇款。老大爷到处在找汇款单子,很着急,正在着急的时候,我们的战士把汇款单送到他手里。啊呀,老大爷非常激动,左一句"感谢",右一句"感谢",还说了一句深情的话,"国民党见到钱,连抢都抢不到,解放军,共产党领导的解放军子弟兵拾到钱,主动送上门。共产党好!解放军好!"这些故事都已经成为经典。

问:王爷爷,八连出了好多先进人物,很多战士退伍之后回到社会上还在发光发热,您能给我们讲讲吗?

答:我在八连啊,见证了八连转业和退伍的战士,他们到地方的工作岗位以后,好像一颗红色的种子,到地方的岗位上生根发芽、开花结果。讲两个故事,一个是标兵邵金城,他在连队当班长的时候是学习毛主席著作标兵,当排长是先进排长,曾经去北京参加国庆观礼,受到毛主席接见,跟毛主席握过手。他是指导员转业的,回到江苏通州①,下海当了烟酒糖公司的经理。那时候做生意有个很普遍现象,就是拿回扣,在物资缺乏的年代,烟糖酒可都是紧俏商品,要买很困难,所以有的人就想给他一点回扣,我们邵金城同志统统拒绝,两袖清风,不忘八连艰苦奋斗的传统,不忘八连"拒腐蚀、永不沾"的精神。清清白白当经理,干干净净下海经商,被评为先进干部。他还兼任了通州市公安干校的校外辅导员,给他们讲八连故事,讲八连传统。通州市公安局被评为全国先进公安局,有邵金城的一份功劳。邵金城就是从八连走出去的一颗红色的种子,到通州开花结果、生根发芽。

第二个故事是关于指导员戴大喜的,他转业以后被评为全国模范转业军人。戴大喜是大裁军后从部队转业到原籍,当了招商局的一个招商经理。当时实行双轨制,一边是计划供应,一边是自由价格,他就利用自己在上海工作时积累的一些老关系,给招商局增加不少效益,挣效益拿奖金,按照规定他可以拿双倍奖金,

---

① 即今天江苏南通市通州区。

他不,他跟所有的员工一样拿平均奖金。而且,他拿了这些效益奖金以后啊,给全局的员工做好事,每天中午给员工免费供应午餐,第二个就是给员工增加福利,比如建浴室,造员工宿舍。他就是把好八连的作风带到地方的典型,所以被地方评为全国模范转业军人。我们八连有一句话,"在八连红旗要同扛,离开八连荣誉要一块弘扬"。这两个故事充分表明了八连精神。

问:您受到过多位党和国家领导人的接见,能给我们讲一下当时接见的场景吗?

答:很幸运,我几次上北京参加中央召开的一些会议。第一次会议是全军文化教育积极分子代表大会,这次是中央军委领导接见了我们这些文化学习代表,有贺龙,有罗瑞卿。罗瑞卿大将是军委办公室主任,他还专门去参加宴会,招待我们这些代表,这是一次。

第二次是1964年共青团第九次代表大会,这次大会上,党政军的领导接见了我们代表,合影时我站在主席背后第三排。毛主席在接见大厅从东向西频频招手,走了一趟,再回到座位上。我非常激动,一个劲地鼓掌,手指头都拍红了,我就默默地想啊,毛主席啊,您老人家领导、教诲"两个务必",使八连进驻大城市后经受了和平年代的大考,考了满分,我们被国防部命名为"南京路上好八连"。您老人家百忙之中在凌晨的时候给八连写的《八连颂》,128个字啊,我们学习,非常激动,这是最高的荣誉啊!您老人家培养了八连,我代表八连向您老人家致敬!毛主席走过来走了一圈跟我们合影,这是我最激动、最感激的一次。

还有一次就是1968年,全国五届人大会议,我作为团政委被选为全国人大代表,这次会议上也受到了中央领导同志的接见。我还被胡锦涛等党和国家领导人接见过,非常荣幸,一辈子难忘,终生记忆,记忆终生,衷心感谢!

王经文

退休后坚持宣传八连精神

问：王爷爷，听说您退休之后还一直承担着对年轻人的思想教育工作，还一直学习使用电脑，写博客，能给我们讲讲吗？

答：党培养了我，八连锻炼、教育了我，我在八连学到了八连的许多优秀传统，我就决心退休以后要当好八连的传人。退休以后，我就融入社区，走进学校，给师生们讲八连的故事，给社会青年、党政机关青年干部、军营警营的青年官兵讲光荣传统。为了讲好传统，我也要学电脑，开博客，先去了进修中心学习打字，学首尾拼音（输入法）对我来说很困难了，因为年龄大了，记忆力减退了，人家学一遍，我要学好几遍，甚至学七遍、八遍、十遍。等到学会了首尾拼音输入法，能打字了，我就可以写博客了。在博客里，我就写故事、写传统、写精神，后来还通过微信、通过手机、通过邮件教育青年。我已经三次参加了区关工委的"五老报告团"，我给他们讲了三期，每一期都讲了八连的故事，从八连如何建立、获得的荣誉，以及以后怎么样发扬荣誉，八连怎么样离开南京路，又怎么重返南京路，为人民做好事。每月 10 号、20 号两次上南京路为人民做好事情，给居民理发，给居民修鞋，给居民补衣服、量血压等，为人民服务。除了给学校学生讲，也给警营、军营的青年官兵讲，还给党政机关青年干部讲八连的故事，讲八连的精神，讲八连的传统，很受欢迎。我年纪大了，关工委的领导照顾我，做主题报告不叫我去了，我就用电脑、网络讲故事，每天写一篇博文发上去。还有我有结对带教的青年，跟党政机关的青年干部结对交流，带教师范学校、高中学生，教育他们热爱党，追求党，争取早日写入党申请书，这样助推他们进步。有一次，他们的支部书记对我说："王老师啊，你带教了一些青年学生，每个人都写入党申请啦,都要求入党。有的在学校入党,有的上了大学以后入党,他们到了大学以后都成为学生干部。"他还跟我讲,其中有两位学生参加全国主题征文竞赛,两个人都获得了一等奖。我说:"这不是我的功劳,这是青年们自己努力,是学校的老师的功劳,我只是助推一下他们的进步。"①

---

① 王经文退休后积极参加社区募捐、助学活动,先后被各级评为"五好家庭""学习型家庭""和谐家庭"等。"十八大"以来,以"赞五年的新成就""新时代、新思想浅谈""好八连故事""铁军精神""身边好人好事"等为题的系列短文,在"老小孩""九九关爱""梦圆"三个网站发表数千篇博客,广受中老年网民好评。1999年,中央电视台《夕阳红》栏目曾经报道他的感人先进事迹。2019年,他被评为"上海市最美退役军人",1993年、2004年、2014年先后三次荣获"全国先进军休干部"称号。

马振甲

马振甲,1931年6月出生,山东阳信人。1946年10月入伍,1948年9月加入中国共产党,参加过昌潍、济南、淮海、广德、上海杨行等战役,1983年离休。先后荣立一等功1次、二等功3次、三等功7次、四等功9次,被评为连英模3次、营英模1次,受嘉奖8次。1955年被授予"解放奖章",1988年被授予"胜利勋章"。

访谈人：李禹杭、陈知新

访谈日期：2021年7月13日

打过淮海战役、渡江战役

问：爷爷您好，请问您是什么时候参军入伍的？

答：我是1946年参军的。这个年龄呢讲周岁是十五岁，讲虚岁十六岁。大概是十月份①。我是山东阳信的，就滨州地区，我们那个地区解放大概是1945年7月，我记不太清了，解放军解放了我们阳信县。我们这个地方呢，那个时候我们小也不知道，后边儿才知道我们这个县里光共产党的地下党支部就有40多个。我们这儿解放以后，不是搞土地改革嘛，土地改革以后，就动员参军。当时的口号就是"保家，保田，保饭碗"。参军的时候，一开始是我父亲去报名的。我那时候小啊，父亲是老党员，这样就报名了。报名回来以后，母亲就跟父亲讲，你出去以后家里怎么办呢，老的老小的小。我那时候有爷爷奶奶，还有弟弟妹妹。然后我就说我去，我去参军。我那个时候也想当兵。第二天，我父亲就去找驻村干部，驻村的干部当场就说："好啊，亲爹让给儿子。"我父亲当时是村里的农会主席，在我们村子也是第一个党员，这样我就参军了。报名以后先在村子里集中，我们那个村子一共八个，一次性八个人参军。

问：八个？

答：嗯，八个。有一个比我还小一岁，太调皮了，就被刷下来了，真正入伍的时候就七个人。七个人之后就集中到新兵团参加操练，搞训练。训练没有多长时间，就到靠近渤海军区的一个大村子，新兵团就驻在那里，就准备上前线去了。后来，我被编在阳

---

① 本文中出现的包含月份和具体日期在内的时间如果没有特殊说明，均为阴历，下文不再列出。

马振甲

信县大队。过去每一个县都有县大队,我们这个县的县大队,有五个连还是六个连。到县大队后有枪了,那个时候的枪不叫枪,就像筒子一样,北方叫土杆子。子弹也就三到五发。但因为没有仗打,就拿筒子枪站岗。又过段时间,到军分区,我们那儿是到渤海四分区集中了,我在渤海四分区的二十一团。这个编起来就在当地巩固治安。那个时候土匪很多的,土匪、恶霸,不管我们实际怎么样,但我们是兵,他们还是害怕的。那个时候,正副班长一般都是(打过)抗战的,排以上,都是打过抗日战役的。

待了一段时间呢,我们就到战壕去看俘虏了,七十四师①你们知道吧,七十四师被俘的军官都弄到战壕去了,战壕靠海边。我们去看他们,叫看俘虏。我们在那大概三个月,一边看俘虏一边捉匪,那个地方有海匪,再上东边儿就是海啦,你出去跑一天找不到一个村子。然后,说是要过黄河,这就到了1947年,大概是七月十五啊还是八月十五,晚上行军过黄河,过了黄河以后到了黄河以南的博兴。之后,我们就(开始)整训、诉苦运动,三查三整②。怎么整呢,查什么呢?查阶级、查思想、查作风;整顿组织、整顿思想、整顿作风,叫三查三整。诉苦运动,就是让农村出来的讲家里没有地、没有吃的,通过诉苦,进行教育,讲地主怎么怎么坏。诉苦运动以后又要整编了。这个整编,一般情况下,就是两个团合并成一个团。整个渤海军区最后组建了两个师,两个师六个团,就是由新当兵的组建起来的。在这里搞整训,整训完了就到1948年二月了。这个为什么记得清楚,就北方人讲,二月二龙抬头,炒

---

① 国军整编七十四师,号称"国军五大主力"之一,抗战中多次挫败日军;1947年解放战争中进行整编,张灵甫任师长,1947年5月,被我华东野战军在孟良崮合围全歼。

② 三查三整运动,是指1947年冬—1948年秋中国共产党结合土地改革进行的整党整军运动。三查指查阶级、查思想、查作风;三整是整顿组织、整顿思想、整顿作风。通过"三查三整"运动以纯洁党的组织,改进党的作风,增强党的战斗力,保证土地改革的完成。人民解放军利用战斗间隙,从阶级教育入手,进行土改政策的学习,运用诉苦(诉旧社会和反动派给予劳动人民之苦)和三查三整活动,对部队进行阶级教育,发扬政治、军事、经济三大民主,开展群众性练兵运动,以提高部队的阶级觉悟和战斗力。

豆子；二月二，这个印象最深了。

我是1947年五月份开始当通讯员的。过去通讯就是靠徒步，一个连队三个通讯员。一般通讯员都是小孩子，一般都是年纪最小的。一个营里有通讯班，营里到团里，有一部电话，就是电影里拉着个电线到处跑的那种。团里有骑兵排，有通信班，有保卫首长的。到二月二就打周村、张店，打淄博，叫周张战役。这是我参加的第一次大战役，渤海纵队的9纵、7纵一起打。我们渤海纵队的主要任务就是打伏击，防止国民党来增援。伏击是什么呢，就是先占领阵地，构筑好阵地，你来我就打，但是得守住。这个战役，国民党也没想到，我们是下着雨打的，打得很顺利。行军的时候走到一个村子里，一边是国民党军一边是解放军，抽烟的时候："老兄，借个火。"那个时候没有打火机的，火柴一划着，啊一看戴着国民党军帽盔，（我们的人）不吭声就跑回来，说看到国民党军了。结果团长就下个口令，一枪没放就缴获（敌人）了。

这个当然不是我们缴获的，是人家打的，我们那个时候已经到了周庄南边，绕到山区去了。我们在山区里打伏击。长白山①的阵地两边儿是高山，中间有条路，我们一个营就在这个地方打伏击，阻击国民党军。我那个时候待的地方是重机枪连，重机枪你要看那个粗筒子的马克沁②，看到国民党军走这边我们就用重机枪打，但实际上是干扰他，打也不一定打得着人。这是第一次作战，打得也很顺利，两天不到就解决了。

之后搞整训，训练大概个把月，然后就是昌潍战役，这个战役是在胶东和渤海的结合部。潍县这个地方城墙很坚固，这个战役

---

① 山东长白山位于山东邹平、章丘、周村交界处，因山巅常有白云缭绕而名。山势峻拔，重峦叠嶂，绵延数十公里，向有"泰山副岳"之称。最高峰摩诃顶，海拔826.8米。

② 马克沁重机枪是世界上第一款真正成功地以火药燃气为能源的自动武器，由美国工程师海勒姆·史蒂文斯·马克沁于1883年发明，1884年获得专利。马克沁重机枪在第一次世界大战中大显威力，在第二次世界大战已不是主力武器。在中国，马克沁机枪被仿制生产，称民24式重机枪，在历次会战中都有不俗表现。

马振甲

大概是四五月开始的。我们干什么呢,就天天挖工事,掏战壕啊,小汽车都可以从战壕开过去。我们在这个地方大概包围不到一个月,就开始打,我们的任务是直接打西南关、南关。国民党那个飞机就狂轰滥炸,那个时候丢的都是燃烧弹,下来呢正好砸到我们连的阵地上,那时我们在猫耳洞里,我们有个重机枪射手,钻进去了,但燃烧弹下来砰地正好砸到他上边儿。我们就赶紧救人,挖出来以后机枪手就起不来了,伤势很重,就给送到后方去了。这是我们第一次直接受到生死考验。

我们重机枪连,只有四挺重机枪,而且有德国的,有日本的,反正不是中国的,子弹也是有限的。我跟着连长,通讯员也是有分工的,三个人,一个跟连长,一个跟副连长,一个跟指导员,文书就跟副指导员。这是打的第一仗,这仗打得很好,然后做准备,准备打南关,向前推进。这个西南关在潍县城的西南角上,离城墙没多远,也就是几百公尺。南关离这个潍县关有点距离,但是南关比西南关大一点。我们准备打南关就是向前推进了,我就跟着连长上去看地形。在南关和西南关中间隔着一条河,还有好几个碉堡在河对面。我们看好地形,重机枪就安排好,要看信号,发出信号了,你就打,不叫你打你不好打,你子弹不够。这样到了晚上,就打南关了,因为我们的任务主要是打外围,外围打了以后就交给九纵,就是后来的二十七军。他们打潍县的,我们渤海纵队主要就是打外围,把外围给扫掉,然后他们集中力量攻城。我们打南关,开始的时候要先把城墙中间的河处理掉,处理掉就是爆掉,把水放出去;还有个碉堡要炸掉,我们好几挺重机枪、好几挺轻机枪就对着它,把那个碉堡打一个大窟窿,再用炸药炸掉它。负责炸碉堡的是我们连的四班长,这个战斗下来,他评上了战斗模范。团政委给他戴个大红花。

打南关之前本来没有我们团的任务,但是南边鲁南军区几个团打了几天没打进去,我们攻的这个地方在南关后面,我们从西南角就这样打进去了。西南角没有城墙,但南关有围墙,一圈儿,就跟土围子似的围着,下去还有护城壕,要过了护城壕再把城墙给炸掉,才能上去。我们营是三营,我们是机枪连,九连出了一个铁锥子班,七连出了一个模范战斗班,铁锥班就硬钻进去,我们重机枪呢是搞掩护的,他们攻进去了,我的任务就完成了。他们攻破了以后,我们重机枪连也上去了。爬那个围墙,我一上去就滚下来了,滑不粗溜地滚下来。我就那个时候年轻啊,活动活动重新再上。上去以后连长就讲:"小马,你给我去找营长汇报,你说我们机枪连上来了,在这个围墙上,我们进攻方向是哪里,请营长告诉我们。"连长叫我去找营长,我说连长这个怎么找啊,到处枪响,我上哪里找去啊。连长说你去找我不管,我说你再找一个人,就我一个人我也不好去,连长说叫三班的小张跟我一起去。小张在前边儿拿着枪,我在后边儿拿着手榴弹,我们找着有洞的房子就钻进去看下,走着走着碰到了我们团里的通信部长,那个部长平常来给我们上课的,我们就上前报告。通信部长问,小马你来干什么,我说找营部。部长说:"这里有个洞你上前,不要拐弯儿,就找着营部指挥所了。"我们两个就顺着往前跑,听部长说很简单似的,但我们找到营长已经黑天了。营长接到的命令是要这个营撤回去。为什么要撤呢?国民党军从后边儿也败下来了,你这一个营在这儿,他一夹就把你夹在里头了。我们营长是个老红军,是刘志丹部队的,比较有经验。告别营长,回到原来的阵地上,我传达了营长的命令,要撤回去。撤到西南关就不好撤了,那时是白天,离城墙一两百米,打起来,你一路走,机枪啪啪啪地打。只好连趴带爬,爬着过去的,终于撤到西南关等营长。

外围战役打完之后,就把我们调出来了。这时王耀武的增援部队到了,上边命令我们去打阻击。接下去我们又停下来搞训练,因为下一步要打济南。训练的时候练过独木桥,扛着机枪爬梯子,投手榴弹。

马振甲

没打济南以前我们的主要任务是拖住王耀武,不让他增援兖州。那时邓小平、粟裕和陈毅带着部队在河南、山东西南角上,挺进大别山。许世友带着山东兵团也绕过去打兖州了,那我们渤海纵队的任务就是拖住王耀武,不让他去增援兖州,王耀武要去增援我们就打,打的第一个地方是山城庄,我们要上济南去,第一道防线就在这个地方。那时打得蛮厉害的,我也蛮危险。我们在老百姓家墙上掏个洞,把机枪就架在老百姓的炕上,机枪的地方要高,上面打下去子弹才有弧线。开始我也不懂的,我当连长的时候也不懂得什么升弧降弧。山城庄这个地方,是王耀武防护济南的第一道防线,战斗打得很厉害。到最后,我们营牺牲了好多人。那个时候说老实话,也没有很丰富的经验。我们纵队司令员晚上跟我们讲话,要把王耀武部拖出来,还真拖出来了。我们这边六个团,拖出来敌人六个旅,他们一晚上就把我们撵到山区去了,撵出去六十多里,我们赶紧的拖,这就是毛主席讲的:打得赢你就打,打不赢就走啊。这个时候,我还当通讯员,一个晚上,一双新布鞋就磨破了。怎么磨破的呢?铁路下边儿都是石头啊,那来回跑呀,一晚上就磨破了。

最后要撤,但部队撤不下来。营长召开连长会议,组织撤退。撤退要组织的,组织不好要出问题的。但我们想打,不想撤退,最后团政委来了,说这是命令,一定要撤,要顾全大局,只有撤才能把王耀武拖得更远,于是我们就撤了。撤的时候要互相掩护,这撤不好就糟糕了。这个打仗呀,最怕是打不赢的时候撤退,撤退搞不好就乱了,人家撵上来了你着急忙慌的。营长让我们机枪连两挺机枪留在这里,两挺机枪撤下去选择一个好的阵地,掩护撤退。

到了八月十五打济南的时候,我们负责打小北门。济南是泉城,工事挖不了,一挖就出来水。这里工事不好挖,我们就在城墙底下的地方弄上老百姓的门板,有土的地方弄点土,没有土的地方就用老百姓的被子洒点水,炮弹落下来,有墙挡着打不到你了,这个主要是防炮弹。上面给我们的任务就是拔掉马路对面,对着小北门的一个碉堡。我那个时候不当通讯员,当重机枪射手了。我们在墙头看得很清楚,碉堡小着呢,枪出子弹的地方都看得到。我们就开始盖东西,把老百姓的凳子、桌子都拽出来了,上面盖上被子,再弄水。这样搞起来,下面就能挖一点(工事)了,打仗没办法,有水你也得挖,就这样过了这个墙。

后来王耀武从我们团的阵地跑出来,从一营阵地上跑出来的,这个阵地下边儿有个地道,谁也不知道,突然冒出来了,拿着大刀,带着手枪,一出来就被一营他们给抓住了。王耀武后来是战犯特赦名单里第一个,为什么呢?济南要准备打的时候,他就把关押的地下党进步人士都放掉了,他是做了一件好事。我们营从城门攻进济南,打到了大明湖,战斗就结束了。打下济南后我们的任务就是在那里维护秩序,搞训练,后来参加了淮海战役。

我们渤海纵队参加淮海战役很突然,本来我们的任务是警卫济南。要开到淮海战场时,我们是早晨接到的命令,晚上就走了。这之前我们都准备在济南过年了,一个连队买了好多菜,白菜很便宜。早晨出操的时候,连排干部都集中到营长、教导员那儿去开会了,战士议论纷纷,老班长、副班长都打过抗战的,也议论:肯定有任务了! 排长回来说:"赶紧整理东西。"也不讲什么事,只说到晚上你们就知道了。我们也没什么东西要整理,就打扫卫生,把老百姓的东西搞搞好,吃过晚饭就集中了,然后就到了济南东边的一个火车站,我们上了本来拉煤、拉牛的火车。从济南到兖州,大概是三百里左右,(火车)走了一夜,太阳刚下山我们就出发了,到兖州出太阳了。这时,国民党的飞机来了,我们没下火车,那飞机不是轰炸机是战斗机,不停射击。我们下了火车,各人跑各人的,反正国民党的飞机打不到就行了。国民党的飞机走了以后,再吹号集合向淮海战场行军。

马振甲

我们接到命令说国民党要跑,要放弃徐州,叫我们做好准备。我们赶紧行军,但一天没吃饭,怎么办?我们机枪连嘛,有骡子有马拖机枪、拖弹药,有的战士调皮,就抓把马料里的炒豆子,一面走一边吃。就这样,我们第一批到的徐州。到了徐州天还没亮,我们就到处放警戒哨,路口、商店里,都放警戒。

老百姓白天出来一看都是解放军,国民党都跑光了。老百姓提水壶来给我们送水,我们也不敢喝。虽然饿得慌,可是守着国民党的罐头也不敢吃,不敢动。我们营部有个通讯员调皮捣蛋的,用刺刀把罐头剁开,挨批了。那个时候部队纪律严得很。我们在徐州待了一个多礼拜,后边有吃的了,因为国民党在徐州丢的东西太多了,枪支、弹药、米面、油。一个多礼拜之后,我们又参加淮海战役了。杜聿明跑到蒙城,被围了,我们这个部队被调上去的时候,他已经被打得差不多了。我们在杜聿明的北边这一线,渤海纵队摆开以后天天挖工事,挖战壕,挖三米坑。那时已经下雪了,我们的帽子里边儿是白的,棉衣棉裤里边儿是白的,就翻过来穿,去挖工事,大家趴在那里,一人一个地方,拿着小锹儿,慢慢地挖,土都冻得邦邦硬了,开始掏个小洞,越掏越大,两个人挖通了,再挖宽,挖宽以后再挖个猫耳洞。我们在战壕里待了20多天,一天一顿饭,炊事班送一次,我们吃一天。20多天以后下雨啦,这里下那里下。淮海战役先不打,光包围着他们;围了20天左右开始打了,我们团去打的何庄、孔楼、韩庄,打了三个村子,一个营打一个村子,打的是国民党的李弥兵团。我们团缴获了李弥兵团一个手枪营,全部都是二十响德国造,后来还缴了大梭子、小梭子,给全团都配上了,都是锃亮锃亮的新枪。我们打到孔楼时,国民党还在跑,他跑我们就打。

打着打着,国民党的飞机来了,我们在碉堡上,飞机冲着我们这儿来了,幸亏我们班长机灵,抱着机枪就跑下来了,炸弹投到了碉堡边上,我们班一个也没伤着。

总攻的时候，渤海纵队调到了南边打阻击，就是防止杜聿明要逃跑，他正好是在这个地方突围，给我们打回去了。一打回去，国民党都乱了，我们的步兵冲上去了，我们机枪连不能冲上去，打也不好打，只能瞪眼看。淮海战役结束后，我们部队又整编了，老地下党员张克侠率部起义，我们就和张克侠的部队整编成了三十三军。

华东野战军三十三军，张克侠是军长，秦化龙任政委，下面就三个师一个炮团，后来部队就开到安徽芜湖无为县，在巢湖南面搞训练，训练怎么上船，怎么游泳。那个时候我们游泳也不会。上船怎么训练呢？把船开到湖中间，是那种圆圆的，盆一样的船，小的上一个班，大的上一个排，就在这上面训练。第一批（过江军队）是四月二十一过江的，我们是后边一天过江的。第一批打到什么程度我们不知道，那时候，国民党是一打就跑了。过江以后天天行军，又下着雨，一直摔跟头。我们一个班十四个人，我一个人扛着一挺重机枪，班长背着一个大水壶——马克沁有个水壶，还背着一支步枪。本来那个机枪配件是我背着，班长看我小，他就替我背了。班长个子大，也有劲儿。我自己扛着个机枪身，你看我这两个肩膀到现在都这样（指肩膀上有印痕——访谈者注），后面都化脓了。我拿着枪没走几步就滚到沟里去了，枪都不好打了，里面连泥带水的，我擦枪擦了好长时间。

这行军一直行到安徽的广德。我们经过铜陵、宣城，到了广德。晚上住下的时候，上边给了我们新任务，是第二天要赶到湖州的吴兴。为什么到吴兴呢？国民党逃跑要在这里走，要在那堵着他们。第二天早晨，天刚蒙蒙亮，全营到广德的城东集中，教导员动员，我们就噼里啪啦往前赶。我们上前追到一个山头上，堵住了敌人一个团。我们三个机枪连、一个炮连打到那里，国民党一个团就举起白旗来缴枪投降了。

这样，在那打了一天，最苦的是我们团的四连，四连有个班，十四个人只活下来了一个。最后（他们）和国民党拼到什么程度，他们班长到死还咬着（敌人的）耳朵。我们营在广德牺牲了五六十个人。有个三人小组俘虏了国民党一个团。（他们）看到国民党的电线了，就摸了进去，摸到敌人团部去了。"你缴枪不缴枪，不缴我打死你"，最后叫敌人集中起来，把武器都放下，三个人缴了国民党一个团的枪。

广德打下来以后，部队被打散了，大概用了一个多礼拜才把我们全部集中起来，在这里整顿好以后就向上海方向进军了。过苏州的时候走的边上，那个时候苏州有城墙，最后到了嘉定北边，师部驻在嘉定县城，我们团部在葛隆，我们在乡下。实际那个时候上海已经被包围起来了，就等着打了。

那时我们是（三野）九兵团的，司令员是宋时轮，政委是郭化若。打上海的时候，我们配合十兵团。我们打上海是到了二十四号还是二十几号，上边突然命令要打上海，我们第一步先到的罗店，在罗店稍微停顿，然后上杨行。那时候不能在地里走啊，地里都是水，前面的部队都在河边上抢下一块来，贴着边走，还好水也不深。政委带着三个机枪连一个炮连在杨行镇等着，步兵一直就冲到吴淞去了。打了大概一天时间，我们团俘虏了七八百人。

到了晚上，我们又行军回了葛隆。回到那里学什么？学约法八章、入城守则。我们进上海是1949年的7月1日，接替原来警卫上海的第九兵团，把他们换出去了。那个时候在上海苦啊，喝阴沟的水，吃的粮食面是黑的黄的，米也是黑的黄的，一块一块的，菜也没有，没有菜吃。

立　　功

问：您怎么入党的？

答：我那时候属于火线入党。我们排长转业后回到我们老家,我每次回家都去看他,我一当兵他就是我的排长,他总是说:"小马当通讯员最灵活,走到哪里都可以找到连部,走到哪里都知道我们这连上哪去,他做的都有记号,我们都知道。"

问:您立了那么多功,有没有印象比较深的?您能给我们讲讲这些奖章,您最看重哪一个?

答:我最小的一个(勋章)是淮海战役的。淮海战役是第一个勋章,这个当时是发的最早,也风光。还有一个含金量高,它的含金量值四百多块钱,那时候我们工资才一百多块钱。渡江(战役)的勋章搁在家里给丢了。

问:您还记得您立功的时候有遇到什么困难吗?

答:我从来不讲困难。叫我连长改指导员,那真是困难,我不识字,指导员是做思想工作的,写写弄弄怎么办,写不来的,是吧?我扫盲是从 b、p、m、f(汉语拼音)开始学的。本来让我在松江学习,学完以后当指导员,学到半截给我调回来了,不叫学了。

我给你讲,我原来在机枪连,在崇明搞生产三年。三年回来后第三天,就给我调走了,我家老太太都不知道。在上班的路上,团里干事找到我说:"马振甲,团首长找你。"一见到我们团长,团长就说:"马振甲,这会儿有没有条件?"我说:"团长,又怎么着了?"团长说:"你现在到八连当连长。"我说:"我回连部交代交代。"团长说:"不要交代,你现在就去。"到了连队,指导员正在动员,要去好八连,叫我带着,可我啥也不知道呢。我在头里领着,班长、排长都背包背着枪,就到淮海路这里了,八连在那里。走到那里,指导员讲:"连长怎么办?"我说那就班长和班长对口、排长和排长对口交接,只要交代清楚就行了。

那时候在上海,嘉定有(布防)点,宝山也有点。交接之后,我们也不了解情况啊,怎么办呢?我就一家一家找保卫部门对接,问他们有什么要求,有什么意见。那时候一些单位的保卫处长、保卫科长,我一个个走访。他们都是老资格,参加过抗战的,我只打过解放战争,新兵蛋子啊。我们就一家一家走访对接啊。

问:您还记得自己立一等功的情况吗?

答:对,一等功,我知道,但现在也搞不清楚了。我第一次立功是全营过了黄河以后,营里教导员讲立功,全营我是第一个。他讲:"马振甲!"把我叫起来,那时候咱也小,指导员讲"小马,领去"。那个时候就是一个小奖状,但我那一等功是盖的郭化若的章。这奖状拿家去,到了家里,一下雨一捣鼓房子,就完了。再一个,过去到处搬家,那也不可能留着。

我这人喜欢讲老实话,喜欢做老实事,不自我表扬。有一次我们干休所所长上电台介绍我,说我立功什么的,我说你这些东西都哪来的?他说是在我档案里查的。过去我在营以下单位时,每次立功都有我的事,包括连的模范,营的模范。所长说在我的档案里抄出来的,我说我自己早忘了。过去立功的时候,你打仗不出纰漏,能完成任务,都能立功!过去立功,就是一个奖状,一张纸;还有一个喜报,也是一张纸。我一当兵的在连队里,这纸往哪里放,很容易就丢了。比如,过去入党就一个志愿书,我是贫农出身,入党志愿书交了,候补(预备)期三个月,党小组会开完了大家同意了,就转正。这个入党志愿书,对不起,烧掉了,大家守着烧掉了。为什么烧掉?如果真叫国民党抓住了,说你是党员,那你只有死路一条,这也是为了保护你。

淮海战役的时候,白天走烂泥路,都是水,那时候又没有雨鞋,夜里(鞋)就冻得硬邦邦的。晚上站岗的时候,离敌人近到什么程度?两边的讲话都能够听得到,最近的地方也就离开二三十米。打到后面,老百姓爬出来,瘦得实在可怜,给我们送饭,我们全连都不吃,都给老百姓吃了,这军民关系能不好吗?过去行军到哪里,不管多么累,先给老百姓挑水,先给老百姓打扫卫生,村子里路不平的地方就去平一平。老百姓能不喜欢我们吗?

打潍县的时候,国民党宣传说解放军红鼻子绿眼睛,吃小孩儿，共产共妻，这怎么可能？那个时候，我当通讯员，住的那家房东说："小同志，潍县你打得下来不？打不下来你早走啊。"我说："大娘，这个事情，我们来了就打下来了。"连长听到了也说："我们来就要打下它来，我们说干啥就干啥。"实际上，每到一个新的地方老百姓好多都不相信你，通过你的表现，才对你信任了。

退　　休

问：爷爷您是怎么安排自己退休生活的？

答：我退休可忙了。我退休以后在我们干休所里，所里有管委会，当管委会主任，我是三上三下（还是）四上四下，当了20年。另外还有我们武装部的一个股长。他说："部长啊，我这儿缺人，你帮个忙好吧。你给我检查市场好吧？"我说可以啊。每天早晨大概5点左右起来，拿着个秤，拿着个板子，四五个人跑到菜场去了，看你分量对不对，再看你价格对不对，我是在那里把关的。

退休后，凡是开会叫我去我就去，叫我讲我就讲。有一次他们开会说：老马，我给你写个稿子。我说：你别写稿子，你写稿子我不会照你的稿子讲。我照着我的想法讲。我们街道里很好的，对我很关心的，他们知道我不会闹着玩的。有一次，我们这有个老同志老讲怪话，管我们的干部就说："老马，你组织人批判批判他。"我说不好这样做工作的，他发牢骚讲怪话，有他的想法，你要找找他是对哪个地方不满意。我一般不批评人的，我批评的都有根有据的。

孙成忠

孙成忠，1932年4月出生，山西临汾人。1947年9月入伍，1950年3月加入中国共产党，1983年6月离休，退役前为基建工程兵第92支队卫生所所长兼主治军医（上尉军衔）。参加过解放战争多次战役，在太原战役中荣立二等功，1988年获授"胜利勋章"。

访谈者：苏晴、符忻子

访谈时间：2021 年 9 月 17 日

问：孙爷爷好，我们知道您出生在 20 世纪 30 年代，请您给我们说说您怎么会参军的，打过哪些战役？

答：好的。我叫孙成忠，今年 90 岁，生于 1932 年 4 月 28 日，山西临汾籍。在我短暂的人生中，经历了四次社会变革，由封建社会、半封建半殖民地社会、新民主主义社会到社会主义社会。这都得益于共产党毛主席的正确领导，靠蒋介石卖国贼只能从封建社会走向殖民地。如果没有共产党领导人民走解放之路，中国将不知黑暗到何时。1937 年，"七七"卢沟桥事变，日本向中国大举进攻，我已经五岁，懂事了，山西早期就沦陷了，临汾也相继沦陷。我那时候还小，我给日本人当过苦力，修过碉堡，劈过柴，往山顶炮楼送过水，也被日本的狗咬伤过。兵荒马乱年代，学校停课、每天派我们去学日语，对我们实施奴化教育。日军进我们村庄，我父亲往深沟里躲藏，不料被鬼子骑兵抓去，捆绑吊打，灌肥皂水，整得死去活来，非要他承认是中国兵不可，经找保人，证明是良民，才借债保释回来。

我家住在临汾山区，离城 30 里地，1946 年就完成了土改，而临汾城直到 1948 年才完成解放。我家是贫下中农，土改时分得了土地和财产。我在外乡上小学，由于家里很穷，还吃着八路军的公费粮。

我们拥护共产党和毛主席，1947 年内战之火越烧越大，15 岁的我，为报答共产党和毛主席的恩情，听从党的召唤，和五个同学毅然投笔从戎，参加了临汾独立营。我参军后打过游击，守过阵地，负过伤，攻过碉堡，下过炸药，抓过敌人。随着战争的不断扩大，战线拉长，临汾战役后，我们临汾独立营同襄汾独立团（只两个营）合编成太岳十九军分区四十五团。晋中战役，升编为华北

孙成忠

野战军第一兵团十五纵队四十四旅一三一团。太原战役中又升编为华北野战军第十八兵团六十二军一八五师五五四团,即现在的"雷锋团"。我一直在连队,太原战役的时候,我是八连卫生员,后来我们升级为五五四团。

我参加了临汾战役、晋中战役、太原战役、扶眉战役、大西北解放战役。在彭总的指挥下,与西北第一野战军并肩战斗,直击陕西、甘肃、青海,完成了大西北的解放。我们第十八兵团又在贺龙、李井泉的率领下进军大西南,配合第二野战军,在刘伯承、邓小平的指挥下,解放了四川、贵州、西康等省,之后参加抗美援朝。

我印象最深刻的是临汾战役①,我一直在连队当卫生员,参与战地救护,打过很多仗。由于我军势力弱,武器装备落后,为了充分发挥我军近战、夜战的优势,我们都是在夜晚战斗。敌人装备火力虽强,尽管有飞机大炮,但晚上飞机不能来,大炮失去了目标,发挥不了作用。1949年4月24日,彭德怀、徐向前指挥攻取太原城(战斗),十九兵团、二十兵团以及东北炮一师都来前线参战,属于诸兵种联合作战,这才第一次在白天打仗。

阎锡山在太原周围修有5 000多个各式各样的碉堡,什么明碉、暗碉、梅花碉、转碉、子母碉等这样严密的城防设施,再加上寒冬腊月激战,部队伤亡很大,反复争夺碉堡,战斗十分残酷。

我五五四团进行的小型战斗数不胜数,晋中战役歼灭了臭名昭著的日本十纵队,扶眉战役围歼了胡宗南五万余人。从此,胡马分道扬镳,胡宗南向四川方向退却,马步芳向兰州、青海、宁夏

---

① 1947年12月运城解放后,临汾是国民党军在晋南的唯一据点。解放军晋冀鲁豫军区为配合中原、西北战场的作战,孤立晋中和太原之敌,决心攻取临汾。根据中央军委的命令,于1948年2月3日组成以徐向前为司令员的临汾前线指挥所,统一指挥本军区第八纵队、第十三纵队、炮兵团和太岳军区八个团及晋绥军区两个旅,兵力总计53 000余人。1948年3月7日发起战役,至29日,基本扫清外围据点。4月初至11日,全部肃清外围据点,攻占东关,歼灭国民党守军大部。4月15日至5月17日,全歼临汾城内守军。临汾战役共歼灭国民党军2.5万余人,拔除了国民党军在晋南的最后据点,为之后解放军北上晋中,与阎锡山部进行决战创造了有利条件。

逃跑。我们五五四团在四川灌县（即今都江堰）歼灭了国民党三〇二师，又在广汉歼灭了一三三师。还改编了一个起义辎重师（骡马大队）。已经起义的三〇六师也在蠢蠢欲动准备叛变，我们领导发觉后及时采取措施，及时把他们调离四川，到苏州一带进行整编，并将人员全部补充给我六十军赴朝参战。

1950年之前，我们过着军事共产主义的生活，没有工资，没有薪金，只有微薄的一点津贴，从团长至士兵，每个人每月只发旧币1 000元，折合现在的新币1角。1角就发了好几年，这个1角钱，要是买饭只能吃一碗擀面，买书的话只能买一本《为人民服务》，一直延续到1950年。但是我们部队战斗精神饱满、无私无畏、英勇战斗，大家都争当英雄模范，取得了一个又一个战斗的胜利。

1949年，太原战役结束后，我们十八兵团和十九兵团，应彭总的命令，开赴西北，同西北第一野战军并肩作战。我们六十二军归属第一兵团王震司令员指挥，与一军、二军配合，一直打到兰州、青海解放，我们才返回甘肃岷县，这个时候西北战役基本上结束了，马家军被收拾得干干净净。

六十二军军部驻扎岷县，我们一八五师师部驻扎宕昌，我们五五四团团部驻扎哈达铺，这是过去红军战斗过的地方。我们就在这个地方积极备战准备入川。这时候正好是中华人民共和国成立！当天，我们全体指战员兴高采烈，热烈庆祝新中国的诞生，还进行了全体指战员的聚餐。

1949年的冬季，我们十八兵团由贺龙、李井泉率领入川，归属第二野战军由刘伯承、邓小平指挥，配合二野和四野一部在成都进行会战，之后，我们六十二军受命进军西康、解放西康。

1952年，我在重庆西南第一文化速成中学就读。1954年，我从西康军区直调北京总后卫生部，我们的领导是宫乃泉副部长。宫乃泉少将原是上海第二军医大学的首任校长。

1955年，我在天津第十三军医学校就读两年，1957年转齐齐哈尔第十一军医学校，1958年又转重庆第七军医大学就读两年，于1960年毕业，被分配到太原空军第十航空学校任军医。1970年，我被调到青海空军工程兵第十二团任军医，1975年十二团调到基建工程兵第九十二支队，任支队卫生所长兼主治军医。

为响应国家号召，消除军队臃肿，军队裁减人员100万，铁道兵、工程兵和基建工程兵裁减人数最多。我们九十二支队属于基建工程兵水文支队，按国家战略规划，负责西北大漠水文普查。全支队共有五个团，九十二支队队部驻兰州，九〇五团驻库尔勒，九〇六团驻西宁，九〇七团驻酒泉，九〇八团驻延安，九一〇团驻和田。①

问：爷爷，还请您给我们介绍一下入党的经历。

答：我是1950年3月，18岁时入党的，我们入党也是在战斗环境下入的党，那时候正在打仗，正好是18岁，过去没有规定，后来有规定了必须18岁才能入党，所以我正好18岁入党了。我入党以后，多年来在党的亲切教导下，遵守党的纲领，履行职责，听党的话，兢兢业业跟着党，从来没有犯过任何错误。

问：我们知道爷爷一直都在西北地方工作，那里的生活、工作困难大吗？还想请您给我们说说当时的军民关系。

答：我们团队有的驻扎在少数民族地区，有藏族、回族，也有维吾尔族，我们和周边的各民族群众都相处和谐。我在青海时期和藏族群众经常接触，经常给藏族同胞看病。那里海拔很高，刚去的时候是有些困难，但是我们不怕，我们都能克服困难，偶尔有点水土不服和高原反应。

我们施工的时候都住的牛毛毡房，土坯墙，生活都很艰苦。我们喝的水污染很严重，是藏族群众洗牦牛的水，有时候是上面漂浮着死旱獭（哈拉）的臭水。为此，用飞机从大连运漂白粉过来，进

---

① 20世纪80年代初，基建工程兵被撤销，第九十二支队改编为兰州水文地质工程地质中心。

行消毒，就这样继续饮用，虽然解放很多年了，部队条件仍然很艰苦。

问：爷爷，您有特别多的军功章。可以给我们介绍一下吗？

答：对，我给你们介绍一下。我手头的军功章已经不全了，有的掉了，因为过去打仗，发下证章以后没地方放，都戴在胸前，再加上打仗爬来爬去，戴在身上容易丢失，过去的人都是这样戴着的，所以有的就掉了，我就把一个二等模范的证章掉了，也有其他的章掉的。但是过去人都是做无名英雄，不计较个人得失，也不计较这些东西，掉了就掉了。

（我今天佩戴的纪念章）这个是华北解放纪念章，第二个是西北解放纪念章，第三个是西南解放纪念章，第四个是全国人民慰问人民解放军纪念章，第五个是解放奖章，第六个是西康雅安解放68周年纪念章——后来的纪念章都质量好了，原来都是铁片、铝片、铜片。第七、第八个是临汾解放50周年和70周年纪念章。第九个右胸戴的是胜利勋章，是金制的，我记得大概是好像价值1 000多元钱，只有部队上有。第十个是2019年颁发的新中国成立70周年纪念章，第十一个是2022年颁发的在党50年纪念章。实际上，我在党已经72年了。我还应该有太原解放纪念章、成都解放纪念章，以及兰州解放纪念章等，都应该有的。

问：爷爷您高寿多少啊？您看起来很精神，思路也很清楚。

答：我90岁了，不过有人说我60岁、70岁，我说70多岁要再加20岁。但我耳朵稍微有点背了，记性不大好，不过精神还不错，经常骑自行车出去玩。这两年玩微信、玩抖音。前两年玩电脑，玩QQ和游戏。这几年不玩电脑了。平时看电视的时候，爱看新闻，也喜欢看军事频道，关注军队建设。

问：爷爷可以给我们介绍一下家人的情况吗？

答：我老伴叫张鹤皋，她是部队军医，和我原在同一个单位工作，退休后和我同在松江干休所。我有两个女儿一个儿子，大女儿叫孙丽霞，二女儿叫孙丽红，儿子叫孙丽军，都在上海工作。我们家五个人都当过兵，子女都是当兵的，我们的女婿也都是当兵的。

问：爷爷您光荣离休后，怎么规划自己的生活？

答：我是1983年6月10日由组织安排离休。1960年在太原空军第十航空学校授上尉军衔，1983年离休时是副团职。离休后的生活按部就班，平时也没啥特别规划，天天做些家务，每隔10天去干休所开一次会，参与各种活动。看看电视，看新闻，看体育，有时候骑着自行车出去买点菜。我这一生我总结了两个好的方面，第一个，一生没有犯过错误；第二个，骑一辈子自行车没撞过人。

我这几年也一直关心我们六十二军的历史研究，我虽然不会写长篇大论，但都是实事求是，写些短篇文章。我们六十二军军长叫刘忠，他的女儿叫刘倩，在军事科学院工作，她是我们六十二军后代的组织者、领导者，经常开展一些活动。2018年，我去了西康，就是现在的雅安，参加雅安解放68周年纪念，见了我的很多老战友，都拄着拐棍了。

问：爷爷，我也是一名预备党员，再过一两个月就要转正了，您经历过这么多历史阶段，对我们这样的青年人有什么期望吗？

答：祝贺你成为中国共产党党员，希望你在党的领导下好好工作，不忘初心，牢记使命，继续前进。

王柱书

　　王柱书，1934年7月出生，山东淄博人。1951年5月入伍，1959年2月入党，1989年11月退休。退役前任海军某师飞行技术研究组副研究员，享受副师职待遇。1967年6月26日，时任海军航空兵某师副大队长的王柱书与僚机战友吕纪良在海南岛击落一架美军F-4C型战斗机，从发现到击落仅用时40秒钟。由于出色完成这次空战任务，海军党委给他和吕纪良分别记一等功，给大队记集体三等功。

王柱书

访谈人：冉琰杰、张钰婷
时间：2021年6月30日、7月9日

我叫王柱书,是山东淄博崔军村人,原来属淄川县,后来属淄博市。我是1934年7月20日生人,今年80多岁了。当时我家里比较穷,我参军是1951年5月20日,虚岁才16岁。

我为什么去当兵呢？当时的情况,1950年美国发动朝鲜战争,我们国家提出"抗美援朝、保家卫国",我们村里一帮小年轻在一起议论当不当兵,有的说去当兵,有的说不愿意去；我说去当兵好,可以直接为国家为人民作贡献。我们那里是1948年解放的,我十三四岁就参加了儿童团,在地方做一些工作,所以我有一个思想基础,知道为国家作贡献。儿童团主要是站岗放哨,查路条,晚上看家,在村庄巡逻,配合民兵。我们那时候成立了互助组,后来又有合作社,主要是宣传土改,我帮村里送些材料,当地工作人员比较关心我们这些小年轻。我思想上有了一定的基础,我提出要去当兵。那时战火已经烧到鸭绿江边了,鸭绿江桥被美国飞机炸了,再不出兵,我们就要吃亏。我自己有体会,我们家曾经受国民党和日本人欺负,我六七岁的时候日本人在我们那里建工厂。

当时我们村一共是八个人报名当兵,先在村里进行身体检查,这个检查比较简单,后来到淄川县政府做正式的身体检查,符合条件的留下来,不符合条件的、年龄比较大的就回去了,那时当兵的年龄条件是不超过20岁。我们村八个人报名,最后五个人合格。后来我们被分配到山东省军区淄博警备团,先是三个多月新兵连的训练。通过学习,我被分配到五连当通讯员,跟着老同志学习。那时我个子比较小,才一米六左右。我们这个部队是警备部队,是地方武装,不是野战部队,我们主要负责当地的治安,看押犯人。

1952年开展"三反""五反"运动,我们部队到黄河附近待了半

年多时间，回来以后，就集体转业，转到农建二师，就是现在的黑龙江农场，原来农建二师是个野战部队。我们在山东广饶建农场，开荒种地，我在农场当通讯员。1954年，农建二师从山东转到黑龙江农场。

1953年过了春节，我们营长让我去检查身体，当空军，将来开飞机，我很高兴。我当通讯员时得到锻炼，跑步什么的（都挺强的）。我身体检查合格，在当地体检了三次，后来又去南京体检。我们一个师两千多人，一共去了13个人到南京体检。

我们在南京集合待命，等着分配。3月份我被分配到长春预科总队待命，我们是第一预科总队，一个预科总队管好几个航校，我在三航校。预科就是预备空军，前一期毕业了就补充到部队里去。我在预科总队学文化，学习人民空军的知识，同时不断接受政审和身体锻炼，体检了三次。

我的情况比较特殊，没有文化。在家里，我上学早，六岁上学，到了十岁，父亲过世以后，我就不念书了，在家里劳动，有时候帮着母亲干点家务活。我的家庭情况经过政审，身体通过体检，还有文化选择，那时主要是身体条件，第二就是政治条件合格，文化就再学，我的文化程度算比较低的，在预科总队就是学文化，叫速成班，我是速成中学毕业的。

为什么速成呢？就是用什么学什么，所以叫速成。那时大多数是从陆军来的老兵，没什么文化。我们在预科总队了解人民空军建设史，学习为什么要建设空军，主要是增加知识。有的人不了解空军，只知道空军跟陆军不一样，我们接受教育，认识人民空军，知道飞行员了不起，从这些方面增强思想教育。通过学习后知道了人民空军建设历史，身体也锻炼了。这一时期还要政审，主要是到原部队了解，没什么大的问题就不到家里（去政审了）。

预科总队合格了，10月份从长春到锦州，在三航校学理论，进了空军门，正式学习飞行知识，比如：为什么飞机能上天？还学飞机构造,这期间文化程度低,学不下去的老兵就被减下去了。学习过程当中,我最大的困难就是文化低。文化测验的时候出了一些小故事,为了编班,看你能接受到怎样的程度,出了一个题:"一个人坐汽车,为什么一刹车身体向前倒?为什么一开车身体向后仰?"我答说:"站不稳"。那时不了解这个理论啊,经过学习就知道是三大定律,不是重心不稳,是惯性定律。所以根据情况,我被编到文化比较低的一个班,老师有重点地给我们讲解。我把所有时间都用在了学习上,星期天别人上街去看电影,我不去。我们组织学习小组,文化高的帮助文化低的。我就利用休息时间找些学习好的同学问问题,笨鸟先飞。通过一年学习,理论考试基本合格,不是得四分就是得五分(满分五分),得四分就已经很不错的。

我学习了一年,学飞行知识、飞机构造、人体构造,还有体育锻炼。理论合格了,转到飞行团,正式学飞行,这是航校的飞行大队,在锦州,叫西机场,原来是国民党的一个机场。我学了三个机种,初级教练机叫雅克-18,中级教练机是雅克-11,最后学高级教练机,叫米格,是米高扬设计局研制的飞机,所以就叫米格,是喷气式。我们那时学习还有一个问题,就是苏联顾问还在,最大的难题是俄语听不懂,要通过指挥员翻译。现在好了,都是我们自己教了。这就是我的整个学习过程。

1956年10月我毕业了,毕业后到海军航空兵独立一团,在烟台训练,主要进行战斗动作的科目训练。在航校按照学习大纲,学了起落、特技、编队,最后学习射击,到了部队就学习战术科目。在烟台待了一年多,之后转到航六师十八团,又到了十六团,那时我们飞机比较落后,是米格-15老飞机,后来有歼-5,我主要飞歼-5,它是接近音速,操作性能比较好,那时还没有歼-6,后来改装歼-6。

我当了飞行员,从不懂到懂,一个很普通的农民的孩子开着飞机,家里亲戚都认为我很了不起,一起当过通讯员的战友们都说:"王柱书,你这小子还行啊!你好好干,不要辜负我们的希望。"我向我们的老部队老战友,向我们的营长保证,我说:"一定拿出好成绩来回答。"

这就是我学习、参军到部队的过程。在这个过程当中,我最最希望的就是不要出事故,出了事故对部队对谁都不好。我们部队开展安全飞行,全年飞行出勤率达到90%以上,不出事故,就可以评上"五好",三次"五好"可以立"三等功",我在1958年、1959年、1960年评了"五好",这是在福州的时候,1962年立"三等功"。我在飞行过程中很谨慎,接受别人的教训,没出过什么洋相。

我们经过训练以后,达到参战水平,就去部队参加轮战,拉到前线去看看。1958年,我们师十六团到福建福州去接替航四师的防务,这是我第一次上战场。福州是靠近前线的,之后都是在内地,像大连、青岛这些地方。福州是国民党空军的一个练习空域,自从1954年我们驻了部队,国民党的飞机就不敢来了。我们在福州进行战术研究,对我们的飞机和国民党的飞机的性能进行研究。在飞行过程中,我们的广播能引导你,你要熟悉指挥员的口令,多少度,飞机的代号,我的代号是2558,航向多少,到什么地方待命。作战过程中,我们要掌握敌人的特点,比如大队长是急性子还是慢性子,哪儿的人,我们都要去了解。我们还要熟悉地形,锻炼思想,增强技术、战术。

值班的时候,天亮前半小时准备好,日出时间每天都变化的,一般5点钟到6点钟就准备好了。那时有个情况,只要你值班,几乎每天都起飞。为什么呢?只要国民党巡逻起飞,我们就要起飞,并排飞行,他们在海上,我们在陆地上。因为搞不好引导错了,他把你引出去了,你就会上当。你看着前面冒烟,实际上他埋在下面的,浓烟看不到的,雷达可以看到,这叫鱼饵战术。飞行时,8 000米有拉烟层,温度不一样,每一层气压不一样,喷气式飞机喷出来的气拉烟。鱼饵战术就是前面有两架飞机拉烟,实际上他在下面或上面埋伏着。所以我们在福州起飞时,最少是四架飞机起飞,一般都是八架飞机,一个编队出去。有一次我们巡逻飞到8 000米,我们的四号机说左前方有两架飞机,敌机冒烟,指挥说不要管他,下面还有八架呢。我们出去,有时是大队长带队,有时是团长、副团长带队,我是大队的三号机,是长机。空中长机、僚机任务不一样,长机在前面负责攻击,僚机保护,注意观察,分工不同。

我在福州的时候入了党。1957年航校毕业,我写了份入党申请书,但条件还不够,有骄傲自满这些缺点。1958年我又提出入党,我问支部书记:"我够不够条件?"他说:"你写申请书。"入党要讲条件,讲为什么入党,我是一个飞行员,为党为人民,我向组织靠拢,当时提出战前火线入党。我的入党介绍人有两位,都是我们中队的老兵,一个1944年当兵的,打过日本鬼子;一个1948年当兵的;他们都已经不在了。1959年,支部通过了我的入党申请,从那以后我就成了一名中国共产党党员,这对我来讲是前进的一步,实现了自己的诺言。现在提出"不忘初心,牢记使命",那时候就是要站稳立场,听党指挥,打好仗,报答人民,我就抱着这个信念。

我当兵以来第一次与敌机真枪实弹是在海南岛。我是指挥员,又是大队长,我军两架飞机,我是带队长机,空中我也指挥。我怎么指挥呢?根据敌机情况,飞行变化,自己有个想法。我们部队1966年10月到海南,接替我们四师老大哥。我们那时候是十六团,我飞了不到100小时,我的僚机飞得更少,在这种情况下我们能不能打好仗,是我们要考虑的。当时作战原则,根据毛泽东的指示,就是"人不犯我,我不犯人;人若犯我,我必犯人"。再一个,我们不出海。

到了海南,我们研究战术,思想有点激动。为什么?因为敌人技术高、飞机比我们好,我们都在想:我们能不能打好仗,这是一个。第二,当时美国对越南狂轰滥炸,每天400架次飞机对越南进行轰炸。美国有两艘航空母舰在北部湾活动,一艘航空母舰是小鹰号,另一艘航母是艾森豪威尔号,飞机一边从陆地上起飞,一边从航空母舰上起飞,它一艘航空母舰(上的飞机)比我们海南岛的飞机还多。美军到越南后,就出来骚扰我们,还引导我们,想把我们拖下水。当时国际形势是反修,苏联对我们也不友好,它援助越南,我们抗美援越,东航去了个高炮营。

我们六师,第一要研究好战术,第二要把我们手中武器掌握好。我们最好的飞机是歼-6,美国"鬼怪"(F-4)飞机就是我们歼-6打下的,它比我们的性能好得多。歼-6飞机我飞的最大速度带加力俯冲重力加速才飞到1 700,"鬼怪"能飞到2 400,它的M数(我们当时的说法,现在叫马赫)可以达到两点几,它的载弹量也比我们多。我们根据这些具体情况研究战术。

下面讲讲与"鬼怪"战斗的情况。1967年6月26号下午4∶50,我们是5点开饭,还不到开饭时间,那天的天气热,我们还在值班,突然听到电铃响,值班参谋直接叫:"王柱书双机一等!"我一边穿衣服,一边戴飞行帽,马上跑向飞机。

飞机离我们值班室将近100米,我加紧跑,百米加速。我还没有到飞机跟前,起飞信号弹打了,一般都是做好准备以后,报告值班参谋"一等好",指挥说"视情况起飞",这次刚跑到一半时信号弹打了,所以我比较紧张。机械师根据平时协同好的动作,立即启动发动机,等我进到座舱以后,发动机已经启动好。我们歼-6是双发,过去启动是一台一台的,经过改造后,可以同时启动。启动好了,我穿好保险伞后,关好座舱,滑向跑道进行起飞。当时我有点紧张,平时做好准备三分钟,我们这时一分钟还不到,我就想一定要沉着。

当我在起飞,起落架还没收,就是两轮子还没收起时——按照规定25米以上收起,指挥就说"敌机防卫",指挥我高度、航向。

我就感觉这天跟往常不一样,口令跟往常不一样,平时起飞都是讲暗语,讲代号,航向多少不讲,高度也不讲。这次直接指挥航向,做敌机防卫,我感到今天可能有事。

我按照指挥说的情况,开加力跑,跑到 10 000 米以后,我报告高度 10 000 米,航向 180。等我升到 10 000 米以后,指挥说敌机改变方向,敌机降低高度了,告诉我们待战,盘旋。刚刚做盘旋,报敌机高度 6 000 米,他开始 9 000 米,现在 6 000 米,我心想这家伙很狡猾。在这个过程当中,我的飞机和僚机在做盘旋,这时指挥又通报敌情,敌机在万宁东南多少公里,高度多少,航向多少。我刚下降高度,马上又要上升。待战过程当中,指挥不断通报敌情,通报敌机的位置。

当时我们的雷达比较落后,受天气影响丢掉目标了。指挥告诉我目标丢失,保持航向,叫我向右转,注意观察。我航向 190、180 度,当我向右转,看到右边像座大山一样,有浓积云,不能进去。我就报告:"右边有浓积云,不能右转。""可以看到海岸线。"当时航向转到 250 度了。指挥说:"离海岸线飞行,不出海。"出海的话,就容易出差错。我们作战原则是不到海上打,要打就到陆地上打,打游离。

等我转过来,保持航向 250 度,沿海岸线飞行的时候,指挥说:"发现目标,左前方 50 公里,注意保持,注意观察,逐渐跟上。"由 50 多到 40 多公里,30 多公里还没发现目标,这时候我有点紧张,到 15 公里,我说还没看到目标,僚机说他也没看到,当时开着加力,距离逐渐缩小,我有点紧张。因为我们平时训练,15 公里可以看到目标了,但这次没有发现目标。

领航员说:"注意向后看看",我水平面向左后方看,大概 120 度方向,发现一个小黑点,云的影子不动,这个点在动。我就报告:"左后方 15 公里发现目标,不知道是大型飞机还是战斗机。"指挥说:"上去看看,不是运输机都可以打!"我回答:"明白!"这是第一个口令。

　　我向左转,向左压坡度,转大约五六十度,间隔比较大,这时看到斜对头,我马上向右反坡度转,转到 60 度。这时我发现目标,大概在七八公里处,我报告:"前方八公里发现目标。"我转过来稳定了以后马上报告:"F-4C 一架!"

　　这时我心情有点紧张,指挥员命令投副油箱,投的时候我把着陆伞给投掉了,没摸对按钮,两个按钮是连着的,所以犯了一次错误。

　　为什么马上报告 F-4C? F-4B 和 F-4C 型号是一样的,F-4C 是空军的,F-4B 是舰上的,C 的机翼可以折起来,有一种不可以折起来。我们平时值班室有飞机图表,我们知道各种飞机的性能,仰着看,平着看,侧着看,有印象,所以一看就知道,上去坚决打掉。

　　我拉过来以后,就开始瞄准,对着敌机的发动机,追着尾巴瞄准,这时候准备开雷达。还没摸到电门,距离逐渐缩小,800 米,400 米,到 300 米,还没有打开。为什么呢?不能过早打,敌机有护卫器,我的雷达一发信号,他就知道后面有飞机了。

　　转过来以后,我占据了有利地形,我在太阳方向,他在太阳背面,他看不到我,我能看到他,我占了有利条件。一开始我位置有点靠前,后面转过来,做了个蛇形,把距离缩短,敌机型号看得更清了,采取用活动光环瞄准。活动光环对准敌机以后,还没有摸到电门,光环逐渐缩小,它根据目标大小在活动,再不能缩了,再缩就进入我的盲区了,也就是我的机炮 300 米内点在哪里可以打到哪里,再不打就要撞上去了。瞄准以后,敌机没动,先开炮。炮弹一出去,我看敌机起火了,后来飞机尾翼爆炸。我打了以后,命令僚机继续攻击。在攻击过程中,我们的确占据有利位置,万一我打不上,僚机可以来打,他在五百来米远,他飞机拍的相片不像我的那么清楚,照片里全都是冒着烟,他报告:"敌机爆炸向右倾斜。"我拉起来以后报告指挥,这时心情不一样了,我马上报告:"敌机冒烟爆炸,飞机下坠。"

飞机打掉后,我们就返航,退出战斗。在这个过程中,我们从发现目标到攻击,也就三四十秒时间,我们得看到目标,做出动作,稍不注意就错过机会,所以空战时间是很短。

回来对着航向30度往机场方向飞,高度大概10 000米,我们回头的时候也是阴天,空中云彩比较多,云缝在脚下。我们飞机还没有飞过复杂气象,所以要保持仪表,相信地面指挥,再一个就是熟悉地形。回来的过程,雷达也不是很准,把我们丢了,询问在什么地方。我往前看,地面熟悉,大概就在机场东边文昌一带。我报告说:"看到机场了。"指挥说:"保持导航台,返航着陆。"

回来还穿插这么一个故事,我把着陆伞投掉了,我还不知道,僚机之前没报告我,着陆的时候他跟我讲:"你的着陆伞已经投掉了,注意落地速度。"我一听,"哎呀,真是好战友啊!谢谢。"假如他在战斗中提醒我,那我就分散精力了,所以这是我们平时训练的结果。

回来以后落地,地面指挥员、我们的领导都在机场,大家都很高兴。我回来首先向机械师说:"今天飞机保障得好,完成任务。"我又向指挥所汇报我们的战斗情况。

我们在海南轮战一年多的时间,就碰到这么一次真枪实弹。这场战斗对我来说是第一次,也是锻炼。空军不像陆军,空军作战时间短,打仗是协同作战,雷达是我们的眼睛,无线电是我们的耳朵,保障不一样,飞行时空中地面要协同好。

我们平时在练的时候,要求也比较严。我们平时练射击,就这么几次,第一次要命中,才算五分,第一次不命中,打得再多也不行,所以必须有严格要求。我们到了海南以后,南海天气变化比较大,中午突然来个雷阵雨,这时候你也得去,出动飞机。地面温度60度,浑身都湿透了。我们平时早晨6点半准备好,吃完了饭,先练习跑"一等",熟悉空地系统,再就是指挥所的协同。我跟僚机彼此都很了解,平时训练中,我要向右转,向左转,我不讲,他能配合。我们的歼-6改装后,穿抗压衣,抗压衣是全身的衣服,穿上后防止空中施压给你全身肌肉穴位按住造成贫血,不穿抗压衣,负荷大了后容易黑眼(视)。我的体会就是这样,地面精练,空中精飞;地面苦练,空中精飞;再一个就是互相信任,这是很重要的,这是我们空军的特点。

我给我的老战友讲:"当兵就是准备打仗,不打仗当兵干啥?"飞行技术平时不练,怎么掌握好手中的武器?像现在好多东西,我们都没听过,就是靠我们国家的发展。习主席提出,强军就是要把我们的部队建设好。现在不像过去,过去看不到敌机在哪儿。我们现在的飞机发展比较快,看我们的歼轰-7,这是以前我们比较好的飞机,我飞的是歼-5、歼-6,现在歼-10、歼-16,发展更快。

我觉得我当兵合格,做出成绩是应该的。过去当兵的思想,我们就是奉献,没有索取,不讲索取,索取算什么?20世纪六七十年代我工资57块。现在条件不一样,条件比较好,现在飞行员住的条件也好。过去我们两个人住一个房间,电扇两个人用,现在有空调,有电脑。发展比较快,条件好了,我们的生活也改善了。

打出成绩以后,参加的活动多,但有一条,我必须恢复飞行,最起码要保持技术,不会飞算什么飞行员!过去有指标,给你飞行任务,今年达到什么水平,飞行科目多长时间,有安排。当时没有飞机怎么飞?一年100小时,怎么去完成呢?保持身体,保持出勤率,然后研究技术。

我们现在飞行员叫自然淘汰,我飞到50岁,是师职干部,团职干部飞到45岁。我24岁学飞行,飞到50岁,就自然淘汰了,什么也没有。我们那时一年飞100小时也是应该的,我的飞行时间接近2 000小时。退休以后,2000年我到了干休所。我这个人爱管闲事,当了工会主任。干啥事呢?自我管理、自我教育等。按照要求,我们组织学习,有书画组,有唱歌组,还有跳舞组。我们干休所最活跃的时候是2010年到2014年,我和老伴打腰鼓,是腰鼓队友,我们唱歌,歌唱比赛还拿了奖。我退休后发挥余热,力所能及吧,参加咱们街道国防教育讲师团,给中小学生进行传统教育,他们很欢迎。

我跟学生讲,要好好学习,锻炼好身体,将来为国家出力。大学是出人才的地方,希望培养更多的建设我们国家的人才。不管怎么说,大学都是靠人来办的,技术再高,没信仰、没思想,那不行。对于我们的国家,不管怎么样,都要爱国,我是中国人。对别的国家,好的我们学习,对我们有利的技术要学。我们的科学技术好多是在别人的基础上研究,我们没这个条件,有条件我们发展更快。所以希望我们国家在新的世纪发展更好更快,把我们国家建设好,我们才不吃亏。

我当工会主任一直到2014年退休,第二次退休吧,当了三届。我在工会组织活动时,我跟我们的老同志讲:"我们要走好最后的人生之路,有余热发挥余热,《夕阳红》我们不光唱,还得做,不忘自己的使命。"现在提出"不忘初心、牢记使命",我们也要学好,退休不褪色,保持我们晚节,不给孩子们、不给国家惹麻烦。这是我对自己的要求,也是对子女的要求。

我一生最骄傲的还是入党,从内心想为党为人民作贡献,我得的荣誉都是对自己的鞭策,是应该做的。我的事迹在网上也传,传到我们家乡来,有人来说你给我们崔军村出了名,我说应该的,我没给崔军村抹黑,我没有辜负父老乡亲的希望,这是应该的。立功那是党和人民对我的鞭策,继续做好、发挥好自己的余热吧!

张大澄

张大澄，1934年7月出生，上海人。1949年4月参加工作，1950年毕业于华东人民革命大学，1951年4月入伍，1956年6月入党，1993年5月离休，退役前为上海市松江县人民武装部政治委员（正团职）。荣立二等功2次、三等功2次，获南京军区建军先进分子等荣誉称号。

张大澄

访谈者：徐文凯、陈俊杰
访谈时间：2021 年 9 月 9 日

中学开始参加革命

问：您出生在非常动荡的年代，很早就投身中国共产党的地下活动，为我们上海的解放事业作出了贡献。我们想了解一下您青少年时期的成长环境、教育背景，尤其是使您印象深刻的事物。

张：我十五岁左右在育才中学读书。育才中学地下党组织的领导人是一位姓蒋的同志，具体名字我记不起了。他是育才中学的地下党支部书记，在解放以后被调到中央去担任财经领导小组的副组长。①我当时是加入了他组织的新民主主义青年联盟。

（上海快解放的时候）当时交给我们的任务是保护附近的水电设施。我老家住在上海新桥路②82 号，我家那个房子是那附近唯一的一幢三层楼房。我家租了三楼，家里平时不大有人，所以常在我家开会。他们要打过桥来，我们在屋顶上就能看到。我们当时接受的任务是带着解放军发传单，一张非常大的布告，在有人经过的地方、有人住的地方，就往门口一贴，表明解放军到过这个地方。蒋同志（冠庄）把我们当通讯员一样去贴标语，我们主要负责附近的一个国民党的水塔管理处，到那个地方的门口贴布告（见图 1）。

我当时在育才中学念初中三年级，我们都很小，才十四五岁。因为忙于这些工作，毕业考没有考好，成绩不够继续在育才中学

---

① 蒋冠庄，1931 年生，上海人。1948 年秋在上海市育才中学参加中国共产党地下外围组织"地下学联"，1949 年 3 月加入中国共产党，后担任党支部书记。1985 年后，任中央和国务院财经领导小组办公室副主任。

② 新桥路，位于上海市黄浦区，近苏州河。

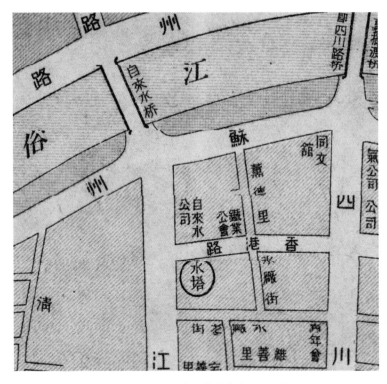

图1 新中国成立前上海自来水公司位置图

读高中,但是他们介绍我们到隔壁的建承中学①读书,这个中学是由浙江地下党领导的。支部书记是个姓周的女同志,她对我的到来很喜欢。我到了那里以后,参加了各种工作。这时候上海已经临近解放。

周书记叫我们参加了上海市人民保安队,迎接解放。那时我们专门找国民党的吉普车,找到一辆就把旗子插在车子上,代

---

① 建承中学,1939年7月由中共地下组织建立的进步学校。原名华华中学二分校,后改名为建承中学。建校之初,校内有一批浙东台州地区转移来沪的地下党员和进步师生。中共台州特委的秘密交通站就设在建承中学。1940年至1945年,建承中学有一百余名师生奔赴皖南、浙东、苏北等抗日根据地。解放战争时期,建承中学是党在中学系统的民主堡垒学校之一,进步师生站在反饥饿、反内战、反迫害斗争前列。同时,建承中学成为上海市"助学联"的活动地点。

表(车子)归解放军。周书记还叫我组织腰鼓队迎接解放军。我们当时唱:"解放区的天是明朗的天,解放区的人民好喜欢。人民政府为人民呀,共产党的恩情数不完。"(哼唱)我们当时唱着这首歌,打着腰鼓,迎接解放。上海快解放了,我们迎接进城的解放大军,他们占领了战略要地,我们的任务也算基本完成。但临近解放,发生了"宋公园事件"①,我们仍然有同志牺牲的,一批参加(地下)工作的少年被国民党抓起来,在宋公园被活埋了。

正好这时新安旅行团②来了上海,他们是从解放区过来的,他们教我们怎么打腰鼓,怎么做老百姓才喜欢看。我们就按照他们的要求成立了腰鼓队和秧歌队,我接着就参加了解放军的文工队,是文工队要选我的,他们说我又会腰鼓,又会秧歌,人比较灵活。有一次在六安大剧院,我指挥我们革大③唱歌,六安军分区文工队看中了,说"这个革大的学生可以参军"。这时已经到1952年了。

文工队因规模太小被解散,成立了文工团,因为我比较活跃,文化程度也高一些,就到公安大队去当文化教员。我原来在建承中学读了高一,当时填文化水平都是填"高一",又读了"革大",所以当时算文化水平很高的,部队里决定把我留下当文化教员。我当文化教员后跟他们不一样,都要按照最先进的教学方法来教。

---

① 1949年5月9日至21日,国民党在宋公园分六批先后杀害了43位革命者。
② 新安旅行团,又称"新旅",是抗日战争时期,中国共产党领导的宣传抗日救国的青少年文艺团体。1935年10月成立于江苏淮安县河下镇私立新安小学。该团运用多种艺术形式,在全国各地宣传中国共产党的抗日救国主张。1941年1月"皖南事变"后,新安旅行团转移到苏北抗日根据地,随军活动。1949年6月,旅行团进入上海后不久改名为华东新旅歌舞剧团。1952年5月,又和其他文艺团体一起组建成立华东人民艺术剧院。
③ "革大",革命大学的简称,是新中国成立之初为改造、教育旧知识分子和培养革命干部而创办的学校。

当时有"祁建华教学法"①"曹卫民速成法"②,还有其他好几种速成识字法,我把它们拆开了,一个一个都用到我们的教学方法里面去,所以我教的学员是全六安区考试第一名。有的战士原来一个字不识,跟我学了没多久就能写家信了。

有个战士叫牛青山,是个老炊事员,他要烧饭,我怎么办呢?到烧饭的时候,我就坐在他旁边,教他学字,帮他扫盲。牛青山很用功,我自己也比较努力。"曹卫民速成法",我现在还记得当时要背的内容。每个战士当时都要背,我当时背得滚瓜烂熟,我要求每一个战士都要滚瓜烂熟,这样算的时候就很快。后来六安大队把我评为优秀教员,把我调到安徽省公安总队。到公安总队后,我就不穿这个军装,改穿公安制服了。

问:请问您什么时候入党的?

张:我调到安徽省公安总队的时候,只是一名优秀团员,还不是党员,我是 1956 年在公安总队入党的,你们看我的入党宣誓大会"入场券"还在呢,到现在已经 65 年了(见图 2)。

一 见 钟 情

钱③:我们两个今年结婚 60 年。我是在教师岗位上退休的,干了 40 年的教师。

张:她是 25 年的优秀教师,缺一年都不行。

---

① 1948 年,出身河南贫苦农家的祁建华考入中原军政大学,毕业后分配在某军卫生部任文化干事,1949 年加入中国共产党,先后参加过淮海战役和渡江战役。在向大西南行军作战途中,他开始研究速成识字的教学方法。经过反复实践和研究,以传统的汉语拼音字母为拐棍,创立了一套适合部队干部战士中文盲、半文盲学习文化的速成识字方案。这套方案能使一个文盲在不到 30 天的时间里,学会 3 000 多个常用汉字,并且会读、会写、会运用。这个识字教学方案被称为"祁建华速成识字法"。

② 是一种算术速成教学法,可以缩短教学时数,提高算术教学效果,1952 年由中国人民解放军中南军区文化教员曹卫民创造,所以称"曹卫民速成法"。

③ 张大澄的夫人钱菊英也参加了访谈。

张大澄

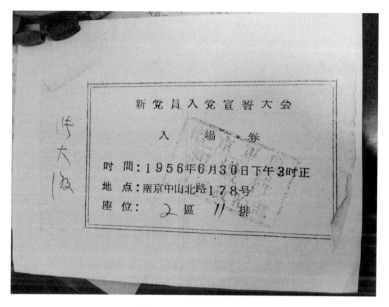

图2 张大澄1956年的入党宣誓大会的入场券

钱：要连续25年优秀，每一年都是先进教师或是先进辅导员——大队辅导员我也干过的，那么才可以评这张奖状（钱老师展示了别在她衣服上的党员标志旁边的荣誉证明标志）。

问：奶奶您是怎么跟爷爷认识的呢？

钱：认识的话，是在我演出的时候……

张：她在上海市的工人文化宫演出，我去看演出，里面只有一个女主角，我一下子就看到她了。

钱：我在上海演出呀，唱（歌颂）总理的，演的是周总理领导的第三次武装起义。我就在里面演出，女的演员就我一个人。我记得很牢的那几句话是："寒冬腊月喝凉水，点点滴滴记在心。"这是讲周总理的事情。我自己有根辫子，大概只留到肩这个地方，下面又装个假辫子，那个辫子就很长，一直拖到腰下面。第一次演出出场的时候，就辫子一挥。这一天正好他来看我们节目。

张：我们是一九六〇年以后结婚的。我那时候在等待分配，许世友从二十七军里面选了三个表现最好的人,我是其中一个。三人中一个人担任了许世友的警卫营营长;第二个人担任了团政治部主任;我等待分配。许世友叫我住在宾馆里面,据说他准备选我当他的秘书。我在军队里算文化水平很高的。我有三张大专文凭,在当时的部队这种情况很少的。又读过"革大",(当然)"革大"不算正式的文凭。

钱:大专文凭他自学的,然后自己去考。

张:我那时候学习很刻苦的。在南京学习的时候,我要跑到中山陵,从中山陵骑自行车,一直到南京城里面,到南京教师进修学院听课。(考第三张文凭的时候)我已经调到松江武装部当政委了,再后来就到(上海)警备区干部学校当副政委。

钱:警备区干部学校的校长实际就是他,因为他是副政委,政委是挂名的,一般不来的。

张:政委是平昌喜①,是(上海)警备区的政委,我当时是松江县武装部的政委,要成立干部学校了,部队里面很想找文化高一点的人当领导,就把我调过来。我当时去找华东师范大学的校长,请他们派几个最好的老师来,果然他后来派的都是最好的,有几个好老师都给部队留下了。

问:我们那天在书里找到了张爷爷当年写的关于国民党军将领倒戈的历史,能详细介绍一下吗?

钱:记得当时说两个小孩是叛徒的孩子,他们压着这个担子抬不起头来。后来我先生去查资料,想搞明白他们的父亲到底是

---

① 平昌喜(1926—2012),山西壶关人。1943年参加八路军,1944年2月加入中国共产党,在太行四分区独立营任战士,在抗日战争和解放战争中立下很多战功。新中国成立后,他长期在上海任职,为部队的革命化、现代化、正规化建设和上海市的繁荣发展作出了突出贡献。1951年参加"抗美援朝"战争,任中国人民志愿军第三十五师政治部保卫科副科长、科长。回国后任第十二军政治部保卫处副处长、处长、干部处处长、第三十一师副政委;1969年4月—1975年10月任第十二军第三十一师(1969年12月改称第三十六师)政委;1975年10月任第十二军副政委;1983年5月—1987年6月任上海警备区政委;1983年8月—1988年1月兼任上海市委常委。

不是叛徒,结果发现他们的父亲不是叛徒。他在《国民党军倒戈内幕》①中写的历史,后来还有人拿去拍电影。

张:我写的东西,能起一点作用就好。

注:因张大澄先生身体欠佳,所以本次访谈完成得较为仓促。

---

① 《国民党军倒戈内幕》一书由华艺出版社1990年出版。张大澄先生完成的是《他们选择光明——刘昌义率部接受和平改编纪实》,讲述的是1949年5月25日,国民党淞沪警备副司令兼北兵团司令、第五十一军军长刘昌义在上海战场苏州河北岸率国军第五十一军、第一百二十三军、第二十一军43 000余人起义,接受人民解放军和平改编的故事。

陈国祥

　　陈国祥,1935年9月出生,广东梅县人。1953年10月参军入伍,1960年10月加入中国共产党。在参加空军的"自主式电子装置"研制过程中,以高度负责的精神和严密的科学态度,努力钻研,刻苦攻关,在保证研制任务的完成中功绩突出,为确保空中防线安全作出了贡献。曾先后荣立过三等功1次、一等功1次;获军队科技进步一等奖1项、三等奖2项。因技术能力出众,从1997年开始,六次延长退休年龄。2005年5月退休,军龄长达53年。

陈国祥

访谈者：柴南欧、李思玥

访谈时间：2021年7月5日

家　　乡

问：资料中提到您是在广东梅县出生的,能否介绍一下您家人,比如父母或者兄弟姐妹的情况?

答：我老家在广东梅县的一个山里头,我们那都是山区,都是半山腰,就是真真正正的农村。我父母全都是农民,是一个苦难的农民家庭。我家兄弟姐妹共九个,目前还在的有七个。我在兄弟姐妹当中排第五,在男孩子里排行老二。

我是1953年参军的。我那个村子过去叫"老苏区"。我不知道你们有没有听说过,就是解放前,地下活动、游击队在那活动挺多,所以叫作"老苏区"。刚解放时候,政府还来慰问过,给我家还发过一个小表,挂在墙上的,上面写着"革命老苏区",就是某某某村是革命老苏区的意思,挂在我家里。但是现在都不存在了,我老家房子已经塌掉,没了。

我家在村里一个比较偏僻的地方,在一个半山腰,所以在我家还住过游击队员,住过好几次。小时候我就知道广州有共产党,知道有"朱毛大军"。这个可能你没听说过,朱就是朱德,毛就是毛泽东;过去把游击队叫"朱毛大军"。我们小时候就听说过这些东西,就知道这些东西;我的好几个老师,我的小学老师,都是游击队的成员。

我的小学校长,也是我们村子的人,他叫陈悦文①,解放后当了我们附近一个县——广东平远县的县委书记。他就领着游击队在我家住过。他现在在广州,还健在,九十几岁。(因为)我的

---

① 陈悦文,广东梅县人,1938年入党,香港达德学院第一届毕业生,抗战时期受党派遣从香港回到故乡领导抗日,中华人民共和国成立后第一任平远县委书记。

老师、小学的校长（都是游击队员），在我家里住过，所以我从小就知道这种东西，脑子里就有这个印象。（我对）游击队、"朱毛大军"、中国共产党的印象还是很深的。

问：你们那小山村是不是就出了你一个大学生呀？

答：那倒没有，我们梅县在当地是文化之乡。解放前非常艰苦的时候，那里出的学生就很多，我老父亲在那个年代都是小学毕业的。所以，在当时经济比较艰苦的情况下，我都能够上小学。我们村子里面就有小学，我们那个小学的老师都是游击队员。学校还曾经被国民党封了，封了一年，1949年封的，所以我有半年多没上学。等我上中学的时候，我还是我们中学土改宣传队的。我上中学的时候是1953年，那时候在进行土改，我会跳一些宣传舞。我还参加了话剧表演，比如扮演了《白毛女》里面的一个角色。这就是我在中学期间参加的活动。

参　　军

问：您能介绍一下您在军队的经历吗？

答：我是1953年初中毕业参军的。当时乡长号召大家"去当兵"，也不叫参军，反正就是去当兵。先通过乡里面推荐，然后到县里体检，县里体检合格了以后，我们就到了揭阳，从揭阳地区集中，就到了华南军区教导团。最后还要再通过一次文化考试，在那个教导团的时候还没有正式入伍，还是属于普通的学生，就在那里进行了一个月左右的基础教育，简单地进行军队的知识教育；之后再进行一次文化考试，再做一次体检。这个时候再分配到各个部队，我就被分到了空军。

我坐火车到了樟木头，就是现在的东莞——东莞有个车站叫樟木头，从那坐上闷罐车，没有座位，几乎没有窗的，整个车厢只有一个这么大的窗（比画）。那个闷罐车坐了时间很长，具体多少

陈国祥

时间我也搞不清,可能有两天多吧,到了杭州。到杭州后,我被分到空军第六教导团,实际上就是过去空军航空学校的一个预备队,那个时候叫教导团。在那儿待了半年左右。

1954年4月左右,又经过内部考试挑选,把我送到第九航空学校,现在在长春,当然现在不叫这个名字了,当时叫第九航空学校,简称为九航校,现在这个学校就是空军航空大学。①我是1954年去的,1956年就毕业了。

那个时候已经授衔了,1955年授衔了,我在上学的时候,中国人民解放军第一次开始实行军衔制。过去没有(军衔制),如果你有印象(的话),就知道过去只是胸前挂个牌,上面写着"中国人民解放军",帽子就是一个五角星,这个你们看电影都看到过吧;到1955年第一次授军衔,我还在第九航空学校学习,我一授就授到了士兵里头最高的一级,当时有列兵、上等兵、下士、中士、上士,我一授就是上士,就是当时的士兵军衔里最高的一级。一共这么多学生授了两个上士,我是其中之一。

问:这是因为成绩特别优秀吗? 当时您学的是什么专业?

答:就是因为当时我的学习成绩好。我学的是气象测报专业。气象里有两个专业,一个叫测报,另一个叫预报,就是现在的天气预报;当时学测报的是士兵,学预报的是军官。我们那学校当时没有预报专业,只有测报专业,我也是刚当兵,所以学的是测报。你们看电视或者看电影都看到过,有个百叶箱,外边有个风向标,在百叶箱里面看温度啊,然后看天上飘的云叫什么云,云有多高,把这个写下来,记录下来。通过电话——那个时候的通信

---

① 空军第九航空学校组建于1952年,是将原来训练轰炸机学员的第一、第二航空学校的全部地勤专业,以及第三航空学校的气象专业,从这三所学校分离出来,重新组合而成的一所地面院校。1952年8月1日,第九航空学校在吉林省长春市正式成立。1967年,改称空军第二航空机务学校;1986年6月,改为空军第二航空技术专科学校;1992年10月,再次更名为空军第二航空学院;2004年,与空军长春飞行学院及空军第七飞行学院合并组建成立空军航空大学。

比较落后，除了电话还有电报，电报一般的小地方还没有，就通过电话把这个信息报到上一级的气象部门，一级一级这么报上去，最后汇总以后通过电报再发回来；我们就学这个。所以一个是看天气，一个是接收电报，我还会接收电报，就是那个戴着耳机接收电报。你们看过电影《永不消逝的电波》吧，里面滴滴答答敲的那个，但我们不敲，我们测报的光是接收，就光听那个滴滴答答的，当时我学的是这个。

1956年毕业以后就分到空军司令部气象处，在北京。这次在北京工作了大概只有两个月，我是两次进京，两次离京，命不该在北京（笑）。两个月以后调到中国人民解放军军事工程学院，就是现在大家说的哈军工。它的真实名字是中国人民解放军军事工程学院。我调到军事工程学院一系气象台，当测报员，一直干到1958年。

大　　学

问：那您后来怎么会念大学了呢？

答：那时正在搞"全国人民向文化进军"，号召青年人都去考学校。我在哈军工当兵干活的时候，哈军工办了"夜高中"，我是初中毕业当兵的，是真的上了"夜高中"，把高中的主要课程，什么数理化都学了，是利用晚上；白天上班，晚上有时间的时候就上"夜高中"。在"夜高中"学的就是主要课程，其他次要课程就没怎么学。所以就是相当于高中毕业，但实际水平是达不到的。1958年我去考大学，当时就考上了，就考到了中国人民解放军军事工程学院，我当时在那工作，又考上了那个学校。

1958年9月份就入学了，从当兵转到了学生，还改了专业。为什么当时要改专业呢？当时招我们的时候，是希望我们以前学什么的，考上之后还继续学这个专业，这样有利于事业的发展，也有利于学习,但当时我那个气象专业,学生不够,就招了7个人,就把我们几个全都改去学无线电专业了,现在叫电子专业。所以从那之后我就学了空军的电子专业,最后真正学的是雷达专业,军用雷达。

问:能谈谈您的学生时代吗?

答:作为学生第一件事当然是必须把学习搞好,对不对?不过那个时候我们的课余生活也是非常丰富的,我还踢足球,是足球队的守门员;我还是排球的裁判员,拿过三级裁判的证书;还学了羽毛球,也当过羽毛球的裁判;这都属于业余的。我们那个时候文艺演出很多,我是合唱团员,《长征组歌》可以从头唱到尾;我们年级的合唱当时在我们学校很有名,经常拿大奖。我在乐队里负责打击乐,在合唱队负责低音部。不过后来都不唱了,忙得没时间参加了。

问:那您当时在军校上课的时候也有我们现在这些思政课吗?

答:我们叫政治课,不叫思政课。课就是两大类,一个是技术类,一个是政治类。我们那时候的政治活动是很丰富的,一个礼拜有整半天是政治活动。除了政治课是计划安排好的,每个礼拜六的下午,都是我们政治活动、政治思想教育的时间和党团活动时间。党员参加党组织的活动,团员参加团组织活动,党员、团员都不是的,统一组织起来,上党课,上团课,搞集体活动,开会。军队还有军人俱乐部,这也是搞集体活动的。

问:您上了大学以后学的是军事雷达技术,我们好奇的是当时您的那些老师都是什么样的教育背景呢?

答:老师也都是军人啊。我上的是哈军工嘛,老师基本都是军人,但也有极个别的老师不是,就是过去的老知识分子、老技术人员。他们有的人年纪很大了,六七十岁了,就不愿意当兵了,绝大部分其实都是军人出身,就像我当老师一样,我也是军人。

问：那这些军人是像您一样，从基层选拔培训上来的，还是说在新中国成立前有出国留学经历？

答：那个时候没有现在这种出国留学的概念，我们是有出国的，但都是秘密派遣。我那个时候就有一些同学去苏联读书的，但这些都是国家选拔。考试也不是主要的选拔形式，主要的还是内部的政治审核，但那个时候去的人也不多，我们这一届没有去苏联的，我们这届前面有去的，后面也有去的，但是我们那个班没有，我那个年级也没有。后来我的同事有从俄罗斯回来的。

问：您原来带学生时，是带硕士生还是博士生啊？

答：我带的是硕士生，没有带博士生，我不够资格，因为我不是博士，连硕士都不是。我们那时候没有硕士、博士，要是有，我肯定去读了。我在学习的时候确实是（成绩）拔尖的人，这点不谦虚。我们那个时候的考试和现在的考试并不一样，我们考口试，不是笔试。口试和笔试很不一样。

问：理工科怎么考口试呢？

答：就假设你们三个现在是老师，我是学生，我回答你们问题就是考试。就像现在你们在采访我一样，你们现在就像对我进行考试。前面这一排坐着三到五个老师，学生坐在对面。然后你看到题目，给你几分钟的准备时间，现场准备好后就可以回答了。回答完以后，各个老师要提问。你要回答得好，那就没什么，你要稍微出一点差错，那就会一个问题接着一个问题，第二个问题，第三个问题……你还没回答好第二个问题，就有第三个问题被抛出来了，一个接一个，所以口试是比较吓人的，过去叫"三堂会审"。我上五年学，一直是这个口试。

问：计算题也要口试吗？

答：一般的口试不会考计算题，它都考概念，也有笔试，但是笔试并不多。比方说我那个年级，一个专业共十个大班，我在的那个小班就已经将近三十个人。我每次考试都争取第一个上去，要排顺序,我都报名第一个考。我第一个去考,可能半个小时不到就考完了。考完了,我这一天就开心了,外面那些还没考完的就接着在那紧张复习,大家都还心惊胆战的,还不知道成绩会怎么样。我就出去玩了,或者就复习下一门课去了,我这就给自己多争取了一天时间,然后下一门课,我又这样做。最后一门考完了,他们还在紧张,我就出去玩了。我就比大家轻松很多,所以每次我都争取第一个去考。但是第一个来考,一般也是最难的,老师抠得最紧,因为老师也是刚刚进入这个情境,精力充沛。毕业设计答辩我也是第一个去做。

这个毕业设计答辩问了我三十几个问题,吓都吓死,真的。过去学习还是非常紧张的,要求非常高,从我来讲就是我个人的任务,从国家角度来讲,这也是国家交给你的任务,就像工作一样,学习就是你的工作,你必须完成的一个任务。它是这种心态,我们就抱着这种心态去学习。不同的时代要求不一样,按现在要求那个时候的人也办不到。都不一样了,那个时候的要求给现在的人,现在的人也做不到。因为整个环境和氛围都不一样了,从小接受的教育也很不一样。

入　　党

问:您是在大学时入党的吗?

答:我们那个时候的人入党是一个目标,是我们终身奋斗、争取要达到的一个目标,或者说是我们的一个愿望。特别是在军队的军人,当兵的人,要是没有入党,自己都觉得脸面上过不去,我们都是抱着这样的思想,那入党我是必须争取的。

你们现在学习就是你们自己的事情,对吧,学好这个专业是为了将来可以去一个好的城市、好的单位,可以拿到更多的工资,可以更满足自己的要求,可我们那个时候不是。对我们来说学习就是一项任务,是组织交给我们的一项学习的任务,也就是说:我当学生,是去完成组织交给我的学习任务。那我要入党,第一个就必须把学习搞好,必须把这个任务完成好。我学习上是比较努力的,上大学五年,每年都有寒暑假,但我五年没有回过一次家,五年的假期我都在学校里。当然假期也会去玩一玩,跟放假的同学们一起在外面玩一玩,也会休息,但是主要的时间还是用于学习。因为我知道我是初中毕业,同学们很多都是正儿八经的高中生,要跟上他们,学习得好一点,那我必须很努力,必须很用功。到最后,我的成绩在班里头确实还是比较优秀的。

再一个,在我们同学里头肯定还是有一部分同学,因为各种原因,学习会稍微感觉困难的,我那个时候就帮助其他同学学习,搞好成绩,这也是我的一项职责。我有一个同学,是插班的,他学习上感觉困难一些,当时我就帮助他。后来,他在一篇文章里还提到我,认为我对他有过帮助。毕业后,我们其实也没什么联系,后来是别的同学看到那篇文章告诉我的。

我是 1960 年 10 月入党,我记得是 10 月。前阵子,我拿到了"光荣在党 50 年"纪念章。

军 校 教 员

我们毕业的时候是分配工作,组织根据你的学习情况,根据整个国家的安排,哪个地方需要多少人,需要什么人,然后来考察你,把你分配到某一个点上。这个过程我们个人是不知道的。当时空军工程学院来招老师,来了一位姓郭的老师,是个主任,到我们学院来招一批教员。(学校)把我推荐给他,他就找我谈话,介绍这个空军工程学院未来是什么样,这个学校当时还没有呢,正准备要建,就给我介绍规划:(空军工程学院)将来在什么地方,准备建成什么样,未来是什么样,你去有什么难处,有什么好处,就动员(我)。然后问我想不想当老师,我当时确实非常愿意,于是,我就分到空军工程学院去当老师了。

我们那个时候的想法是,看国家对我们重视不重视,就看是不是分给我们最艰苦的工作,让我们去艰苦地方是最高兴的。当时我们还有一个分配去向就是到西北地区,实际上就是后来搞"两弹一星"的那些人,当时没有"两弹一星"这个说法,但是知道要去西北艰苦地区,很多人都愿意去、都想去,分不上我们心里反而很不高兴。但空军工程学院找上我,我非常愿意当老师,所以我就成了老师。这样的话就当了一辈子的老师。

这就是1963年,那时候学校还没有成立,临时建在北京,叫空军学院的地方。这个空军学院还在,现在叫空军指挥学院,当时就叫空军学院,就临时成立了一个工程系,就是我们未来的空军工程学院,就临时在那里。所以,我们就在那个系待了一年。后来学校正式成立了,在西安建起来了,我也就到了西安。但那个时候学校房子还没有完全盖好,只盖了一部分,办公楼有了,宿舍楼有了,都只是一部分。这样我就开始在那里(工作)了。

我是70岁退休。本来应该60岁退休的,我延长了10年。退休以后,我还在那继续工作了六年。76岁离开工作岗位,到了这里。就是2011年的1月离开西安,到了上海。因为我两个孩子当时都在上海,所以我就随子女到了上海。

问:您在数十年的军旅生涯中获奖无数,您个人觉得最重要的奖项是哪一个呢?

答:其实奖也不太多,我立了两次功:一次是三等功,一次是一等功,我立功都是因为科研,都是我到学校以后,搞科研项目立的功,我到学校以后搞科研项目比较多。从1988年开始,我就去参加了空军的一个信息化建设的科研项目,这类项目现在叫质量管理,过去叫质量控制。空军机动部队就在那个时候成立了一个质量控制实验室,我是负责飞机维护的,我教的学生也是搞飞机修理维护的。如果想飞机能用的话，就要搞一个质量管理体系，那个时候也不叫体系，叫系统。这是翻译问题，实际上都是同一个英语单词——system，只是翻译的名词变化了。现在叫质量管理体系，过去叫质量控制系统，当然管理内容还是变化很大的。那个时候就只是基本的性能指标参数的管理，现代化的质量管理体系牵涉方方面面的系统性管理。我具体参与组织了质量管理办公室，带领建立起了这样一个系统。弄的时间比较长，搞完以后立了一个三等功。这个质量管理办公室现在还在，当然现在比当时先进多了，更加完善。

后来，我就参加了"空中防线"项目。当时是1985年，邓小平任军委主席，他亲自批准了这个项目，这个项目当时是绝密级别的。当时有两个项目小组，我是整个小组的副组长，也是第二小组的组长，叫数字化小组，并且是主要参研人。搞科研一般都是有风险和未知情况的，没有说科研项目一定是按什么时间完成，或是在几月几号之前一定完成的；但我们承担的责任就是规定了时间、规定了任务，必须在7月1号以前完成。我们是5月接到的任务，所以就非常艰巨、非常难，这个任务也非常重，从来没有过的任务，第一次要把它搞出来，第一次把数字计算机应用到空军设备上。在其他设备上可能有过，但在这个设备上是第一次，所以尽管小组成员都很努力，但还是到了6月30号晚上两三点的时候才完成。但就是真正地做到了在7月1号之前完成，不完成是不行的。

那个时候，专机已经到了临潼机场，我们离临潼不远，飞机在临潼机场等着，派了个接收代表在我们的实验室门口等着。飞行员和飞机都在等着我们，我们必须在这个时间点把东西拿出来送过去。实际上，我们是到了7月1号的凌晨，才把东西交出去，等送走的时候，人已经瘫下去了。

加班加点是正常的，通宵我们干了很多次，不是一次两次了，就是连轴转不睡觉也必须完成这个任务。这一次任务比较艰巨，结束后给我们立了大功,除了我,还有好几个立一等功的,我这个第二小组里面就有两个人,我和我的一个学生,我立了一等功,我的一个研究生立了一等功,还有另外的两个是二等功,还有一个立三等功,就我们五个人全都立功了。

当时我们还拿到了邓小平签批的文件,也开了庆功会,给我们发了奖章,庆功会的时候给我发了一台照相机,1 200 块钱的照相机,当时说是重奖啊,那确实很重啊!1 200 块的相机在当时的八十年代,一般人都没有的,就给我发了一台这样的照相机(手指着单反相机说),还带了一个大镜头。现在看来好像无所谓的,这个照相机很普遍了,但当时还是很不常见的东西。

问:我们再来谈谈您在空军工程学院承担的教学和科研任务。可以简单介绍一下您这个学院的发展历程吗?

答:这个学院现在也已经有很多公开资料可以查了,1999 年,和其他院校合并成立空军工程大学,原来我们叫空军工程学院,在 1999 年是空军三家和通讯相关的军校合并成为空军工程大学,校舍、实验室都新建了。从 1959 年成立以后,一直在西安,它主要培养的是空军航空兵部队的地面维修人员。我也是一直从事这方面的教学和科研工作(见图 3)。

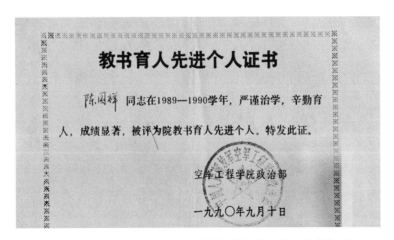

图 3　陈国祥在空军工程学院所获的"教书育人先进个人"证书

问：这个学校的成立是哪一位中央领导的推动，或者说哪个部门负责筹划呢？

答：当时是中央军委统一命令的，成立了很多单位，最早成立的是以兵团为单位，第一任院长是空军副司令员常乾坤。当时成立这个学院的目的主要有两个，一个是培训出适合空军地面工作的一些人才，第二个是为了配合空军的发展进行一些科研活动，科研活动也是以飞行设备维修专业的方向为主，就是飞机保障维护方面。让我搞的这几个科研项目都是这方面的，就是针对飞机飞行中可能出现的问题进行一些技术保障。

问：那您为什么退休之后还继续工作了十年？

答：工作需要嘛。当时人才比较缺乏，工作任务繁重，所以需要留一部分人接着工作。但它不叫返聘，叫延长退休年龄，延迟退休。我那个时候以教学为主。

问：那整个空军的科研团队，它现在的年龄构成是比较年轻化呢，还是中老年比较多？

答：应该讲，现在（年龄结构）是比较年轻的，因为现在的博士生都出来了很多，对吧？现在博士都很年轻，现在像我这个年龄的恐怕没有了。

问：那您当老师的时候，对学生的要求是和当初您受到的教育一样吗？

答：我还是属于比较开放型的老师，不会要求学生有特定的样子。我在工作岗位的时候特别喜欢和年轻人在一起，和我来往的很多人，都是比我小很多的人。而且时代不同了，我们都跟着时代在前进。

问：恢复高考前后的时期，您有没有觉得学生不太一样？就是恢复高考前收的那批学生和恢复高考后收的那批学生有什么不同？

答：应该说还是不太一样的，前面的学生属于比较传统的，思想比较正统;后面的就属于比较开放的。这是因为整个社会的形势不一样,(后面的学生)性格比较活泼,与前面的很不一样,敢说敢做敢当。我们过去就是听从上边的安排比较多。上边的安排,我们基本是都得听,也都愿意听,可能有想法,但一般来讲都不会提更多的要求,这个也很正常。社会在发展,总是一样的话,永远不变化,就没有希望了。等你们到我这个年龄,可能你们对年轻人也会有其他的想法,对吧?几十年以后,谁都不知道会发展到什么程度,发展是肯定的,但具体到什么程度是非常难预料的。变化是肯定的,但是怎么变,变化到什么状态?你现在是很难预料的。

宋义民

宋义民，1938年7月出生。1956年8月入伍，1961年12月加入中国共产党。先后担任空军独立二团一大队飞行员、空军第二十六师七十八团二中队中队长、空军航空兵第二十六师七十八团团长、空军航空兵第二十六师副参谋长，1991年起任空军上海指挥所参谋长助理。1967年在广西"三战三捷"战争中，敢于以劣胜优，用歼-5击落美国当时比较新式的鬼怪式（F-4B）飞机，荣立一等功，受到了毛泽东、周恩来等领导人的接见；1981年荣立三等功1次；1984年因保证飞行1 500小时，荣立二等功1次。

宋义民

访谈者：曹子尼、赵泽涵

访谈时间：2021 年 8 月 16 日、25 日

没有共产党，就没有我的今天

我今年 84 岁，是生在旧社会、长在红旗下的一代人。1949 年新中国成立的时候，我只有 11 岁。在旧社会时，我家里很穷，父母都不幸患病，由于生活所迫，家里没有钱治病，他们在新中国成立前就相继去世了。我有一个哥哥，他比我大 6 岁，经常带着我在山里挖野菜。条件更恶劣的时候，我们还讨过饭。我的右腿上至今仍留着被恶狗咬的伤疤。但那时候村里的老百姓对我们很好，看我们是孤儿，村里的乡亲都很同情我们，给我们送吃的送穿的。我们就这样勉强活了下来。

我们家乡 1949 年解放，等到 1950 年，我 12 岁，才开始上学，接受教育。从小学到中学毕业，我所有的一切都是国家供给的。这时候我才开始过上比较幸福的生活。所以我的体会就是没有共产党，就没有我宋义民的今天，这是我发自内心的感想。

我初中毕业的时候，正赶上 1956 年空军大发展。原来招飞行员是从部队里挑，打仗勇敢的才能当飞行员，1956 年这是第一次从地方学校招飞行员。学校老师发现我条件比较合格：家里生活苦，在学校表现也不错，就给我报了名。没想到在当时，整个西安市都没多少人做体检，我很快就通过了。这样就跟飞行结下了不解之缘。从那以后我开始了飞行生活，一直跟飞机打交道。

在航校的时候，我们正赶上三年困难时期，1959 年到 1961 年。这是最困难的时候，原来我们的军备器械都是苏联援助的。后来苏联也跟我们断绝关系了。（苏联撤走了）一下就没有飞机了，只能层层淘汰飞行员：身体（原因）淘汰一批、技术（原因）淘汰一批，最后没多少飞行员能够飞出来。

我很热爱这个事业,在航校的时候,我是很努力的。那个时候飞机很珍贵,教练机就那么几架,你哪个地方稍微没做好,就得淘汰、停飞。因为人多飞机少,尤其教练机就两三架,所以淘汰率很高。从飞初级教练机到高级教练机,再到航校毕业,我都严格要求自己,处处模范带头,所以在航校里我也是第一批入党的学员。

分到部队以后,我又是第一批提干的。我们一共毕业37人,我是第一个入党的,入党马上提干,当了中队长。那个时候飞行就像爬坡一样,一个科目也不能落下。因为在航校里是教你怎么飞行,到部队就要培养战斗能力了,飞行科目要跟作战联系起来。那些科目都是很复杂的,你哪一个环节飞不好,就要被淘汰。这种训练是为了培养能战斗的战斗机飞行员。

我那时候很努力。我是1962年到部队的,到1966年,我就达到了作战水平。达到作战水平的意思就是可以参加战斗值班了,你不光是一个飞行员了,你还是一个战斗员,可以担任战斗值班的任务。

我们部队原先驻扎在雷州半岛的遂溪机场。那里离湛江很近,我们部队就在那儿。到1966年的时候,美国和越南打仗,我们部队就奉命到前线去轮战,转场到广西的宁明机场。宁明机场是专门修的野战机场,野战机场要求"山、散、洞",要靠山,部队要住的分散,山里面要打洞。

我们刚到宁明的时候,跑道修好了,但是飞行员的营房还没有修好。我们飞行员去的时候住在哪儿呢?就住在工人的工棚。广西很热,工棚的墙壁是用竹子做的,顶上是牛毛毡,底下有12个二米来高的(柱子),我们飞行员就住在那里。开始的时候条件很艰苦。后来过了大概三四个月,营房搞好了。但那营房跟现在也没法比,就靠着一个半山腰修了四排房,每排房子住一个中队。我那个时候当中队长,中队里16个飞行员(就住在里面)。这一排

宋义民

房子中间是个厕所,也用来洗澡,洗漱的是一个合用的空间。两边各四个房间,每个房间住二个人。房间有多大呢?勉强能放二张小床,摆一个床头柜,一个空中的吊扇。差不多就12平方米的地方。就这么个房子,在当时也算不错了。当时的条件就是这样。

我们宁明机场是靠越南最近的一个机场。这个机场起飞18公里就到越南,也就是在国境边上。我们在空中飞行时,能看到美国的飞机轰炸越南、向地面投弹冒出的浓烟。地面的黄烟也看得非常清楚。宁明机场的跑道是南北方向的,不管顺风逆风我们都是向北起飞。你们知道飞行必须是逆风起飞,逆风落地。但我们不管逆风顺风的都是向北。因为向南起飞一转弯就到越南了,那不行的,所以都是向北起飞和落地的。

我们住的地方离机场要坐车要40分钟。全大队共用一辆车。是辆解放牌汽车,上面有一块蒙布,汽车里边有两排凳子可以放下,就像现在还在用的老式大巴车一样,座位可以拉起来也可以放下。人少的时候把它放下来,大家可以坐一坐,人多的时候就把它拿上去。全大队就这么一辆车,飞行员进场、退场、送饭、活动全靠这辆车,条件十分艰苦。我们是1965年去的,在那待了四年,一直到1968年部队调防调到上海的时候才离开。

在老百姓的眼里,飞行员穿着皮夹克,戴着飞行帽,很神气的。但是很多人不知道飞行员的苦,飞行员是相当艰苦的。作为一名飞行员,尤其我们那个时间段,你想象不到有多苦。我们在那待着,天气很热,比上海热多了,而且很潮湿。那个时候我们飞的是歼-5飞机,还有歼-6飞机、歼-7飞机,它们都在南宁的吴圩机场。那儿也是援越抗美的一个部分,也是援越部队。他们离我们机场有90公里,但是飞机嘛,90公里的距离一下子就到了。他们是歼-6、歼-7,那个时候为数不多的歼-7是苏联给的。我们是歼-5飞机,所以在战斗的过程中,相对来讲,我们起飞(作战)很少。一般有情况都是歼-6、歼-7起飞。但是我们一直没有松懈，训练也很艰苦，针对敌人的F-4、F-10进行训练。美国在越南最好的飞机是F-4，F-4有两种机型：一个是F-4C，F-4C是从地面跑道上起飞的；一个是F-4B，这种是改装的，在航空母舰上起飞。我打的那架飞机是F-4B。

我们到宁明以后虽然起飞多，但是遇到敌机很少。因为美国知道中国的飞机、高炮就在边境上，所以一般都不越境的。我们是国土防空作战，只要你越境我就可以打你了，但我们不到越南去。跟抗美援朝不一样，抗美援朝是志愿军跨过鸭绿江，那是进到别的国家了。我们援越抗美是不进去。我们主要任务还是国土防空作战，美军只要进入我国领空，哪怕进入一点，都要打它。这叫国土防空作战，又叫反擦边作战，你擦我的边也不行。

驾驶歼-5击落美军F-4B

1967年4月24日，那天天气很好，也是我间隔了20多天后的第一次值班。为什么间隔了这么多天？这个后面再说。这天天气很清爽，天空非常蓝，所以美国人胆子就大了。因为天好嘛，能见度高，看地面比较清楚，他也放松警惕了。原来轰炸什么的，他们都不敢靠我们边境来。这一天他们觉得天好了，就想轰炸越南靠近我国、谅山以北的地面军事设施，（还有）桥梁、码头、机场。

那一天到机场后，我是四机带队长机，也就是说我是一号机，二号机也是我同期的一个飞行员叫赵广江；三号机是个老同志叫危帮宁，他是参加过抗美援朝的；四号机也是我一个同学叫曹文斌。当时我们到机场一定要提前，天亮前一个小时要到机场。作战参谋有个日落日出时间表的，他要根据那个安排，必须在天亮前几点几分到机场做好战斗准备，所以参谋也很辛苦，他晚上都要定四五个闹钟放到那儿，总怕耽误了时间。闹铃一响，他把飞行员叫醒,然后坐上那辆解放牌汽车。路上有 40 分钟车程,叮叮咣咣的到达机场。实际机务人员比我更辛苦,机务人员他们半夜里就要拉飞机。因为飞机晚上不能放到跑道上,防止敌人轰炸,都要拉到山洞里边去,半夜里再把它拉出来。到机场以后我们摸黑接手飞机,再跟指挥所协同。那天是七军指挥,我们是隶属于南宁空军七军的。指挥员就告诉我们今天天气很好,美国可能要轰炸越南靠北的地方。他们也得到情报了。那个时候情报很准的,不管是军队的情报还是地方的情报都很准的,情报说美国做好了轰炸越南北方的准备。这样协同的时候,他要求我们务必做好战斗准备,再找我们四个飞行员协同。

那个时候都要学习毛主席语录的,叫红宝书。我记得我领着大家学了三条毛主席语录。一条是"武器是战争的重要因素,但不是决定因素,决定的因素是人不是物"①。这是第一条。因为我们的歼-5(没有人家的飞机好),所以武器不是决定因素,决定因素是人。第二条语录是"我赞成这样的口号,一不怕苦,二不怕死"②。这是一条,打仗就是要不怕苦、不怕死。我们飞行员早就有这样的思想了,党培养我们干啥?花那么多资金,又是最困难的时候培养我们的,不容易啊。我们当上飞行员了,就应当报答祖国,一不怕苦,二不怕死。第三条语录是"政策和策略是党的生命"③。我们要求一定要听从指挥,打仗一定不能出国境线,指挥所命令你马上转弯(你就要转)。因为我们在空中,有时不知道国境线,又没给你画条线。所以一定要听指挥,叫你返航,你一定得

---

① 原文为:"武器是战争的重要的因素,但不是决定的因素,决定的因素是人不是物。"见毛泽东:《论持久战》,《毛泽东选集》(第一卷),人民出版社,1967 年,第 137 页。

② 原文为:"我赞成这样的口号,叫做'一不怕苦,二不怕死',而不赞成那样的口号,'没有功劳也有苦劳,没有苦劳也有疲劳'。这个口号同'一不怕苦,二不怕死'是对立的。"见中共中央文献研究室编:《毛泽东年谱(1949—1976)》(第六卷),中央文献出版社,2013 年,第 248 页。

③ 原文见毛泽东:《关于情况的通报》,《毛泽东选集》(第四卷),人民出版社,1967 年,第 1192 页。

返航，你不返航你还在继续飞，就是打掉了敌机回来照样处分你，这是一条纪律。我领着大家学了这么三条语录。

然后我们去协同。因为我将近 20 天没值班了，所以我们协同都很认真。那个时候都是延续苏联的四机一组。现在不是了，现在起飞都是单机，因为都是导弹，最多是个双机。那个时候是四机：一、二号机是长机组，三、四号机是僚机组。一般在空中打仗的时候，一、二号机打，三、四号机掩护。有特殊情况，比如对僚机有利了，长机也可以命令僚机去打，但必须是长机命令，说你攻击我掩护，我是一号机我可以这样讲。我没有发这个命令，僚机就不能攻击，只能掩护。

飞行员这个时候要把飞行的装备都穿好。穿上那飞行衣就好像夏天穿了一个棉裤似的。然后又要带手枪，飞行员要带手枪，带伞刀，然后把飞行衣一块穿上，大飞行靴穿上，飞行帽戴好，飞行背心就是救生背心，就像你游泳穿个救生背心，把那些都穿好，再去休息。这一身从穿好开始这一天一直不能脱，从你值班开始到结束前都不能脱。你睡觉也好，吃饭也罢，你在床上躺着，这一身都得穿着，包括手枪也得背上。睡的时候背心可以放在旁边，起来的时候背心要穿上。你接收完飞机以后，氧气面罩是放在座舱里的，飞行帽不能放到飞机里，飞行帽要一边跑一边戴上，因为你一边穿背心一边戴飞行帽不行。我们飞行员休息室离起飞线将近 100 米，值班参谋守着直通指挥所的电话。一听到一等就喊"一等"，把电铃一拉，飞行员机务人员就开始跑。向值班飞机边跑边开始戴飞行帽，就像跑百米那样。那个时候也年轻，机务员在前面跑，我们在后面跑，那叫"拉一等"[①]，就是这样的。

这一天"拉一等"一共跑了多少次？后来有人说是八次，有人

---

① 拉一等，是指空军部队在进行战备值班等级转换，出现异常空情时，"一等"战斗警报响起，官兵必须以最快速度奔赴各自战位，密切协同配合，完成战斗准备，保卫国家领空安全。

说是10次,但是每一次跑了"一等",进入座舱以后都没有起飞。都是兄弟部队的歼-6(起飞),我们是歼-5。他们要从吴圩机场来到我们宁明机场,从这儿再到待战空域去。四架飞机刷的一声就过去了。我们进入座舱以后,穿好伞,戴上飞行帽,还有安全带都得系好,座椅也就这么大一点(大约80厘米),勉强坐一个人进去。整个人就露一双眼睛,坐在里面。那边4、5月份的温度都是30多度,座舱的温度更高,因为座舱在停机坪上,都是不盖蒙布的,阳光就直接晒进来。飞行员一进座舱,汗哗地就出来了,全身都是汗。那个时候也没有桑拿这个名词,就好像进入蒸笼里啊,外边30来度,里面有40度到50来度,就坐在那里。所以我们飞行员最怕的是坐在里面不能起飞,只能干等着。别人在天上转(指歼-6、歼-7),我们在地面座舱看(指歼-5),无线电开着嗡嗡地响。机务员看我们挺辛苦的——其实他也很辛苦,他就拿个草帽给我们扇,满身都是汗。这样子人家(指飞过的歼-6)40分钟哗地过来了,就说明解除了(警报)。当时我们有一句顺口溜,叫"人家歼-6天上转,我们歼-5只能地下看"。这个时候我们一下飞机一身汗,你不能说我把衣服脱了,那是不行的,那一身汗就在身上捂着。最多你把救生背心脱掉,但还是从上到下一身汗,在身上捂一天。而且一次一次、反反复复进入"一等",所以我们的衣服不是穿坏的,都是汗捂坏的。

  那个时候我记得很清楚,每一个部队里都有一个军人服务社,军人服务社有两个师傅,一个师傅是裁缝,专门给飞行员、机务人员补衣服。那个时候衣服在部队里都是交旧领新,你要领新衣服就必须把旧的交回去,那个裁缝就把交来的衣服撕成一块一块。因为衣服都让汗捂烂了嘛,就补容易坏的地方,两个膝盖一块,屁股一块,背上贴一块。都是这样。我记得那个时候张爱萍来,他是国防部长,到越南去访问,回来路过宁明,说"我去看看飞行员"。他就到我们机场,那天我们正在飞行,他一看飞行员怎么都穿这样的衣服,机务员都穿着带补丁的衣服。当时他说原来我们的飞行员都这么苦,我们倒没感觉出来,因为习惯了。军人服务社还有个师傅是补鞋的,飞行员的飞行靴四年发一次,(因为工作需要)在水泥地磨来磨去很容易坏。没办法,就有个补鞋的师傅,飞机报废的轮胎有的是,用那轮胎的料给飞行靴前面贴后面贴,反正帮子是没烂嘛,就补个底。他不能用钉子补,因为要上下飞机,所以就用胶水粘。

这样一直到(4月24日)那天,我们都习惯了。当时我们还有一条语录,叫"绝不松懈自己的战斗意志",任何松懈战斗意志(的行为)都是错误的。我们还有个口号叫"宁跑千次空,不漏一次勤"。就是这样子,苦一点累一点,都没关系的。这样每天四五次、五六次甚至七八次跑。大家那个时候也很累,不管穿什么衣服躺在哪儿都可以睡着,回来以后随便吃一点东西,我趴到地下都可以睡着,因为习惯这样不脱衣服睡觉。到那天下午5:50分左右,又拉了"一等"。本来我们是6点钟就日落,飞行员就要收班了,结果5:50多又拉了"一等"。这次"一等"我们一边跑,值班参谋一边拿了个红旗就喊"快啊,快啊,快啊"。那机务员也跑,我们也跑,再快也就只能这样。结果我们还没到,飞机前"嘣嘣"两发红色信号弹。我们还没上飞机呢,两发红色信号弹就响了,这时我们才上飞机。原来我们都是先上飞机,穿装备,然后再开车。结果那天我们自己穿伞,机务帮助开车。这样分两头,他开车,我们做这些工作,等我们把这些工作做完了以后,他那车也开好了,这样子机务人员就下去了。我关了座舱盖,因为是机务人员开的车,哪些电门打开了,哪些电门没打开,那都要好好看一遍。因为你少按一个开关,少开一个电门,或者哪个地方稍微错一点,那都是要命的事啊。我是长机,也不能慌慌张张的,还有三个僚机呢,我就从前到后反复查,哪些电门打错了,哪些打对了,那都是一扫眼的过程就完成的。飞行员对这些东西很熟的,从左至右一看就可以了。飞行员平时每次飞行都要摸座舱设备，明天要飞行今天跟你说，你把眼睛一闭，不能用手摸，只能用手指，这是个什么？地平仪、罗盘、发电机电门、氧气开关等，都烂熟于心了。检查好了就起飞，起飞以后我得压一压，不能手忙脚乱。

四机起飞以后，我就和七军指挥所联系。平时我们都是用暗语的，飞行员都有一个暗语牌，不能说明语的，飞行高度、敌机、投副油箱、航向多少都得用暗语，怕敌人窃听。这个暗语只能用一次，下次就得换。我一起飞就和指挥所联系，指挥所说："812，敌机两架F-4，高度2 000米，距离80千米。"我当时想都5点多钟了，你让我起飞，又说这个情况，是不是又演练我们呢？因为平时也经常有这样的情况，我们前面没起飞，他经常给你说点情况，把你在空中折腾一下。搞得好嘛，他回来也不表扬你，搞得差，然后他就批评你。我还在想可能演练我们，也没回答他，他接着说："812，投副油箱。"当时我们到宁明作战快两年了，还从来没投过副油箱，最多就是双机投过一次副油箱，四机还没有投过副油箱。突然要求投副油箱。这副油箱是什么呢？我们飞机上有两个副油箱，两个加起来一吨多的油，带上副油箱可以飞一个来小时，副油箱一投就只能飞30来分钟。一般的待战空域里面，遇到敌机才投掉副油箱，因为打仗的时候副油箱是一个负担，把它投掉后飞机就比较灵活了。这我刚一起飞副油箱还没用呢，就叫投掉，一架飞机一吨多油，四架飞机就是四吨多油，我感觉好像不是假的，是真的了，就投了副油箱。

我意识到刚才的杂念是错的，赶紧把安全带系紧，看看三门炮的电门打开了没有。前面有三个红灯——装了弹以后红灯就亮，看看灯亮了没。然后是瞄准具，我们有个雷达瞄准具，对面是F-4，F-4不能定机身，要定机翼的，14米长，把瞄准具也得调一调，你调的不准，打的也不准。F-4嘛，就按F-4的标准，平时都知道，都研究过的。我就把瞄准具的刻度定在14米那个地方，然后通报就来了，叫我们开加力①，敌机在 2 000 米（左右）高度，开了加力很快就到了。然后我看看僚机，僚机开了加力后谁也不让，三架飞机就平着飞。我是一号机，三、四号机跟我距离很近，实际上那是错的，但是那个时候大家都没考虑，就想着他是 F-4，怕他跑了。我们的二号机打开加力以后推力可能小一点，他拉开了一点距离，其他两个飞机跟我基本上是并排的，按作战来讲是不能这样子的，应当拉开距离。但那个时候没想太多，就想他是 F-4，所以把油门开到最大。反正 2 000 米改平就是这样。我速度当时将近 1 000 千米/小时了，我们速度最多只能到 1 100。这时候指挥所的通报就来了，80 千米、70 千米、60 千米、50 千米。这个时候你不要往外面看，只要保证你的飞机状态（就行了），你看也看不到。我们在飞机上是靠肉眼看的，美国人是靠雷达，肉眼你怎么看？你只有保持飞机状态，到 30 千米以内你才能看。

到 40 千米的时候，我还是没看到；到 30 千米，我就看到那边有一个黑点好像对着飞过来了。我开始怀疑，刚刚怀疑，黑点就越来越大，我就感到这是敌机。我说："发现敌机！"然后我的飞机就哗地冲过去了。我跟敌机当时处在一个斜对头的状态，我（的速度）将近 1 000 千米/小时，它也七八百千米/小时，将近 1 000 千米/小时，相对速度是很大的。（我的飞机）擦着美国敌机的头皮就过去了。过去的时候，美国那两个飞行员戴着白色的头盔抬头看，我都看得非常清楚。当敌机刷的一下过去的时候，我一带杆，再往下一反扣拉杆，这个时候因为拉杆动作过粗，眼睛就发黑，啥也看不到了。载荷你知道吧，飞机有个载荷，我们穿了抗荷衣，一拉杆那个气就充起来了，把你下腹紧紧包裹住，防止你血液向下流。这就是防止你黑视的。但是拉杆动作太粗以后，我估计那一杆大概有七八个负荷，相当于像我这体重的七八个人一秒钟压在

---

① 加力是指发动机在短时间内推力超过最大工作状态的过程。发动机加力可缩短飞机起飞滑跑距离；军用机在作战时可借以增大飞行速度、爬升率和机动性。

宋义民

我的身上，血液瞬间下流，眼睛就黑视。黑视就是说飞机状态浑然看不到了。但是这个时候我心里知道，刚刚拉杆动作粗了，飞机在抖动。老飞行员都知道，这种情况经常会遇到，那怎么办呢？稍微把杆松一下，压力减小，这视力慢慢就恢复了。恢复之后我看看速度多少了，(一看)还不到400千米，原来1000千米的速度，这一秒钟的速度剩了只不到400了。我还不能硬拉，硬拉飞机就要失速了，一失速就进螺旋了。进螺旋是很可怕的，那就更没办法(飞行了)，但也不能慌，只能慢慢拉。边慢慢拉，我就边在下面找这个敌机。它是从我下面过去的，我找半天没找到，结果一抬头(发现它)就在我这头顶上，它也在晃，也在找我。我也不敢用劲拉，于是我一边慢慢拉杆准备瞄它时，它也发现我了，啪的往下一扣，一扣一拉。(它想着)这么一拉，我可能冲过去，结果它一拉以后我向外边一撇，就没冲过去，我又跟上它了。这样我们就开始空战了。

都说F-4是鬼怪式，(机身)很粗很长，机身上涂有保护色。(它的)保护色是什么色，当时我也说不清，就好像人得了白癜风那样，脸上白一块红一块的，现在知道了那叫迷彩色。它涂的那个颜色，跟地面颜色很像的，所以它只要不动，你还真难发现。敌人的F-4头是向下弯的，尖尖的，飞机上有两个人，一个飞行员一个领航员。领航员是管雷达的，他负责指挥飞行员，这一套系统很复杂。飞机两台发动机，重量27吨多重，而歼-5的重量只有五吨。它这一架飞机造价一亿多美元(按那个时候的造价)。由于它突然向下冲，它也没弄清我是什么飞机，我就擦着它头皮过去了。他心里大概也紧张。后来我们才知道，美国说中国有了最新式的飞机。所以他在空中的时候向下转、向上转，一直没开加力，也就是说我这一冲把敌人吓破了胆，他也不知道该怎么办了。他没准在想：(它怎么)这么大速度就冲向我了。

那会儿我们都是拼了命的。他向下摆，一看快要撞山了，我们那个地方在十万大山上空，十万大山海拔1 000多米，我们就在山顶上和山沟里面来回。他一向下，发现低了，拉起来又向上转。虽然我们过去也飞过主动向、被动向空战练习，但是跟这差远了，平时都要注意安全系数，这次真是拼了命的。什么叫你死我活，那次可真是体现出来了。我的飞机开着加力一直发抖，拉到极限就是这样，一直在抖动。速度也一直是四五百左右的速度，因为拉的太急，速度上不去。我看着敌机唰唰的一股白烟从机翼下冒出，说明他也拉得很急。刚开始（作战）遇到这个鬼怪式，说老实话，看到那么大的家伙还很紧张，后来经过几个反复，我时时咬着他，绝不能让他把我甩到前面去，只要我在他的后边，我就是主动，我一直保持这样的思路。所以有时速度很大，我也不敢关加力，按按减速板减减速度，他向下又向上，我都时刻盯着他。但是因为他动作太大，我那瞄准具都拖在后面，敌机向上，我的瞄准具又在下面，就是跟不上那飞机，但是必须用瞄准具光环把敌机给套上才能打，你套不上没法打。

　　经过几个回合，我发现敌机也就这点"上蹿下跳"的本事，我的心情也就平静了许多。所以，这个时候我就想敌人都是怕死鬼，向下看到要撞山必然要向上拉杆。我就采取我们战术上叫做"佯攻"，你向下我要跟着，但我不一定死跟着你，这个时候他正好向下，我不硬跟他，我就这样等着。我等在他可能上来的这个地方。结果他一看到要撞山了，向上一拉，正好进入（瞄准具）光环了。我稍微带了一下，就狠狠地开炮。我们飞机一共是三门炮，两个37炮，一门是60发炮弹，还有一门23炮，是80发炮弹，三门炮加起来是200发炮弹。但是我们飞行员讲是201发，自己算是一发炮弹，到时候打不掉，撞也把你撞下来。我的瞄准具光环一套上敌机，过去练习都知道，得稍微有点提前量，空中炮弹出去不像地面那样，要有个提前量，飞机是运动的嘛。我算了下提前量，这么一拉一开炮，那三门炮在大白天（发射出去）就是三道红色火柱子，因为炮弹上都有夜光剂，大白天也很清楚，就射在那飞机的前面。我看炮弹就在敌机前面半米的地方打过去了，我一直没松炮弹发射按钮。这是我飞歼-5以来第一次开炮，第一次就送给鬼怪式F-4B。

他把飞机改平了，投出来一大堆东西，把我吓了一跳。因为你平时飞行的时候，鸟飞过来就可以把飞机打坏，那么一堆东西撞上我飞机那不完蛋了。我往外一撤，那堆东西就从我飞机肚子下面过去了。我那僚机就喊："敌机爆炸了！敌机爆炸了！""导弹，导弹最怕近战，缠在一起它就完蛋！"我一看敌机也没有爆炸嘛，但是飞机确实不动了，不像原先那样"上蹿下跳"了，就看那飞机尾巴冒着一股黑烟，但就是在空中不掉下去。我再按炮弹发射按钮就不响了。我们歼-5飞机有两门37炮，弹箱安装在机翼的根部，一门23炮，弹箱安装在座舱后背的机身下。当时只听到我的弹箱"咔咔"的就像拉着铁链一样，我就知道断链了，那没办法。我这个时候喊僚机，僚机也不答应我，喊三四号机也不答应。因为我这边折腾好长时间，二号机看我没开炮，他距离很远就开炮了，开炮大概有1 000多米。我们的飞机炮弹最远射程是600米，最有效的距离是300米到400米，太近了也不行，太近了没法打，300米到400米是最有效的。说是200发炮弹，但一秒钟就可以把三四十发炮弹发出去，按着三四秒钟的话（就全没了）。他大概看着我老不开炮，在我后面又赶不上。在他返航拍的胶卷①里面都有我的机翼在，打仗嘛就是这样子（见图4）。

这个时候指挥所喊"812返航"，我说还可以打，我就喊僚机，他们也不回答。实际这时候僚机在哪呢？三四号机冲过去以后就丢失了我，也丢失了敌机，但他们就在上面盘旋，二、三、四号机也不能说我掉队了，我看不到你，空中不能这样子。我那二号机

---

① 开炮的时候飞机上会有胶卷记录，只要摁着开火键胶卷就运作。

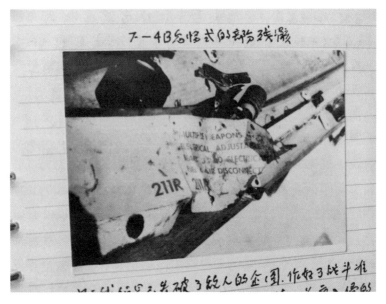

图 4　F-4B 鬼怪式飞机的残骸

也不能说我炮弹打完了,所以他们也不回答。指挥所喊我,我说还可以打。那天指挥所是军长指挥,我们军长是空军一级战斗英雄刘玉堤。一开始领航员喊我的,我根本没理他,我说还可以打,这时军长接过话筒喊:"812,政策和策略是党的生命,命令你返航。"这是毛主席的话,那个时候毛主席话一句顶一万句,这样子就返航了。

落地后我飞机的机械师一边给我开座舱盖,一边喊:"中队长,我们在地面塔台听到空中大喊飞机爆炸了!"接着又喊:"快叫救护车,中队长受伤了!"我一看救生背心和上衣上全是血。最后搞清楚是空战动作过大把氧气面罩前的钢丝钩拉断了,钢丝断头扎破了鼻孔粘膜。返航后到指挥所一看胶卷,看到我开了一次炮,距离320—400(米),角度很大——28度还是相当大的角度。当时我很生气,我还在想炮弹的问题,当时胶卷(拍到的)是三次,但那都是没有炮弹的(空按)。你只要按大炮按钮,那胶卷还照样转嘛,所以那个胶卷上是三次。这样子落地到指挥所,把胶卷一看,我属于击中目标,但是击落没击落呢,也没法去判断。

这个时候指挥所的大家都说(击中了)这一架(飞机),可有两架美机呢,另一架呢? 我们四个人都说就看见一架,没看到另一架。我们师长这时候说:"军长叫你接电话,军长叫你接电话,你快来接电话!"军长说:"小宋啊,告诉你个好消息,敌机掉了,你们落地以前敌机就掉了,我们侦听部队都听到了,掉在刚一出山的北部湾海里,另一架飞机在你们没上去以前,被高炮打掉了。"最后算了一下,美军两架飞机进来,我们高炮当场就打掉一架。但是那个时候指挥所也没得到这个消息,高炮打掉不到20秒我们就上去了,所以第一架打掉和第二架跟上去相差只有20秒。从第一架被打掉到第二架被打掉,后来经过空军计算,一共是3分20秒的时间。

然后部队就进入战备了。后来我们才知道这是总理定的。我们到北京,总理接见我们以后才知道的。总理分析当时美国最新式的两架F-4B被打掉,美国肯定要报复的,他绝不甘心。这样我们就进入战备了,像高炮什么的都进入战备了。进入战备以后,4月28日又打掉他两架A-3B,A-3B也是侦察攻击机,可以对地面进行攻击,他们侦察的时候还打了我们的地面目标,我们还提出严重抗议了。接着5月1日,又打掉他一架无人靶机,也在那个位置上,他是来侦察看看到底是被什么打掉的,所以从4月24日到5月1日,八天里面打了三仗,打掉了五架飞机,这样就叫"三战三捷"①。

"三战三捷"之后,1967年5月6日在广西南宁召开了"三战三捷"的庆祝大会,那个时候报纸上都讲"三战三捷",一直延续了

---

① 据《广西通志·大事记》记载,"4月24日至5月1日,驻桂空军在广西上空连续击落入侵的美军飞机5架,中央军委颁发嘉奖令,祝贺'三战三捷'"。广西壮族自治区地方志编纂委员会编:《广西通志·大事记》,广西人民出版社,1998年,第386页。

好长时间,也没有单独地列哪一场(战斗)。开了庆祝大会,空军的领导也去了,总部的领导也去了,大军区的、还有地方的领导都去了,在广西最大的一个大礼堂开的。我、高炮的,还有打掉无人靶机的飞行员,三个人立了一等功,其他二等功、三等功,嘉奖的不少,我数了一下起码有100多人。所以打仗不是一个人两个人(能完成的),是一个整体,有很多人(参与)(见图5)。

图5 宋义民工作笔记

"三战三捷"以后,我和高炮的连长吕尚华两人就坐飞机到北京。那个时候地面道路都不通的,铁路也不通的,我们坐着飞机到北京去,也没告诉我去干什么。那一年不是1967年嘛,建军40周年,就跟我们说你们去参加庆祝八一建军节40周年,以这个名义到北京去。

到北京以后,第一次见到周总理是一天晚上,会务组给我们送来两张看戏的票,外面还有个请帖,很郑重的,看戏地点在人民大会堂。我们去以后,工作人员就把我们领着,七拐八拐地就拐

宋义民

到一个小剧场,很小的一个剧场,大概只能坐几百人,舞台就占了剧场的三分之一。我一进剧场以后就发现都是军人,空军坐一块儿,陆军坐一块儿,海军坐一块儿,都是当兵的,整整齐齐地坐在那儿,坐得满满的。我记得我是七排一号,高炮的连长是七排二号。我前面是六排,六排的前面摆了好长的桌子,桌子上摆着水,还有毛巾什么的,我想今天可能有首长来,具体谁来我也不知道。当时会场就唱歌,唱《打靶归来》《我是一个兵》《大海航行靠舵手》这样的歌曲。过了一会儿,灯一亮,大家都起立,看着门口,看着周总理和朱德、徐向前、叶剑英、陈毅,还有总部的萧华、杨成武,还有空军的、海军的那些领导都来了。总理穿着军装,老帅们也穿着军装,朱德也穿着军装。大家都鼓掌,然后就坐下。总理坐在我前面那一排的一号,朱德就坐在二号,大家坐好,戏就开始了。当时我挺高兴,也挺激动的,今天见到总理了,就坐在我很近的身边看戏,那天看的《红灯记》。戏中间休息的时候,那些领导就到休息室去了,我跟那个连长就在座位上,在想今天终于看到总理了。这时候空军司令吴法宪就来叫我:"宋义民,总理想见见你们两个,你们两个到休息室去。"我就跟着去了。

到里面以后,总理在门口迎接我们,握着我们的手。吴法宪介绍,他是飞行员,是他用飞机打掉敌机的,他是高炮连长,叫什么什么名字。总理说:"你们都很年轻嘛!"然后把我拉到老帅的跟前,在好大一圈的沙发前,总理帮我们介绍,他是飞行员,他是高炮连长,他们打掉两架敌机。我记得陈毅那时候说:"哦,你们一下打掉两架飞机啊!又是高炮又是飞行员,给我们讲讲啊。"总理回过头说:"你们俩谁讲一讲。"吴法宪说:"宋义民你先讲。"哎呀,我这脑瓜子哗地一下子(空白了),因为刚到北京又要讲话,一点准备都没有,就站在那,脑子有点发胀。怎么讲?作战怎么讲?就说怀着对毛主席的无限热爱,对敌人的刻骨仇恨,发扬一不怕苦、二不怕死的精神……反正那个时候也不知道该说什么了,就站那里有点发呆。总理看着我很尴尬,就从座位上站起来哈哈大笑,侧面过来抱住我说,打仗很勇敢,能把美国最新式的飞机打掉是个英雄,怎么讲话像个大姑娘。这句话把大家都逗笑了,气氛也不太紧张了,然后就叫我坐下,给我一杯茶,叫我喝水,我满头大汗接过茶杯喝了几口水,在总理的安慰鼓励下,我内心平静了许多,总算有条理地把我的作战过程简单向首长作了汇报。

那一天总理特别高兴。总理第一段话,我到现在都记得很清楚。总理说:"一下打掉了美国两架F-4鬼怪式飞机,美国国内一片哗然。他们的报纸说中国有了最先进的飞机,不然的话怎么能打掉我们这个飞机?我们这个飞机从来没有被打掉过。"美国他这个飞机,过去中东战争时,苏联给那些国家最好的飞机——米格-21,和F-4空战都是失败的,所以怎么会一下打掉两架F-4飞机?肯定有了最新式的飞机,这是美国报纸说的。我们那个时候也看不到报纸,尤其外国的报纸我们更看不到。前两年的时候,叫我在美国的朋友给我翻翻1967年4月25—27日美国的报纸,他还真翻到了。是《纽约时报》的头版。①那个时候我们跟美国没有建交,美国是从香港得到的消息,香港电台报道:中国空军打掉了美国最先进的两架F-4鬼怪式飞机,并向军方证实,他们确实在中国边境损失了两架F-4鬼怪式,然后报纸就分析了中国现在有什么飞机。那都知道得很清楚,中国最好的是米格-21,也就是那么几架,有米格-19也就是歼-6飞机,还有米格-15。只有这三种飞机,美国认为这三种飞机绝对打不掉F-4飞机。分析结论就是中国已经有了最新式的飞机。

总理讲一定要搞好宣传,这对当时来说很有利。但也要注意保密,作战手段还是不能泄露,就让美帝替我们宣传,因为美国一直这样讲的。所以那个时候一直保密这个作战手段,保持了将近

---

① 这篇文章应是"Peking Says Planes Felled Two U.S. Jets Over China; PEKING REPORTS 2 U.S. JETS DOWN", *New York Times*, April 26, 1967。

20年。包括我到阿尔巴尼亚访问,阿尔巴尼亚的霍查①问过我。那个时候我请示过,说霍查问我怎么回答,后来(总理)告诉我,他问你,你就如实说用的歼-5。到阿尔巴尼亚后,霍查和阿尔巴尼亚的总理谢胡他们问我用什么飞机打的,我说用歼-5,他都不相信。因为他们也看美国人的报纸,我说确实是的,他还说以后到中国来坐我的飞机。一直到1978年。那时候空军有个杂志叫《航空杂志》,那是专门给飞行员、指挥所学习用的机密材料,这上面就把我们战斗的过程登了。隔了一年,北京不是有一个中国航空展览馆嘛,航空展览馆就展出军队的航空飞机,用过的飞机、作战的飞机(都展出)。他们还把我飞的那一架飞机运到北京去了。真正的原型机就是我那架飞机。他们在每架飞机前面立着个牌子,这个飞机哪一年生产的,宋义民同志成功用这架飞机打掉了F-4,航空展览馆还专门给我寄来附带照片的刊物。我们击落F-4鬼怪式飞机的战例,还被空军评为新中国成立后空军九大经典战例之一。

当飞行员随时准备牺牲

我们这批飞行员,都是出生在1940年前后的学生兵,可以说是生在旧社会,长在红旗下。新中国成立时都是八九岁或者十来岁的年龄,祖国刚经历了解放战争、抗美援朝,我们幼小的心灵受到爱国主义、英雄主义的教育。当兵后"学英雄、当英雄"可以说贯穿在我们整个的飞行事业中。我们自己在校学飞行期间,正赶上三年困难时期,苏联断绝了对我们的军事援助。飞机、发动机紧张,就淘汰了一大批飞行员。分配到部队后,又遇到了同样的

---

① 恩维尔·霍查(1908—1985),阿尔巴尼亚前领导人,阿尔巴尼亚劳动党中央第一书记。

困难,本来年限飞1 000个小时的飞机,发动机就应该报废了,怎么办呢?就继续到翻修工厂去翻修一次回来,再飞500个小时,然后再翻修。国家困难嘛,这点我们当时体会得非常深刻。要飞行尤其是要打仗,就必须迎难而上。我们这期航校毕业,分配到部队共37名飞行员,在飞行训练、作战过程中先后牺牲了8名同志。

有的人说飞行员在飞机上,出事故了就跳伞,那是理论上说的,实际上很难。作为一名飞行员,那是很难去选择的。国家的那一架飞机几千万上亿,把它交给你,你说跳伞就跳伞,飞行员不会轻易这么想的。飞机发动机要是着火了,你在座舱里,只能根据飞机的仪表来判断,你怎么判断?你也不能爬到外面去看,所以(判断是否要跳伞)相当难。好多飞行员都是最后判断,飞机实在不能保住了,决定跳伞,但来不及了,错过了最佳的跳伞时机。因为我们飞行时,最低跳伞高度是200米,低于200米就不行。现在飞机零高度都可以跳伞,看着快落地了就跳伞。那个时候最低高度是200米,低于200米以后跳出来也开不了伞。

我的一个同学叫刘业孝,他们部队在吴圩机场。结果一起飞,他们的长机没掌握好时间,燃油烧光了,只能到宁明我们的机场迫降。他迫降速度很大,因为油料没有,发动机不工作了,迫降就只能靠目测,飞机也没有动力了。他的飞机高度很高,一下就冲出跑道外面,冲到老百姓的稻田里面了。那天我正好是四机,在宁明机场,我们在座舱值班,就看得非常清楚。我同学那个飞机速度很大,一下子冲出去了。我们这时也解除"一等",救护车先去了,我坐了个牵引车也过去了。过去一看,飞机头已经插在稻田地里,机械师弄不开座舱盖,最后我上去一起把座舱盖拉开。结果看见我同学的驾驶杆就插到这个地方了(腹部)。那驾驶杆很长的。他(正常情况下)应当是把驾驶杆扳到外边去,他没有扳,大概也扳不动了,一下子就插进去了,就像一根大棍子插在肚子里面。我看到他满身都是血。最后我一看这不是我同学刘业孝嘛,他有意识的时候还点点头,我们把他抬出来上了担架,那时候宁明的医院条件很差的,送医院很快就去世了。这是我亲眼看到的。我们那一批飞行员就是这样的,有时候大家头天还在一块儿,有说有笑、打打闹闹,到第二天就有人牺牲了,再也见不着了。这就是我们飞行员的奉献精神。

军功章里有她的一半

飞行员在别人的印象里面,好像很(高贵),实际上,飞行员的责任心、事业心,跟别人都不一样。不一样到什么程度呢,家里不能顾,我结婚以后基本上没顾过家,家里有什么事(都管不了)。因为我以前都在外面,我家里面就靠我岳母和爱人管。我退休以后才知道家里过去发生了什么事,当时我爱人不告诉我。所以飞行员的家属知道她的丈夫是搞飞行的,不能给他牵绊,他稍微有点分心(就容易有危险),所以我们在外飞行的时候,她们在家里压力很大。我爱人有什么事从来不告诉我,都是退休以后跟别人说那个事才知道,那真是很苦的,何况还有两个孩子。

刚才说到我(那次对美军作战)是间隔20多天以后才值班的。我们到那儿轮战,是1965年去的,1965年到1967年,在那作战的部队,所有的人员都没有休过假。我们有的家属在遂溪,有的家属在老家,这样两年多没休假。怎么办呢?那时候部队是空七军管辖,他们做了个决定,在不影响战备的情况下,从部队调一些机务人员来充实,让其他一些人员回去休休假,但是飞行员不能休假。飞行员一年有一个月疗养,这是必须的。你有疗养又要休假(排不过来),40多架飞机,40来个飞行员,一个飞行员就是一个战斗力,一个飞行员就要驾驶一架飞机。所以飞行员不能休假,就让飞行员的家属到部队来休假。

我的中队一共16个飞行员,包括我。1967年年初到春节,因为我是中队长,我就安排我中队的哪一个哪一个休假,最后排到自己就到了4月份。4月份,我爱人到我这边休假,她是桂林空军疗养院的,我们在那儿认识,她也是当兵的。

那个时候(家属来)休假呢,飞行和正常工作照样参加,就是不参加战斗值班。我那个中队,队员的家属一来,我们中队基本上就没值班,尤其我是中队长,那个时候作战飞行的四机不能随便拆开的,因为四机在一块互相熟悉。家属来了要陪家属,跟家属团聚,就不排你战备值班。我爱人去了以后,那个时候我刚提升中队长,同时又是飞行员,工作很多。她在我那待了10多天以后,就感到我工作压力很大,我在中队也不能值班,就只待了10多天。再说她一年休假也只有一次,还有半个月,她想回去苏州老家去看看父母亲。这样子我们商量后,23号她就离开了部队。

我爱人的提前离队,为我们整个中队创造了早日参加战斗值班,并有幸打下敌机的机会。事后,战友们开玩笑说:军功章里有她的一半(见图6)。

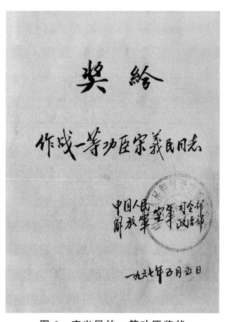

图6 宋义民的一等功臣奖状

退休不褪色

退休以后我这人是闲不住的,你叫我整天待在家,不行。有时候我也自娱自乐,你看那个话筒,有的时候在家、在公园唱唱歌,有时候也给部队里面讲讲课。我也给学校讲过课,那些小孩子听得很认真。孩子们听完后也会问我问题,很天真,像"爷爷你打仗怕不怕""飞行怕不怕""你生活过得好不好"。跟他们讲反而挺高兴的。这样我的退休生活还比较充实。尤其这几年,习近平主席对军队老干部的政策很好。所以这几年,党的很多活动也让我参加,上海市的、部队的,还有其他一些机构的活动,我都很感激,想着八十来岁了,也能多做些工作,发挥发挥余热吧(见图7)。

图7 访谈现场合影

光阴似箭,转眼我也是八十开外的人了。回忆我这辈子,最大的体会是没有共产党就没有新中国,没有共产党就没有我宋义民的今天。看到祖国今天越来越富强,军队越来越强大,人民的生活越来越好,我也感到无比的兴奋。这一切都是党领导全国人民经过一百多年的不懈奋斗，流血牺牲得来的。幸福生活来之不易啊！我也为自己能成为这个伟大、光荣、正确的党的一员而感到无比骄傲。

虽然过去我在党的领导下，做了一些自己职责范围内的工作，取得了一点成绩，这一切都是党培养的结果。比起党的恩情，自己感到还远远做得不够。但党却没有忘记我，给了我很多的荣誉，而且使我几十年生活过得很幸福，我也很满足。

虽然自己现在有点老了，但还可以为党的事业做点有益的事，保证不忘初心、永葆青春，做到退休不褪色。

王泽礼

　　王泽礼，1940年2月出生，江苏泰兴人。1960年入伍，1963年加入中国共产党。2001年11月退休于上海航天局中心军代表室高级工程师岗位。1967年9月，时任空军高射炮兵连指令发射车技师，参加击落U-2高空侦察机的战斗，因在战斗任务中沉着、冷静，机务保证好，被授予一等战功。在40余年的军旅生涯中，荣立一等功1次、三等功1次。

访谈人：孙杰、王思茹

访谈时间：2021 年 8 月

543 部 队

问：王爷爷，您好，我是南通的，跟您是老乡，我们想对您进行一次口述采访。

答：好的，我是黄桥的，从你们那边直接过去就是黄桥。黄桥是古镇，到现在有六百多年了吧。黄桥过去是粟裕的根据地，新四军在这里驻扎过。粟裕跟国民党军队作战七战七捷，在南通这一边。我读中学是在黄桥中学。我看了你们的访谈提纲，先简单说一下，这样你们也有点印象。

我是 2000 年退休的。退休下来也有二十年了。退休以后，我就写回忆录。我一生当中有三个阶段。第一阶段就是在作战部队。我在军校读了五年书，那时我们读大学本科是五年，还没有研究生呢。大学毕业后就到作战部队去了，这第一阶段在作战部队待了 16 年。什么部队呢？过去叫 543 部队。543 不是拍了个电视剧吗？叫《绝密 543》。这个部队过去是绝密的。我大学毕业，一开始就分到空军机关。我 1960 年进军校，1965 年毕业就把我直接分到空军机关去了。空军机关在北京。空军里面包括航空兵、雷达兵、通讯兵，还有二炮，还有高炮。我们这个导弹部队叫二炮，第二炮兵部队。当时的部队叫 543 部队，绝密的。那时候分到这个部队，写信不好写你在什么地方，也不好告诉家里你在干什么事，不好跟任何人讲。而且这个部队跟外界是隔绝的，跟老百姓都不接触。在这个部队里非常艰苦。

为什么叫 543 部队呢？第一个 5 是五年，4 是四种型号，就苏联五年援助中国，卖给中国四种型号的导弹——地对空、岸对舰、舰对空、空对空这四种，其中地对空导弹是最复杂的。这个 3 指的就是四个型号当中的第三个型号,当时国庆十周年,一共买了五套。

问:您给我们大致介绍一下导弹的情况可以吗,现在还在保密期吗?

答:现在已经解密了。钱学森是专门研究导弹的,当时主要研究地对地导弹,后来他发现这个地对空导弹很重要。当时,虽然新中国成立了,但人家的飞机可以随便来,我们的飞机飞不了那么高,只能飞一万多米,人家都是两万米以上,我们飞到上面就往下掉,当然现在没问题了。所以美国的 U-2 飞机就不断地来侦察。为什么侦察?我们国家从 1956 年开始搞原子弹,毛主席当时讲,原子弹一定要搞出来。原子弹不是用来打仗的,是用来吓人的。有原子弹和没原子弹不一样,你没有原子弹他来欺负你,有原子弹了就不一样了。所以有一个规律,科技越发展,仗就越打不起来。敌我双方都是高科技,就不会打仗了。毛主席说一定要把原子弹搞出来,提高中国的地位。

钱学森当时就领导大家搞原子弹、搞导弹。我们国家一共打下 5 架 U-2 飞机,第一架飞机不叫 U-2,是 RB-57D,加上这个 RB-57D,一共打下 6 架。第一架就是国庆十周年时击落的,实际是在 10 月 7 号,国庆这天因为天气不好(美国飞机)没来。

543 导弹部队技术很复杂,过去装配都是电子管的,集成度很差。整套兵器要转移的话,装火车大概需要八十几节车皮。它叫营的编制,独立营,实际上有团的规模。一个营二百多人,大概有二百多辆车,而且还需要移动,这么复杂的兵器。苏联人不是这样的,苏联这类武器都是固定阵地,有些地方还要挖得很深,挖到地下去。平时在地下,要打的时候再把它抬到地面上来。

导弹这部分很复杂,八十几节车皮,这么多人,这么多车辆,要转移的话很困难。而且一套兵器还有一个制导站,就是雷达。雷达要跟踪目标,跟踪飞机。打飞机你要跟踪它,远距离就要发现它，然后给发射的导弹发送指令，控制导弹往目标飞。还有发射架，六个发射架，一个就有十几吨重，导弹有 10 米长。过去的导弹很长，现在的导弹大概只有 3 米多长了。飞到靠近目标大约 300 米的时候，导引头就会爆炸，爆炸的范围一般是 60 米。当时的导弹是很重的，发射架也很笨重，要转移的话比较困难。而且这个发射架是垂直发射的，不是从地面倾斜发射。垂直发射是这样的：地面先把它弹起来，空中点火之后就发射出去了。过去我们在浙江嘉兴打仗，当时击落最后一架飞机，旁边就是生产队的养猪场，这一发射以后把整个养猪场都烧掉了。当时一级火箭是固体的，二级火箭是液体的，要转移的话，需要将导弹分解后放到包装箱里，到了新的地方再把这个导弹装起来。里面的燃料要抽出来，要冲洗，燃料又是有毒的，所以导弹部队要移动很复杂，靠人力要做的工作很多。

　　我大学毕业被分配到空军机关，机关说你们要先到基层锻炼，然后就把我分到了上海航天局。那时航天局刚刚成立，1965 年，在什么地方呢？在外滩，最繁华的地方，没吃到什么苦，而且学了很多东西。

　　在我们之前，用苏联的武器已经击落了三架 U-2 飞机。全世界前后一共打下了七架，有一架是古巴打下的，这是冷战时期。我们国家打下的 U-2 飞机，第一架在南昌——建军的地方，最后一架是我们（部队）打下来的，在建党的地方，就是浙江嘉兴，很有意思吧。还有在内蒙打了一架，江西上饶打了一架，福建漳州打了一架，一共打下了五架飞机。为什么打下来这么多呢？当时美国不断地来侦察。但是我们国家（可用来对付 U-2 飞机的）兵器很少，一共五套，一套给钱学森搞研究，一套放在酒泉的卫星发射基地，也很重要，（美国飞机要是）飞到那里去搞侦察就打他。剩下三套用来在全国到处打游击，我们国家这么大，所以我们这个部队当时就全国到处跑。而且兵器这么多、这么复杂，非常苦。

因为和老百姓要隔绝,写信、打电话都得保密,外界的人不知道这个部队是干什么的。

苏联人只给了我们五套,当时我们自己生产的国防武器质量不过关,发射机频率老是跳,就像收音机,频率老是跳,我们部队非常担心。我们成天吃住在阵地上,上午要把兵器准备好,随时准备打仗,随时准备发射导弹。我们成天都在阵地,不管风吹雨打,非常艰苦。但是那时候年轻,能吃苦。这套兵器呢,第一是工业部门要把它研制出来,第二是作战部队必须做好保养和维修工作,否则不稳定就可能打败仗。

我分到这个部队,待了16年,从排长当到参谋长。当时钱学森说,你要用我研制的这套兵器击落飞机,我就把儿子送到你们部队去。当我们把最后一架(入侵我国的U-2)飞机打下来的第二个月他就把儿子送到我们部队当兵去了,就是钱永刚。后来我到上海来搞科研,他被保送到国防大学去读书了。这最后一架是在嘉兴打的,现在建了个纪念馆。①

嘉兴这一仗为什么那么重要?当时毛主席正好在杭州,周总理也在杭州,击落飞机后大概不到十分钟,我们在指挥所里就听到周总理向毛主席汇报,毛主席说一定要见见我们。当时毛主席特别高兴,说兵器是国产的,人才是我们自己培养出来的,终于我们过了这一关。嘉兴这一仗非常关键,打完以后美国的U-2飞机再不来了。

问:您当时为什么会想要参军呢?

答:初中毕业时,我是在无锡考的高中,被省重点中学无锡一中录取。我姨妈和姨父都是在部队穿军装的,他们没孩子,就让

---

① 即"红旗二号"嘉兴防空作战胜利纪念馆,于2019年9月8日开馆,以纪念1967年9月8日,我空军地空导弹部队首次使用我国自行研制的"红旗二号"地空导弹,在浙江嘉兴上空击落了第五架也是最后一架入侵我国的美制U-2高空侦察机。筹办这座纪念馆的民营企业家张福,曾在陆军防空部队服役,他退伍回乡后艰苦创业,事业有成后热心国防教育事业,曾被评为"全国模范退役军人"。

我去无锡。结果我被无锡一中录取后,我父亲不同意了,他说我是家里老大,老大不好(过继)给姨妈。后来我就又回到黄桥中学,黄桥中学也很好,现在也是省重点。我从黄桥中学高中毕业以后,国防系统里面西军电、哈军工这些军事院校到中学招生,当时黄桥中学挑了十个人到军校去,我就是十人之一。1960年军校大量招生,是扩招的。当时所有的高中毕业生都需要体检。首先体检合格,其次是政审合格,家里不能有什么社会问题。我们在扬州高考,住在一所中学里面,中学的课桌拼起来,大家都睡在课桌上。高考考了三天。考完以后,军校是提前录取的,我记得是7月26号,家里好像是在割稻子,有人就来说:你的录取通知书来了。我一看录取通知书,不是什么大学,写的是412部队。我父亲就问我说,你怎么到部队去了?当时的西军电、哈军工都叫411部队,可是发给我的录取通知书上写着412部队,让我到哪去报到啊?

后来是集中去报到的。我记得8月1号先到扬州集合,当时从黄桥到扬州是坐大巴车,再从扬州到南京。江苏一共招了50个人,到南京以后,我们就换军装了,把自己的衣服寄回家去,当天晚上就坐火车去西安了。到了西安军校,大门口两边老学员敲锣打鼓地欢迎我们。

进了军校以后就完全集体化生活了,一个星期以后,给我们一个人发了一支手枪。在军校,地方大学所有的基础课我们都要学,还要学好多军事上的知识,所以那时候军校学习很苦,学的东西特别多,还有军事训练。

问:那您当时读雷达专业是被分配的吗?

答:都是上面分配的,我们当时有雷达导航专业,还有无线电通讯(信)专业、微波专业、反干扰专业、导弹专业。那时用的教材都是苏联的,很多大学老师也比较年轻,他们自己先学会,再教我们。基础课的老师都比较厉害。我们一个班120个人,20个女同志,分四个小班。但是1962年有一次全国的大学统考,这次考试成绩不好的有的就被刷掉了,放到慢班去了,还有的提前毕业了。

问:请问您的入党介绍人是谁呢?

答:指导员。我们当时班上有指导员、班主任、副指导员、副班主任。一个班有一个指导员,这个指导员是解放战争时期的老干部,而且是我们泰州人。我是1962年入党的。

问:您当时入党的过程是怎样的,有没有经过一些考验?

答:申请书是肯定要写的,当然要考核了。我这个人入团比较晚,高三才入团,都快要高中毕业了。那时候稀里糊涂的,我也搞不清楚。但是我喜欢搞宣传,出黑板报,结果就马上叫我入团。入了团以后,在大学里还当了团支部书记。大一就选我当,大二就入党了。

问:那您觉得入党对您人生有什么影响?

答:入党对我影响很大。当时进了大学,已经感受到了党对自己的培养。我这个人做什么事情都比较认真,我在部队几十年,在几个岗位任过职,培养了很多人。我以前当参谋长的时候,下面有六个参谋,我一直培养他们怎么把自己的工作做好。当时空军机关要求很严,领导戴着白手套检查卫生,有灰尘就不行。一个单位的参谋、干事每年都调换,你在岗位上做得不好一般马上就调走,它要挑最优秀的人进机关工作。空军机关的参谋、干事要求非常严,所以培养了很多人,不管是笔杆子还是动脑子。

人生第一阶段:空军战斗部队

问:可以请您讲讲击落飞机的具体过程吗?您是怎么参与其中的?

答:我前面说了,这套兵器很复杂,有制导站,还有发射架,还有导弹。另外导弹要分解、拆装、维修。导弹一般分成三级,要转移的时候必须放到包装箱里去,这么重的东西。导弹现在射程远了,过去也就四十几公里。我们国家拿了这个导弹后,毛主席的军事思想是要求导弹部队采取"近快"战法,要靠近,等敌机快到我面前时再打你,让敌人没有思想准备。第二个就是打游击战。中国这么大的地方,只有三套兵器,就三个部队,所以只有在全国到处打游击。根据中央军委的判断,部队转移部署。

U-2飞机非常难打,它会设置干扰。当制导站跟踪它时,它会想办法让你跟偏。雷达发射信号,碰到目标之后返回,会产生一个回波。正常的回波信号就从目标反射回来,但它会放干扰,让你测不准,让你偏了,那你发导弹上去就是白打,这叫电子干扰。所以当时导弹部队打仗实际上是电子战。我们有一个处长,当时他总结了整个地对空导弹战斗的过程叫电子战。它放干扰,我们把干扰反掉。钱学森当时就在想办法,技术上怎么把对方的干扰反掉。操作起来很难,要把干扰切掉,但切得太深了就会把信号也切掉;切得太浅又有干扰性,导弹还是会偏,所以很难。这些先进的兵器,我总结了一个规律:技术要先进,但还要靠人。完全智能化的兵器也还得靠人,因为外界的环境一直在发生变化,你也要跟着变。其中有人的因素,当然也要有技术基础,就是既要靠技术,又要靠人。我们国家防空导弹为什么这么先进呢?第一是科技发展,第二我们当时的部队里全是大学生,必须要懂原理。部队现在打仗不是光靠勇敢,仅靠拼命是没用的。要靠智慧、靠技术、靠装备。

问:嘉兴一战,当时您的职务是发射车技师,这个职务具体承担什么任务?

答:当时这个制导站里面,共有十部车。我在二号车,指令发射车。当时都是技师,全是大学生。一套武器里有五套人。

问:那你们相互之间是依靠什么来沟通呢?

答:不需要沟通,因为压根就不好讲话的,由指挥所来命令制导站什么时候开天线,远方还有远程雷达,几百公里就开始跟踪目标了,而且要标图。标图员在两个地方,一个在指挥所,还有一个在三号车,就是发射按钮的地方。指挥所就指挥你什么时候开天线跟踪。它这个兵器的原理都要懂。我大学是学雷达导航专业的,所以这些兵器的原理、线路图都能看懂。

问:我刚刚一直在注意看您身上挂的这些勋章,这个一等功奖章是当时击落 U-2 飞机后颁发的吗?

答:那时候没有。当时就发了一个小本子,立功的事迹都是封起来的,不让别人看,封了以后要把它打开来会撕坏的。所以这个当时是没有的,后来原部队专门到我家里来补发的。过去没这个东西,我们后来都退休了,也没人因为立功的事去找他们。光说你立功了,给了个小本子,当然档案里有。后来部队专门到我家里补发了这个一等功。我们参与那次战斗的一共是 200 多个人,真正立一等功的只有五个人,我们负责的是五个重要的岗位。

问:您这中间还挂了一个军功章,这是什么奖励?

答:这是三等功。1974 年我当连长的时候,奖励我搞科研,改革抗干扰电路工作。美国后来不敢进大陆了,我们把这个部队放在海岛上,就在北海的一个岛上。当时美国人放网状干扰,目标测不准,导弹就飞偏了。当时我就领着一些同志研究怎么反掉这个干扰。反掉干扰要做设备,之后到西北去打靶,靶试成功,因此立了个三等功。

人生第二阶段:搞科研

问:人们常说我们人民军队是依靠组织性和纪律性来取得最终的胜利,关于这一点,您有什么体会吗?

答:部队当然是这样。打仗不是靠你一个人勇敢,步兵现在也不是这样了。空军因为技术复杂,缺了谁都不行。所以我说我一生当中有三个阶段,第一阶段是在作战部队打了一仗;第二阶段是搞科研,我值得骄傲的是第二阶段,我代表空军和航天局的一些专家一起搞科研,成天翻资料,讨论上什么技术、上什么型号、研制什么东西。

  我爱人身体不好,我想转业。空军党委不同意,说你是部队的技术骨干,不好转业的。1978年,师长说你跟着我到航天局去,那时候叫军代表,大概只有两三个人。后来就把我调过去,放在很重要的位置上。当时上海正在搞"红旗四号",在外场试验时,我还去过。那时候搞相控阵雷达,很多个单元,相控阵移相器的抑制性很差,另外计算机体积太大。现在回过头来看,当时根本不可能做到,但那时决心很大。上海成立了很多无线电工厂,攻关没有成功,最后还是下马,但是把整个航天研究所带动起来了。我们组织很多技术骨干来研究,究竟上什么型号。后来北京搞远程的,上海搞近程的超低空"红旗六号"。我去了以后,整天和航天局的人一起查资料,到院校去调研,了解这些技术在国内发展到什么水平,这些技术应该如何突破。

  从方案论证开始,先要搞预演,然后要搞初样、搞试样,最后搞正样,三个阶段,每一个阶段都必须到西北去试验。试验是认真地试,才能往下走,这个你吹牛可不行。所以我感到比较自豪的是人生这第二阶段,搞科研搞了三种型号(即 HQ-6、HQ-12、HQ-9 型),我是总负责人。HQ-9 型是我们国家最远的、最复杂的"红旗九号",就是中国的"爱国者"(导弹),我在设计定型组待了半年。一百三十几个项目,它有一级、二级、三级定型,每一个项目通不通过,都要我来负责。我是军方总体组三人组之一,三人组就是空二基地总师、空研所总师和我。

  问:"HQ"是导弹的型号吗?

  答:对,导弹型号。我们国家的导弹,地对地的叫"东风",地对空的叫"红旗"。前面讲的打下 U-2 飞机的是"红旗二号"。我们现在的国防力量比过去厉害多了,飞机到了五代机,海军的装备也发展得非常快。

我这个人在部队太专一了,而且名声在外。当时要提我当师长,我说我想搞科研,后来就真把我调到航天去了。如果当时做了师长、军长,现在应该也退下来了。回想起来我很骄傲,这三个型号(导弹)的方案都是我定的。我到全国的院校——北航、北工、西电、哈军工去请教授、搞调研。西电当时有个(教授)带研究生,他说没钱,我说你带着研究生上什么型号、搞什么技术,把它攻破了,(我这里资助课题费)20万,他们高兴得不得了。空军一个管装备的副司令叫张洪贺,他是我培养的,先学导弹,后学雷达、航空、飞机。他说:"我确实是你培养出来的。"我说:"主要是你肯学习,我看中你这个人没看错。"他很刻苦,有什么事情必须要搞懂,航天局的专家都很佩服他。所以我讲,我一生中有三个阶段,第一阶段是在作战部队,第二阶段是搞科研。

问:听您介绍工作,是军方先拿出一套方案,然后联系相关的军工企业,让它们负责生产相关的武器吗?

答:不,我们就管军工企业。比如由我牵头,带着我们空军五六个人,我带领他们去和航天局讨论,平时要和航天局的科研人员打成一片。有一年在西北试验成功以后,大家都抱在一起,高兴地不得了,眼泪都掉下来。当然也有失败,曾经有一次打了六发导弹,都差一点点,失败了。失败之后,怎么找也找不到原因,有人说可能是硬件问题,有人认为是软件问题。看法也不一样,大家就成天讨论。最后一样样查,查出来是仿真适应的一个参数搞错了,但是总体仿真看上去很好,结果到实弹试验就不行。所以有的时候失败,就是一个很细节的地方没有关注到。我们实际上和航天局成了一家人,成功了都感到很光荣,为国防事业作贡献嘛。当时我们还到国外去,我到巴基斯坦,有的到西班牙、意大利,从国外引进了一些技术。有些关键器件我们没有,西方市场上买不到,我们也利用自己的关系。我有个大学同学是上海人,他本来要留校任教的,后来做生意去了,卖医疗器械。我们当时通过他从英国买器件,通过他的医疗器械换进来。

问:那您研发的武器有没有在阅兵式上展示过呢?那是您最自豪的时候吧?

答:有啊,"红旗六号""红旗九号"都有。我感到这些兵器被研发出来,第一是依靠国家的力量,不是一个人的问题,第二是我们为此出了一些力。我自己没有觉得我有多了不起,我感到很自豪的是,党培养了我,我为国家也作了一些贡献。后来退休了,我说还得要继续保持。所以你们现在这个年龄,除了要钻研学术以外,品德很重要,要学会怎么做人,这些是书本上学不到的。

人生第三阶段:培养下一代

问:能不能给我们讲讲您的家庭?

答:在国防系统里,一个人有两个家,一个是自己的家庭,一个是国家,常常顾不得自己的小家。我这辈子感到遗憾的事情就是对不起我爱人。我老伴儿是搞飞机的,她也是很专业的一个人,结果后来生病了。怎么生病呢?她生孩子的时候,我在部队离不开,很紧张,她就到我老家去生孩子。她是正宗上海人,黄浦区的。我家里条件比较好,我祖父、父亲都是教书的,我母亲就让我爱人回去,结果在我老家生孩子的时候得病了。我爱人已经去世七年了。就是小家和国家只能顾一个。

我爱人原先在上海的5703厂,现在叫飞机制造厂,搞大飞机研制。现在搬到浦东去了。她在工厂里,主要负责制造和修整歼击机的瞄准具,经常要下部队,她是中专毕业的。生孩子时,她到我们老家生,当天晚上请了个农村的接生婆接生,生了孩子以后就一直生病,身体不好,后来用中药调理。我记得我老家有个中医,他说要一直吃中药。所以我这一生当中最对不起我爱人。我两个女儿,我大女儿跟我说,老爸你回来我们都不认识你了。确实没顾上家。我爱人也是个很要求上进的人。她比我小五岁,1945年生人。她去世时70虚岁,69岁就走了。

问:那您人生的第三阶段呢?

答:我现在处在第三阶段,主要任务是培养下一代。我资助了复旦的两个大学生,我跟他们讲,你们不要看重我每年资助你们的一万块钱,我是希望你们以后为国家、为人民作出大的贡献。

问:您是怎么认识这两个学生的?

答:我们干休所介绍的。当时我有个想法,从部队退休了,写完回忆录想做点事,就有了培养下一代的想法。我有两个外孙女,这是我们家里的下一代。她们当时还在读大学,都入了党。我一直鼓励她们说,读大学成绩要好,最关键的是一个人的品行要端正,到了单位里要能团结人,不能因为你是高材生就看不起别人。我现在培养复旦的两个学生,他们父亲还打电话感谢我,我说,你们不要看重我给你们孩子的钱,你们孩子将来能够到社会上有出息,出来以后要成为真正对国家和社会有用的人才。

问:退休之后,您的主要规划就是培养人才吗?

答:也不止这个。现在好多单位都请我去讲我的故事,我呢不是去宣传我自己这个人。有的人一生当中为国家和人民做了很多事情,回过头来想想感到很自豪;但也有人碌碌无为。你们要永远记住,做人要品德好,像你们复旦的学生出去,到一个单位一定要能团结人,把周围的人都带动起来。要放下架子,做最基础的工作。容易的让人家做,难的任务自己做,这一定要搞清楚。要能吃苦,踏踏实实地做一些事情。

杨列章

  杨列章，1940年2月出生，山东人。1955年3月入伍，1961年11月加入中国共产党。1985年起在东海舰队政治部任美术师，2001年3月退休。1958年在福建快艇一大队180艇，作为轮机兵参加战斗两次，在金门战役中勇敢顽强、圆满完成任务，当年12月被评为一等功臣。

杨列章

访谈者：路蘅健、吕珺昊
访谈时间：2021年8月23日、9月10日

15 岁 参 军

问：您小时候生活在农村，家庭状况是怎么样的？

答：农村生活，我父亲家里（条件）也不是很差的，所以说也不像人家过去描述的那种艰苦。我父亲在抗日的时候就参加了八路军。

问：您15岁就参军了，为什么这么年轻就选择去参军呢？

答：我是在山东参军的，那时候还很小，初中还没毕业。我上学在江苏徐州，放寒假了到山东去看我奶奶还有我妹妹。看老人的时候正好遇上招兵的人，我那时候也没想很多，就觉得参军蛮有趣的，就报了名。报了名后，他问我年龄多大，我说十六，他后来到我家来问我奶奶。我从小就很喜欢画画，当时接兵的人是参加过抗日战争的老同志，到我家里来看了我画的画，很喜欢，后来接兵的时候把我接到他的部队里。当时我奶奶不同意我入伍参军，她说我这么小怎么参军。那时候参军的男孩年龄差距很大，像我是最小的只有15岁，最大的有23岁，有的都结过婚了。

60多年前的条件跟现在条件完全不一样，像现在不管是野战军、集团军，还是城市的（驻防部队）也好，都有营房。那时候没有营房，和解放战争时候一样，参军以后（部队）住在农村，到老乡家里，找个空房子，打前站的（战士）先到那里去打听，谁家有空房子，叫他们腾一腾。有的（房子）是喂牛的、放草的，地下铺些草，睡在地下。我们当时去曲阜，住在黄家村一个寺庙里，佛像、塑像都扯掉了，地上铺上麦穰，就是小麦的茎秆。那时候条件是比较艰苦，当兵的时候生活倒也没（感觉苦），年轻的时候吃饭也无所谓，反正吃饱就行了。就是感觉冷，睡觉冷，因为下面没有垫子和褥子，也没有什么毯子，什么都没有，就一个床单一个铺，下面都

是草,也很难铺整齐。

后来海军到陆军挑一部分人,结果我就调到海军去了。当时我们到烟台集中,那时到烟台的火车还没通,火车是从济南到青岛的,中间我们在蓝村下了火车,再步行到烟台,距离还挺远的。现在说那时生活艰苦,但当时并不那么觉得,这有很多原因,一个是新鲜,另外一个年轻。年轻时我不觉得苦,觉得(部队生活)是一种新鲜的体验。那时下了很大的雨,连夜地下,下了很长时间。我们住在烟台福山县东关,连队有炊事班,做饭都自己做。我们把大圆锅在底下托着,这上面没有盖子,十五个人就在底下跑,(把饭菜带)回来分,这么吃饭。

经过一年的基础训练,把我们分到了浙江。当时浙江有好几个岛还没有解放,一江山岛、大陈岛还是国民党占领的。到了1955年1月份,一江山岛解放了。江浙这一带还是属于对国民党的前线,我们的部队就到了浙江。其实我从十几岁离开山东以后,到浙江后几乎就变成浙江人了,整个青年时期就是在浙江、福建度过的。

当时国家也是比较困难的。我们哪有什么舰艇,最好的几艘是从苏联弄来的,都舍不得用,其他大部分还是日本(侵华)时期的,日本鬼子扔给国民党的,国民党走的时候不要了,还有一部分就是国民党走的时候,几个部队,主要是林遵[1]他们起义(留下)的。毛主席1953年乘坐长江舰,从上海到武汉去,这个船都是日本人的船[2]。日本人投降了,船留给了国民党,国民党走的时候觉

---

[1] 林遵(1905—1979),福建闽县人,国民党海军重要将领。1946年7月,率舰队收回西沙、南沙群岛的主权。1949年4月23日,率领国民党海军第二舰队26艘舰艇官兵在南京笆斗山江面起义。中国人民解放军在起义舰队的基础上,于1949年5月成立华东军区海军,林遵任第一副司令。1955年,获授海军少将军衔。1957年任海军军事学院副院长。1974年,出任东海舰队副司令员。1977年8月,加入中国共产党,并担任东海舰队党委委员。1979年病逝。

[2] 此处受访者记忆有误,长江舰前身是1930年在海军江南造船所建造完工的民权号炮舰,1949年加入中国人民解放军,改名长江号炮舰。1953年2月,毛泽东乘坐该舰从武汉到南京,这是毛泽东第一次视察人民海军。

得船太破,也不要了,所以我们当时没有什么像样的(舰艇)。

问:您是参军六年后,1961年入的党,当时是怎么入党呢?

答:那时候入党要写申请书,支委会讨论、报批,家庭审查,一系列的问题,完了以后,还有个预备期,预备期(时间)一般是一年。共产党员公开身份,是(从)1953年才开始的,在这之前谁是党员都是保密的。

《海 鹰》

我算是比较幸运的,你看像我这种年龄和经历,参军以后参加了两次海战,(这种经历)不是很多的,因为海战比较少。要讲这个背景的话,当时的我们对于为什么要打这个仗,都不知道的,也不可能知道的。现在是知道了,因为后来看了好多讲当时(背景)的文章。当时主要的背景就是,苏联赫鲁晓夫他们很希望把中国的力量变成他们的,就是你的海军行动都是要听他的。毛主席就不同意,说这个是我们自己的事,用不着,不跟你联合,你想试一试我就不同意,看你怎么办,这是一个(背景原因)。另外还有一个(背景)就是国际上的,当时黎巴嫩主要是跟英国人闹矛盾,也跟美国有关系,美国就把一部分兵力调到黎巴嫩。调过去后,黎巴嫩压力就很大,当时中国又支持他们,就想着把美国第七舰队给拖住。办法是什么呢?就是咱们这边制造一点矛盾,声势好像是要解放台湾的样子,其实也没有这个意思,就是跟黎巴嫩配合一下,你要打仗的话那美国的军队就不过去了,等于从这方面支援了黎巴嫩。

当时我在鱼雷艇上,新中国成立后海军打的仗,也就是鱼雷艇打的仗,其他的舰艇都没怎么参加过战争。我们当时用的那种鱼雷艇,现在也没有了,完全都换成了新的(型号)。鱼雷艇在当时算比较先进的,现在来看实际是很落后的。我们鱼雷艇一般放两颗鱼雷,放鱼雷时候要停车,不能继续往前开,因为这个快艇的速度比鱼雷还快。要不然的话,你自己就撞到鱼雷上去了。所以放了鱼雷之后,你必须要立即停住,停住后你还得转个弯来射雷。这个过程是最容易被敌人打沉的(时候),因为你这个鱼雷艇原来是头对着(敌方舰艇),打了(鱼雷)以后停下来,然后转过来加速撤离。转的过程中,这样一个横面对着敌舰,那就最容易被击中。

我们的鱼雷艇是在张华浜用吊车吊到火车上,火车是平板没有车厢的那种,里面(空间)比较小,不到 20(平方)米。外面搭上木头架子,用铁丝、铅丝(串起来),然后再用帆布盖起来,你从外面看就是方的,像个长方形的盒子。为什么这么做?就是为了保密。

但是火车开往哪个地方,不知道,什么方向——往南还是北,目的地是哪里,我们都不知道。后来开到永安,又到邵武,到这里我们才知道到了福建,再往前还不知道(目的地)。那时候,从鹰厦铁路(过去),就是从鹰潭到厦门,这条路也是刚刚通,以前火车都不通的。那里环境比较艰苦,因为当时厦门离国民党舰队很近,到了以后为了不让他们知道,连夜把船带着帆布开到临时的停泊点——虎屿。我们当时住在搭的竹棚里,(做好)准备等机会,等国民党的军舰出来,到金门岛来的时候给他们来一个突然袭击。等这个时机可不是一天两天,每天都在(伺机而动),天黑以后把船开出去,等在半道上。具体(现场战斗)是由张逸民指挥的。

等到 1958 年的 8 月份,下午大概 6 点钟①,听到这边海岸炮往金门岛开炮了。这个海岸炮,还是很激动人心的。整个(地面)

---

① 1958 年 8 月 23 日下午 5:30,人民解放军福建前线部队对金门国民党军重要军事目标实施大规模炮击。国民党守军炮兵还击,但很快被压制下去,此次炮击持续两个多小时。次日,解放军炮兵和鱼雷快艇、护卫艇部队联合实施第二次大规模炮击,击沉、击伤敌大型运输舰各一艘,对金门岛实施了封锁。

杨列章

都"biang""biang""biang"震动,金门岛马上就像一片火海一样,好多炮整个晚上一起(轰击),往小小的金门岛砸。金门岛(驻军刚开始)还不知道怎么回事,他们那边(缓过神后)也开始往这边打,两边打了一个半小时,他们损失还是蛮大的。

现代战争想要完全隐蔽(很难),特别是在海上。空战那就更不要说了,实际上都非常艰难,时间非常短,他不可能藏。因为飞机打,你开炮我也开炮,不是你把我打下来了,就是我把你打下来了,那都是在几秒钟之内事情就结束了。这都是很简单的,其实我们的海军也是那样。国民党的船是停在他们港口的,(炮击以后)码头上没办法停了,就又出来了,我们上去打他们的军舰,打沉了一艘,重创了一艘,一个叫"中海号",还有一个叫"台生号"。

我觉得人要有一种感恩思想,感到自己幸运。说老实话,这个战争对人最大的考验就是使人成熟,我最有体会的就是这个。当时 1958 年我 18 岁,我是 1940 年生的。就觉得生死这个问题确实是一个大事,是最重要的一个事情,在一个瞬间(人可能)就死了。出去以后就开始原谅别人,谅解人家的一切,还有就是不太愿意去计较什么。这实在感觉是太小的问题,为了什么事情跟人家不愉快了,或者闹别扭了,感觉都是很不值得的事情。

我们打完仗以后,休整了一段时间。到了 9 月份又出去打,这次国民党海军的"沱江号"猎潜舰被重创,而我们这个船被敌人打沉了[①]。因为船离得很近,只有 1.5 链[②],等于面对面。(战斗)很快就见分晓了,在这个一瞬间就结束了。我们(落)在水里面,也是一个考验。冷,9 月 1 日,又是晚上,在水里面,特别是没东西吃。吃完晚饭我们去的,到了夜里 12 点、1 点这个时候,很饿很

[①] 1958 年 9 月 1 日,解放军与国民党军在金门岛料罗湾发生海战,解放军出动六艘鱼雷快艇作战。23 时 54 分,180 艇轮机故障,高速撤退,174 艇误从左舷驶来,两艇相撞,相继沉没。落水人员共 25 人,后均被救起。

[②] 1 链 = 0.1 海里 = 185.2 米。

饿。一个是饿,再一个水冷,人抽筋了,游泳毫无用处。一抽筋以后,手都变成这个样子了(受访者一只手作蜷缩状),伸都伸不直,每个人都这样在水里面冷得(抽筋了)。海上还刮大风,那个浪很高。你说心里话有没有(平安回去的)希望?不知道,但是当时估计是(不行了)。因为你没有方向,在海里面没有一个目标,你看不到山,看不到房子,看不到树,什么都没有,都是水。这个情况下你不知道方向,又是阴天,全是乌云,你往哪儿辨别方向,只是模模糊糊有点感觉。还好我们的一个指挥员,在船还没沉的时候,就叫我们看着天上,哪边比较亮你往哪游。为什么呢?因为是下半夜,月亮亮的是在西北方向。你往西北方向去,越游越靠近大陆,往(反方向)那边就是往大海(深处)去了。没有坐标(指示),我们那时看天上的亮光,哪边亮一点哪边暗一点,都不一样,所以我们(最后平安回来了)。当时的话,就想着一定要回去,因为回去就是活命。还想到自己母亲,想着(要是死了就)再也见不着自己母亲了。又想自己才18岁。我一辈子的愿望,就是想当个画家,喜欢画画,这个愿望觉得可能是实现不了。就一直想着这个,所以一定要回去。

最后回来了,我们是被(救援)人员救上来的,上来的时候我们自己(意识)都不清楚。船上有个撑杆,很长的一根杆子,杆子头上有个钩子,钩住身上的带子把我们拽上来了。拽上来后,我们被送到了陆军医院。后来(意识)清醒了,人这一瞬间第一个是感觉温暖,还有一个感觉是亮,怎么这么干净,感觉清爽得很。另外感觉人都好看了,过去觉得这个长得丑,那个长得不好,这个时候就没有一点那种感觉,感觉个个都长得很好。好像从没有希望到突然(有希望),终于回来了,这么一种感觉。

问:您的这段经历让我想起看过的一部电影,叫《海鹰》,是不是就是根据你们的这段经历改编的?

答:是的。原剧作者陆柱国就在我们单位写的,写的时候还

杨列章

拉着我们单位的张逸民（采访），拍电影的时候，王心刚[①]他们都在我们单位体验生活，那时也很年轻。

问：电影情节里，九位战士落水后，围在一起准备游回去。但当时的海浪那么大，不可能聚在一起吧？

答：哪可能在一起！在一起也很难啊，（海上）看着不太远，但你想到他跟前却很难。那个浪，那个水它是流动的，个人的主动性是很差的。连在一起还有一个缺点，就是目标大了，要是别人抓俘虏的话，五六个人在一起那目标就大了。分散开的话，那目标就小了。人在大自然里面，是很渺小的，其实就是随波逐流……

受访者爱人：他主要是自己受伤了，还要把救生圈让给别人，因为这件事给他评上了一等功。自己受伤了，（让出救生圈）就等于自己的生命都不管了，把自己生的权利让给别人，这个是最感动别人的，一般人都做不到。在海里没有救生圈，你就会死掉的呀，对不对？他这个地方（指向肩胛骨关节处）受伤了，一个胳膊已经不能动了，这个地方断掉了，不能（游泳），还把救生圈、把生的权利让给别人，（立功）主要原因在这个地方。组织评了他一等功，那年他才18岁。你看那个《海鹰》电影，里面不是有个（受伤的轮机兵把）救生圈让给别人（的情节）？那就是他的原型。

受访者：那时候你这个手根本不能游，手根本不能动，只能用嘴咬着一个救生圈，用牙咬着，这都是很难的。

问：那位战友后来也上岸了？

受访者的爱人：这个战友上来了，就坚持（汇报事迹，为他请功）。他不讲出来别人怎么能知道？是他讲出来的，所以才评他一等功。

问：哦，原来是这样！电影里面，在船沉没之前，轮机兵用自

[①] 王心刚是电影《海鹰》的主演，在电影中饰演以张逸民为原型创作的角色，即鱼雷快艇中队长兼909艇艇长张敏。

己身体去堵鱼雷艇漏水的口子,也是以您的事迹为原型创作的?

受访者的爱人:就是他呀。他是轮机兵,这个船(被)打坏了,水要进来了,堵堵不住。后来他就叫几个人赶快上去,领导还没叫,船要沉下去了,他说我们上来吧,是他主动叫他几个战友一起上去的。

答:嗯,在战争中呢,是很能看到人性的。

走上职业画家路

问:我之前看过您很多画,您在部队里是怎么画画、从事美术工作的呢?

答:我是从小就喜欢画画,到部队里也很喜欢画画。上回我们战友来的时候,大家聊起天来,我说很感激他们。当时,洗衣服或者干什么,都是战友帮我洗,我替战友写信画画,那时还是比较艰苦的。我们一起去看电影,部队的都要排队,排起队进电影院,进去以后电影要开始了,我就跑出来坐在电影院门口,趁着这个时候看看书、画画。人生有好多(机会)都是属于侥幸,侥幸得到的、自己把它争取来的。我这里就有一个很侥幸的事,我们在福建打完仗以后,国家也是很重视,当时派了一个中央慰问团(来慰问),这对我的一生起了很大的作用。①这个慰问团的团长是梅兰芳,副团长是田汉,下边的团员还有马季,说相声的马季,当时23岁,我都还记得,都是很年轻的。还有一些画家,有蒋兆和、中央美院的(其他人),哎呀,看到他们的画,这是我从小就很崇拜的人。②蒋兆和看我老是盯着他的画,问他这问他那的,他就问我:

---

① 慰问团全称为"文艺界福建前线慰问团"。
② "文艺界福建前线慰问团"的团长实为田汉,副团长为梅兰芳、吕骥、田间,马季时为中央人民广播电台说唱团相声演员,受访者谈到的中央美院的成员应为蒋兆和、滑田友、艾中信。

"你喜欢画画啊?"我说:"我喜欢。"他说:"你有没有画的画?"我就把我自己画的画拿出来请他看。他说:"你画的这个太小了,画几张大点的。"我说:"只能这么小,我没钱买纸。"画只有这么大(两手拇指、食指作并合状),铅笔的,画的战士睡觉,鞋子、衣服啊。他说:"以后你再画大一点。"当时我一个月6块钱,我还订杂志,那还能办啥事?回去以后他就给我写信,给我寄来纸、笔,蒋兆和先生真的非常好。他寄了以后我给他回信,我想着再过两年就要当完兵了,我想考美术学院,问问他都要怎么弄。写信问问,准备哪些东西、做哪些努力。所以这个机会,应该讲就是阴差阳错。我一直跟老先生保持联系,一直到他去世。

问:您是1965年到的北京中国画院?

答:是1961年。

问:那您是考进去的?还是其他方式?

答:当时部队里有三个名额去学习,当然到了那里还是要考试的。但是,部队也是有条件的,就是你到那里去学习,学完了还是要回来,当时是1964年毕业。

问:您刚才提到了蒋兆和先生,您还有一位老师是黄胄先生,您对他的印象怎么样?

答:黄胄是1960年的时候,全军搞了一个美展,叫第二届全军美展。我画了三张画,参加了这个展览,当时也受到了好评。其实当时的画画得也不是很好,但是受好评有很多原因,一个就是领导的关心、帮助,那时候刚打完仗不久,打仗的表现还可以,立了一等功,而且又能画画,所以好多报纸、画报,都在比较重要的位置上把画给发表了;所以,当时北京的一些学校就请部队里面的画家去做示范,去讲课。当时中组部就安排了两个人,一个是黄胄,一个是我。黄胄是作为专业画家,我是作为从部队来的群众、战士。后来我们两个人就认识了。我到北京去学习后,通过组织的联系、安排，正式拜他为师。

问：您从中国画院毕业之后又回到了东海舰队，您在回来之后从事什么工作呢？

答：就是画画，在宣传部，主要是画中国画。

问：看您画的画，应该是去过很多地方采风吧？

答：去的地方是很多的，很喜欢独闯天涯，就走一走，看一看。1968年的时候，我准备画毛主席的革命路线，可我好多地方都没去过。这个题目大的不得了，那你可以跑的地方，比如整个的红军长征路、毛主席在陕北（待过的地方），陕北的这些县都可以去。我去了以后就不回来了，我就待在这个山沟里边。成天在这些地方，访问老红军、老八路。哎！我从这里面得到了很多的乐趣。那个时候我去河西走廊，还可以见到不少当时西路军留下的老战士。在延安，我还能看到几个老头在那儿唱他们陕北的歌，跟他们聊天。而且我从那个地方，坐的那个拉过毛主席的车子，往陕北米脂方向去，那赶车的老头就是老八路军。我当时二十来岁，我今年都八十多了，已经是很多年前的事了。

退　　休

问：您到今年应该是已经退休20年了，您退休后是怎么安排生活的呢？

受访者：最少20年了。这段时间又是我一生中另外一个最精彩的部分，这段时间我去过很多地方，那确实太多了。基本上中国跟俄罗斯的边界、东北跟朝鲜（接壤）的这些地方，从吉林珲春一直沿着什么图们江、黑龙江，到内蒙古，从边境一直到新疆的、西藏的、云南的边境，跑了很多地方。这段时间应该说是我最自由的一段时间，收获很大。

李庆华

李庆华,1942年2月出生,河北三河人。1965年1月入伍,1966年2月加入中国共产党。1985年退休,退役前为空军地空导弹第一团副营职参谋。1967年9月8日,驻沪空军独立第十四营作为全军第一次使用国产兵器和国产二八反干扰设备的战斗部队,打下了加速逼近嘉兴的美蒋U-2C型高空战略侦察机一架,即"九八"战斗。李庆华作为方位角跟踪员,在这场战斗中起到了重大作用,荣立一等功。

访谈人：黄启宸、乔智
访谈时间：2021 年 8 月

师范休学生投笔从戎

问：李爷爷，请问您是怎么参军的呢？

答：我 16 岁就参加工作了，四个月以后，搞人民公社化，读书不花钱，吃饭不花钱，我就申请退掉工厂的工作，又回老家上了中学，这个过程都是我自己一个人安排。1957 年的冬天、1958 年的春天，就快要满 16 周岁了，我参加了我们三河县挖大河的工程，一共干了两个多月，学校放假支援社会主义建设，每天晚上只睡三小时，拿铁锹、用担子，把土挖出来。整个乡就我一个学生参加，县委号召要苦战三年彻底改变三河县面貌，我很起劲。挖完了以后，又到辛集黄庄下游地区，去建小的支渠。那边就不要挖了，而是把土都垫起来打夯，可以直接放水下去，因为它地平面比较高，省事，又干了一个月。好像我从小就有国家荣誉感，状态比较饱满，直到以后当兵工作，从来都是这样，有社会主义国家的集体主义精神。

我小时候喜欢玩枪，对枪感情特别深，一直想长大了当个兵。1959 年到我们中学去招兵，那个时候我 17 岁，我们班上一个同学 18 岁，比我大一岁，当兵走了。我也想当兵，人家不要，嫌我年龄小，17 岁不要，这是我读初中的时候。那一年兵没当上，再后来就没有机会了，征兵没有征到我们学校。再后来我读了师范学校，相当于高中。读到二年级的时候，我身体不好，其实就是"三年自然灾害"饿坏了，我就休学了。当时有不少同学也饿坏了，整天拉肚子，就休学了。学校给我开了个休学两年的证明。休学回家以后，我也不能真的老休息，得找个事做。这样我就在人民公社办的企业，叫农机修造厂下面一个小车间当工人，这个应该是 1962

年底了。当工人干啥事？我可以打铁做锻工，我可以做锉。这些金属的锉，用旧了，农村人舍不得扔，加工一下还可以用。拿了锉以后，用砂轮打平，然后再重新把锉纹用刀子刻出来，刻完了以后再蘸药，增加硬度、强度。我打铁不会，但会拉风箱，就跟着师傅干。

然后，第三个工作是修理自行车。我师傅是河南商丘的下放工人，回来以后没事做，他会修理自行车，就给他安排一个修理自行车的工作。我跟着他学了不到半年，他老婆要他回到河南去，他就跑了，然后我就出师了。

到我休学刚好接近两年——按师范学校给我开的证明到12月21日满两年，11月份又开始征兵了，我就去参军了。在（休学）这两年内，我还算学生，不算工人，所以后来我家乡（三河市）写我（的故事），说我是投笔从戎，我说这也有道理，是吧？

问：那是到你们工厂去征兵了？

答：不是。公社的武装部长是小学教师，对党的感情非常深。上海部队去征兵的领导就跟他说："你们还有没有文化水平高一点的，给我找几个，还要高小的，文盲就不要了。"武装部长就在我们全公社范围内找，找来找去，他想到了我。他也认识我，为什么呢？他自行车坏了找我修理过。他就找我去了，说："李庆华，这征兵你连报个名字都不敢，你怕死呀？"他用激将法激我，劝将不如激将。我说这有啥不敢的，我不怕死。

还有我的父亲是个老革命，他是1944年参加革命的。那年我弟弟出生，我母亲就说家里有两个儿子了，一个人照顾不过来，就不让我父亲再出外打工。我父亲读过三年私塾，能写一点字，应该是1945或1946年的时候，我们全家遭国民党通缉，（国民党）抓我父亲不知抓多少次，但是没抓到。我父亲偶尔也回家，他是属于武装型的地下共产党员，活动在解放区的边缘地带。

有一次我父亲回家来看我们，就被敌人给堵住了，大概是七八月份的事，我母亲让我父亲赶快下地窖，那时候家里边地窖是存放地瓜用的，敌人来了以后没发现，我父亲躲过了一劫。1946年没有办法，有半年多的时间，我祖母、我妈、我弟弟和我四个人住在野地里头，芝麻地、玉米地、高粱地都住过，每天出村的，晚上出去偷偷地爬水沟爬出去。我这一家人1946年有半年就是在芝麻地、玉米地里边生活过来的，这才没让敌人抓走。

我活下来不容易，对敌人有仇恨，父亲也是抛家舍子参加革命，我们也是受苦受难。这样的话，人家武装部长激将法一激，我立即决定当兵去，保家卫国。

这时是1965年了，我都结婚了，我家老大已经一岁，被武装部长激将法一激，我就决定去保家卫国。就这样我一路到了上海高炮部队，到导弹部队来的时候已经是1966年的3月9日左右了。独五师是1965年7月1日成立的，独五师独立第十四营是1966年3月11日组建的，所以我们在独五师就属于元老派了。

下面说说我入党，我是在高炮二师四团二营四连入党的。我在这里担任雷达操纵员，干了一年，不仅评上了"五好战士"，还给我评了一个二级技术能手。紧接着团小组长这活也让我干了，因为我们团小组长入党了，他就让我来接班，紧接着又是学习毛主席著作，这些活都交给我了。

我是1965年1月份当兵，1966年2月在部队入党。参军后，入党申请书我写得有点晚，因为当兵前我给公社写过入党申请书，我当时以为已经装在档案里边，那我写不写没关系了，可实际上没有带进我档案。后来我就又写了一份入党申请书，这次批得比较快，写了以后两三个月就批准我入党了，喜报就寄到家去了。

当年我当的是高炮雷达——红-4雷达跟踪员，后来调到一连的制导站，当跟踪员，我们的工作主要是跟踪，我们一车有三个跟踪员。我们不仅仅是兵器保障，还要跟踪操作。

我这人干活就是用心，一辈子用心。不论什么事，为啥我什么时候干都能干在点上、干得很出色?就是用心思,黑天白夜不睡觉,一直琢磨。挺有意思的,以前饿肚子的时候,我能出好的想法,越饿肚子越出东西,可能是饿着肚子大脑供血足了。还有,好多东西睡觉就出来了,出来以后我醒了赶快写上,要不然忘了,这是我的经验。不论干什么,只要你肯用心思,肯钻研都可以。

问:爷爷,感觉您还有很多很多有意义的事情,能不能再挑几件给我们讲讲呢?

答:当时不是提倡当兵的要读书,要响应国家号召学文化嘛,所以早在一团的时候,我们就搞了一个学习班,全体机关干部都要参加学习,一些初中课程就聘我去当教员。既然支部要求我干,把文具都交给我,我就来讲代数,不过后来也是讲讲停停,因为这事部队提出来给我嘉奖,这是1969年。

后来再有一次嘉奖是1981年,我们机关党支部的领导们提出来的,说李庆华一直加班加点工作,休息时间也没有,什么事都干得不错。后来我还被选上出席中国空军第四届党代会。然后是1982年,南京军区空军政治部特邀我参加了一次创先进连队经验总结交流大会。

"九八"战斗英雄①

问:我们都知道,"九八"战斗是您军旅生涯中最重要的时刻,您在这次战斗中荣立了一等功,您能详细说一下"九八"战斗的细节吗?

---

① 1967年9月8日,驻沪空军独立第十四营——全军第一次使用国产兵器和国产二八反干扰设备的战斗部队,打下了加速逼近嘉兴的美蒋U-2C型高空战略侦察机一架,此役被称为"九八"战斗。在关键时刻,引导技师宾若文不惧风险,敢于承担,矫正了最高指挥员的口误发射命令,以准确的判断和深厚的技术功底,连射三发导弹,第二发导弹成功命中目标,击毁了敌机。宾若文因其出色表现和突出贡献,受到毛泽东和周恩来的亲切接见,而李庆华作为方位角跟踪员,在这场战斗中也起到了重大作用,荣立一等功。

答：实际上，"九八"战斗的时候，真正贡献大的是我的班长，毕竟我是懵住了，目标一出现就傻了。不只是我一个人（懵住了），战斗气氛特别紧张。天线一打开，（目标）离我们35公里。我们不能提前打，不能100多公里之外开天线，要不然对方马上就跑了。这一开天线，过了1.5—2秒钟，目标就出现了，我看干扰情况好像没有什么特别的变化，可目标信号和过去所看到的完全不一样，成方形了，几乎是四方的。平时看的（目标信号），最大也不过就像一个花生米粒那么大，小的时候就像一个枣核那么小。这一次敌机来了，我们一开天线是个正方形，上下有1.81厘米这么宽，左右有2厘米这么长，这个事谁也搞不清楚。这个时候我肯定目标就是它，我赶快就按一下自动按钮，一边按自动按钮，一边喊出了"自动"二字。说我这是自发的也好，或者说本能的也好，反正嘴巴就本能地把它送出去了。我也真的是有点胡闹，我没有权力给人家下命令，是吧？但可能排长当时就认为，我这一句话起到了下命令的作用，给那两个跟踪员下了命令。下命令也没关系，我是副班长呀，多少次训练、演练，牵扯到手控、自动这个方面的时候，一般情况下要报出"自动好"三个字的，我都是第一个。这样我喊完了以后，边上另外一个操作员也就按下自动按钮，但是按规定，他不能喊出来的，不能喊"自动"，也不能喊"自动好"，那么他喊出来以后，下面第三个跟踪员喊不出来。为啥喊不出来？太紧张了，把报告"自动好"的口令忘掉了。这个时候我们排长提醒他，拍他的肩膀，就叫他赶快报"自动好"。"自动好"也是很大的声音。报出以后，再过1—2秒钟的延迟，我们指挥员就来一个"放"，可是他喊错了，应该喊"三放"，他喊成了"一放"。"三放"发射顺序应该是"三、一、二"，这样（保证）它就完全正确。结果他一直错到底，最后变成了"一、二、三"，那是全错了。指挥员是1947年的兵，平时我挺钦佩他的，但是关键的时候人一紧张就出差错。这个时候比较关键，就轮到我们班长了。我们班长听（指挥员）弄

李庆华

错了，可时间半秒钟也不能耽误，要不然敌人就跑了；班长就不听他（指挥员）的，就按照作战预案和原来老营长的规定，他就来一个"三放"，不能听他的"一放"，因为"三放"的把握性更大。他（指挥员）这命令不等于完全失败，但是没有保护性。下面就不听他的了，"三放"完了就"一放"，"一放"完了就"二放"。

我们老班长把三发导弹发射出去所用的时间一共是10秒钟，按规定只要15秒内能完成任务就可以了，也不是他动作快，而是打仗前夕他一个人做主，把导弹发射间隔6秒给改成了4秒，这样三发导弹两个间隔，一共多少？之前应该是12秒，他改了以后，这两个间隔不就只有8秒钟了嘛，这里边他就扣出来了4秒。为什么我说班长贡献大呢？就在这里。这中间还有一个延迟，按照我的意见，班长每发射一发，差不多有半秒钟的延迟时间吧，所以就是4.5秒加4.5秒，再加上第一发差不多有1秒钟，甚至于还要多于1秒钟，我就给它计算成10秒钟。

我们三个跟踪员总体上用了11秒钟，当时营长给我们规定的是10秒钟，他的意思就是让我们10秒完成任务可以打胜仗，讲的都是很明白的。他这样跟我们说："如果你们10秒钟完不成任务，我们就要打败仗，你们看怎么办？"可是当时的水平，完整报出"自动好"，需要18秒钟，那就拼命练呗，反复训练，这一练就是半年多，练到最后的话，最快7秒钟就可以完成任务。我后来核对了一下这7秒钟准确不准确，核对的结果是完全准确，因为老二营那三个跟踪员训练到最后，他们报出"自动好"最快速度是6秒钟。真的，老二营打下了三架U-2飞机，它没有干扰，但是会逃跑，老二营三个跟踪员用时6秒，比我们还快，因为当时没有反干扰操作，所以他们用时6秒，我们用时7秒，完全是合理的，也是最快速的，我们比他们也多了一个环节。可这是平时，一到了战场上，真的紧张。营长后来看我们实在完不成任务，10秒钟任务完不成，他就说："实在不行12秒，你们不得超过12秒，要不然我们真正是要打大败仗的。""九八"战斗打仗的那一天,我们用了11秒,等于比营长规定的12秒还提前了1秒。

两年前有一个老战友问我,咱们打这一场仗前前后后总共用了多长时间?我说前后一共用了10分钟,就是从开天线算起,一直到第二发导弹把目标打上爆炸,而后飞机继续前进,飞机尾巴虽然掉了,机身还是好的,飞行员死掉了,但自动驾驶,所以飞机又跑出去直线距离大概有60公里左右。真正打仗只用了一分钟。整整50年了,我当时核算的情况没什么大的误差,我也记了50年。

以后我还准备再做一次图,看看到底是多长时间、什么距离。我都能做出来,这些东西都是我自学的,哪里有书本呀?哪里有教员教呀?教员也不太懂,当时是苏联专家带出来的。到了20世纪70年代,我当作战侦察参谋时,有些表格是苏联人给的,就是杀伤区远界、近界是多少,不同的高度上不一样。我第一次接触到这个,脑瓜一动,我把这个平面图给你画出来,七画八画一直画到头,这不就是个圆咕隆咚一个大家伙吗!它的杀伤区是立体形的。原来是这么回事,我就明白了。这个时候我30多岁,全是自学,就看见一张表格,我就把圆咕隆咚的杀伤区画出来了。然后下一步我就知道,在高度不变的情况下,杀伤区是一个平面,是一个扇面状的,我们做文章就在平面、扇面这里做,他(敌机)逃跑他就在这里面跑。但如果跑出这个杀伤区,肯定是白找。你这个导弹不在杀伤区里边和U-2飞机遭遇,它导弹是不爆炸的,就是爆炸了也打不上,这是自爆啊,对不对?光知道这个还是不行,我们一开天线,目标都是拐弯逃跑的,我们导弹跟它遭遇的时候,一定要落在含金量比较高的那一块杀伤区范围之内,才能把它打下来。

当然整个战法的发明是属于集体的,一个人想不出来,需要大家心往一处想,劲往一处使,一定要真诚配合,同时也需要每个人要有一定的实力。没有（个人实力）不要紧,你去学、去钻研,是吧？比如说我们操作手指是圆弧形的,我操作手轮是这样轻轻地揉动,这样的话比较稳。目标一跑起来以后,我们就拼了命在追（目标）,我大概至少有 40 多秒钟没有呼吸过。打完仗以后,我的左耳有点聋,为啥？长时间没呼吸,还要用肌肉比较丰满的地方还要揉动,还要对目标还要跟踪。

  我说到这,你们是不是感觉我在这里面功劳很大？其实我们属于半自动作战,这个时候,我们跟踪的好与差,对制导精度有影响,但不是特别大。但我们为什么一定要这样训练呢？是为了今后遇到干扰,干扰反不掉,用手控进行跟踪的时候（做准备的）,必须用刚才我说的办法。要不然会使目标信号左右摇摆,然后输出的指挥导弹的指令也会差错很大,导弹接收到错误指令,就打不上。这一套（训练）都是为将来在复杂情况下实施手控作战做准备的,所以谁也不能麻痹,一定要拼命干。

  我说的这一套,早在（20 世纪）70 年代,就已经在我们独五师全师推广了。那时,我已经是作战侦察参谋,觉得比较成熟,借着一个机会,我就把我的、我们营长的、我们排长的、我们引导技师的（经验）,所有我认为正确有效的一些好的创新措施、好的主张、好的意见,都写到了（一个）文件里边,一共有 20 条,这可能是 1974 年的时候。现在的人什么都想简单,都想着简单几句话就把问题解决了,不要过程只要结论,实际上你想做好事,把事情做细、做到家、做到位,很不容易,难着呢。

  我前面说过,是我们班长把 6 秒改成 4 秒的,这是他一个人的主张,组织上不知道,我们其他人都不知道。打了胜仗以后,他也不敢说。什么时候说的？是 2015 年才第一次说,那都已经是 49 年以后了,才跟我说,才跟大家说这个事。他一讲出来,就啥也不用说了,肯定是我们班长的功劳最大。而且在当时"九八"战斗刚刚结束的时候,一般人认为肯定是我的班长功劳最大,因为指挥员犯了错误了,他给扭过来的,这还不是功劳最大嘛!但是当时组织上为啥又把我写得最好?因为我是第一炮,是我先说出了"自动"两个字,等于给他们下了命令,他们后面跟着我这个头羊,跟着我这"自动好"才一连串地下来。

当时我们发射导弹是"三一二",发射的第一发导弹上去以后最准,它穿过飞机,但没爆炸。我当时激灵了一下说:"怎么不爆炸呀?"第二发再上去,看着误差很大,但爆炸了。爆炸完了以后,(我们跟踪的敌机)目标就膨胀了,先向左边膨胀,后向右边膨胀,而后再向前膨胀,膨胀的信号有这么大个,比荧光屏可能还大一点。我继续跟踪第三发,(第三发)上去一露头,(敌机)"啪"断了,(敌机)以后向回飞,冲向我们阵地,在离我们阵地两公里的上方爆炸了。

我这一辈子不休息

问:您退休之后的生活是如何安排的呢?

答:我一直干作战侦察参谋,干了14个年头。我工作的时候,每天上班工作18个小时,第二天不补休、不补觉,还要参加出操,还要打扫卫生,就这么着,我坚持了十几年。你想想看我比人家多干多少活,我干一天相当于(别人)干两天。为啥我46岁就老了?那时候我算过,我干的工作已经完成了(一般人干到)70岁的工作量。像我跑警报,撞到眼睛,流点血,我擦擦揉揉,就忍着,照样训练,照样跑警报,跑到哪儿去都没事,全都还可以。我四十几岁看病,(医生)说全身血管硬化,那时候我也挺害怕。再一看高血压,再一看眼睛血管不好,以后再检查说心脏还有一点毛病。再加上部队裁军,那么就给我们宣布退休了。

我这一辈子不休息,白天不睡觉,最近几年我每天都干到晚上12点以后。前两年,美国人起飞了600架军用无人机,在美国领土上进行展示。后来过了一两年,我们国家的无人机在南京起飞了800架,比美国还多200架,也展示了一下。从美国起飞600架无人机开始,我就没有睡好觉,多少年了,经常干到十一二点,我就琢磨这个东西。别人说我身体不好,还不好好休息,吃饭睡觉都没个准时候,实际上我记忆力还是可以,我也不糊涂。(我的研究)对我们人民有利,对未来作战有利,现在形势紧张,它是需要这样做的。别人一天到晚想着钱,我说我没这个概念,不想钱的事,我想的是国家的事、党的事。钱的问题我真不考虑,爱怎么着怎么着,从小就不管。我这人一辈子没有学会低头,我也没有学会弯腰,我更不会弯腿,为党和国家做点事,咱心甘情愿,就已经很满足了,我就是这样一个人。

到了今天我们的(物质)生活还是可以,在精神上、荣誉上,党和国家真的没有忘记我们。我这两年挺高兴,老家办了一个荣誉馆,也有我。三河市从红军时代、抗日战争、解放战争、抗美援朝,一直找到现在,我是(他们找的)第八个(模范典型)。我问他们为啥要办荣誉馆,他们说:"现在新兵入伍很多都是高中生、大学生了,不像你们那个时候,都是高小生,或者说文盲,就可以当兵,现在都是学生兵,当兵之前政治方面的教育工作要加强的。办一个这样的荣誉馆,在他们当兵入伍之前,组织他们到这来看一看,是有好处的,可以起到激励性、鼓舞性的作用。"我说:"既然是这样一个好事,可以,我给你支持。"

王文钊

王文钊,1943年12月出生,上海人。1960年7月入伍,1974年12月加入中国共产党。曾获国家自然科学技术进步奖特等奖,荣立一等功1次。

王文钊

访谈人：徐琰骅、沙涛

访谈时间：2021 年 8 月 18 日

绕了一大圈回到上海

问：听说您 16 岁就去参军了，请问为什么在 16 岁的时候就做出参军的选择？

答：我们那个时候一切听党的，听组织安排，听组织分配。你比如说，我是上海人，生在上海，到老家苏州待了几年，然后初中开始到北京念书，高中是我自己考到北京十四中的。考十四中时，我记得很清楚，报名是两个窗口，一个是俄语班，一个英语班，当时，苏联老大哥，肯定选俄语班，对不对？高中进了一个重点班，我们这个班非常好，我在我们班里还算可以，高二就保送到西军电①了。参军是保送去的，当时也可以选择不去，是学校教导主任跟我谈的话，就说保送到军事学院，什么地方没说，什么学院也没说，就问我愿意不愿意？我脱口而出："愿意啊。"教导主任让我考虑 10 分钟，我说不用考虑，我愿意。他说："你同意了，还要征求你家长的意见。"

那时候我 16 岁多不到 17 岁，北京是我大姑妈家，我跟我父亲一说，跟我大姑妈一说，他们都说是好事，很痛快就让我去了。这样我就保送去了西军电，这是服从组织分配。

因为大学毕业就是中尉了，所以我们在学校就穿尉官服。一进西军电，就感到是进入解放军了，紧急集合、野营拉练、急行军、

---

① 西军电，就是现在的西安电子科技大学。学校前身是 1931 年诞生于江西瑞金的中革军委无线电学校，历经中央军委无线电学校、华北军区电讯工程专科学校、中国人民解放军通信工程学院等历史时期，是中国最早的两所国防工业重点军事院校之一。1958 年迁址西安，1960 年更名为中国人民解放军军事电信工程学院。1966 年转为地方建制，更名为西北电讯工程学院；1988 年更名为西安电子科技大学。学校先后隶属中央军委、国防科工委、六机部、四机部、电子工业部、机械电子部、信息产业部，2000 年划转教育部管理。

射击，各种军事课都要上的，我感觉自己的军人的素质还可以。我是 1960 年的 7 月去西军电的，到 1965 年 4 月份才毕业，那时候要搞"四清"和"社教"运动，我们到秦岭山里头搞"社教"，搞了 8 个月，所以一直 1965 年 4 月份才毕业。毕业是统一分配，不是你想到哪儿去就到哪儿去，学习雷锋当一颗螺丝钉嘛，拧到哪儿就在哪儿发光，对不对？那时候就这样的，绝对服从，没有一个说不愿意的。毕业分配了，大家分两半儿，一半儿到部队，一半儿到地方，到部队的，海军、空军、导弹部队都有。

我大学是保送，我们这个班在西军电里头又是一个尖子班，也是比较有名的；西军电毕业，分配名额是由组织上指定的，我们全班 100 多个人，就只有我们三个人分到我之后去的单位，很幸运。去的单位是咱们国家的一流的研究所，研究所出了四个院士，二个特等奖，一等奖、二等奖更多了，国务院特殊津贴（获得者）也有不少，研究所是出成绩的，所以我说自己很幸运。

问：毕业以后，您一直待在某研究所吗？研究所具体地点在哪里可以透露吗？

答：我们所在的地方原来叫灌县，现在叫都江堰，因为都江堰比较有名，就把灌县这名字改成都江堰了。道教有座名山叫青城山，你们知道吧？我们所就在青城山的后山脚下。这地方谁选的呢？是杨成武开着汽车选的，那时候叫"靠山不进山"。

问：当初为什么要选这样一个地方？是出于战略考量吗？

答：我们所是 1962 年从北京搬到四川的，也是战略调整吧。我是 1984 年调到上海的，我出生在上海，经过苏州、北京、西安、四川又回到原点，绕了一大圈。

压 力 很 大

问：您从什么时候开始做您这个领域的研究？

王文钊

答：1966年到五十七所就搞这个了，大学里我是无线通信系的。

问：那当时面临的压力主要有哪些？

答：工作以后压力太大了。第一个碰到的大困难是在1967年8月份，那年6、7、8月份正是"武斗"最厉害的时候，我要到前线去，背着一个60多斤的箱子，火车不通，也没有托运，我在路上走了40天，除了飞机没坐，轮船、炮艇、军车全坐过了。这也是第一次让我认识到我们这个研究的意义，感到自己搞了一个具有开拓性的领域。具体没法展开说，就是我到前线作战部队以后，没有按照权威参数，而是帮他们改了信号参数，信号一下大大增强，那是我第一次尝到自己工作的乐趣，但也感到很大的压力。

还有一个压力呢，是与第三世界某国的合作，可以说是援外，也可以说是合作。具体哪个国家我就不说了，是第三世界与我们合作的重点国家。我正在搞"515工程"的时候，突然有一天部长找我，让我出国去干个项目，说如果我能干好的话，就会有很好的效应，就看我这次能不能一炮打响。就我一个人，从前端天线一直到终端，都只有我一个人，方案、设备、现场组装、测试都是一个人。部长说了，这个方向就看你能不能把它打下来。可是恰恰遇到问题了。一共有5个频段，（要我攻克的）这个频段谁都看不上，这个频段也不出效益，弄下来一点效益都没有，弄这个频段后设备还出毛病了；合作方也跟我说，算了吧，我们的任务就算完成了。我就不甘心，往往成功就在最后坚持的努力之中，对不对？后来我发现是（设备）里面有个零件掉了，但设备里头和外头都是用硬塑料包起来的，我说那也得拆，拆开之后果然发现就是一个零件掉了，我用胶水给粘起来，结果马上就找到重要信号了，真是非常高兴啊。后来是那个国家的一个少将武官送我回北京的，他拍着我的肩膀说：中国人民解放军海陆空不管哪个代表团来，他都是救火队长，就我他没管。他说，真要感谢我，要把我奉为贵宾，邀我再去访问，回北京还硬要请我吃饭。这个项目还赚了很多钱，因为当时对方正在比较之中，这回我做的又好又便宜，对方就选择我们了。但我当时的压力非常大，我还要写培训提纲，很厚的培训提纲，我的培训提纲你可以从第一页看到最后一页，没有一个错别字，都整整齐齐的，大小行距都一样的。

还有一次，是要从美国采购设备，有3 000万美元的预算，考虑半天给谁。给空军，一架飞机而已；给海军，一艘军舰不够；后来就给我们部了，从各个局选了几名骨干，到美国去接收，也接受他们的培训。这个设备到北京之后，我正好到北京出差，就请我去验收。我验收了10部，全都有问题。主管参谋说：老王，这样吧，以你的名义写一份报告，翻译成英文，签好你的名字，发到美国去。没多久对方回电了：我们认可王先生提的一切问题。最后美方还来了一封感谢信，说这个设备让美军、日本自卫队用了八年，没发现问题，现在让王先生发现（问题）并解决了，表示感谢，还要给我10万美金。那是在1986年，10万美金不得了。这个感谢信被主管参谋锁在抽屉里，没往上交，我也没提。我这人就是这样，从来没跟组织上提什么要求，没提。

还有最大的压力，就是搞"515工程"，这是咱们国家、咱们军队战略重点方向。我们所里到上海来过不止一次，让我搞。这个任务担子很重，压力很大，因为这不光是对我军，对咱们国家也是一个重点方向，具体不太方便说。当时参与这个工程的有很多单位，有搞电缆的，搞天线的，搞接收的，还有邮电部和一些高校。项目牵涉几方面的单位，协调起来都很难。我一直觉得细节决定成败，但是细节很多啊，像蜘蛛网似的，哪些是关键细节，一定要抓得住。

我举个例子吧，美国"挑战者号"航天飞机，你们知道吧，它为什么会失败，因为表面有个泡沫，泡沫跟泡沫之间衔接的缝隙没处理好，结果就高温摩擦到2 000度，瞬间气化了。只是很小的细节问题，却带来了致命的后果。我们在工作中，一定要善于抓细节。我现在回忆起来自己这一辈子,从1967年开始搞小部件开始,到最后搞总体,可以说没有一个失误,感觉对得起党。还有就是要创新,我们在搞小部件的时候,同样一个指标,别人搞的体积大,我设计得就很小又很简单,比别人的性价比要高。所以从搞第一个部件开始,我已经在走这一步了,要有自己的思路,要有创新思路。

我们"515工程"有一个抓细节的故事,是关于天线的。我们的天线在前线山头上,一年之后就锈得一塌糊涂,所以每年都要刷锈,要把底漆、面漆、三防漆都要刷掉,然后重新再涂,把底漆、面漆、三防漆再涂上去,每年来一遍。我就琢磨怎么解决这个问题。解决问题呢,要善于观察。我山底下走到山上机房,又到山顶看天线,一路走来都看到自来水管子,我就问这自来水管子是装了多长时间了,说至少有八九年了。那这个管子为什么不锈呢?

问:那是因为材料不同?

答:有人就说是材料问题,错了,自来水管子,里头锈的,外头不锈,你打开铸铁管子你看看,自来水管里头锈,外头不锈,为什么呢?这个工艺叫热浸锌①,经过镀锌之后10年不生锈,寿命可以提高10倍。咱们国家的高压铁塔也是用这种方案,高压铁塔为什么不生锈,它也是热浸锌。这样,我就要求把天线整件热浸锌,不能镀好再钻眼、再弄螺钉,而是要整件热浸锌。我那地方需要几副天线,十四所搞天线是有名的,他们先发来了六副天线,他们就不相信,其中有一副天线仍然用他们老的三防措施,装上去不到半年,我到现场去一看新天线已经成麻子了。十四所马上说:"我们马上再发一副过来。"他们因为没按照我的方案来,没按照

---

① 热浸镀锌工艺是使熔融金属与铁基体反应而产生合金层,从而使基体和镀层二者相结合;先将钢铁制件进行酸洗,为了去除钢铁制件表面的氧化铁,酸洗后,通过氯化铵或氯化锌水溶液或氯化铵和氯化锌混合水溶液槽中进行清洗,然后送入热浸镀槽中。热浸镀锌具有镀层均匀,附着力强,使用寿命长等优点。

我要求的工艺做，为了这副天线又多花了一二十万。所以抓工作一定要抓到点子上，关键细节要抓住。搞工程的过程中，思路上要有创新，管理上要抓关键细节，这样才能解决问题。

问：你们研究所整体的研究情况能给我们介绍一下吗？

答：我们所是比较厉害的。有一次在人民大会堂颁奖，获奖者和江泽民、李鹏等领导人照相的时候，科协的副主任跑到我边上说：老王啊，你们所得的奖太多了，特等奖、一等奖都很多，你能不能让一让，让另外一个（排名第二的）特等奖站在最当中，你往旁边让一让。这当然不成问题。我们所确实取得了不少成绩，出了四个院士，二个特等奖。因为我们所一直对标世界最先进水平，目标定得高。举个例子，当初我在西军电学习的时候，数字通信基本没学，来所里以后学了一些数字通信，当初没感觉，但没想到我在20世纪60年代就开始学的"二进制"现在仍然这么重要，现在所有网络都是二进制，对不对？你看跟天上通信，跟宇航员通信也都是通过数字通信，所以我们所的目标定得比较高。还有优势是我们所全方位的配套，各方面比较完善——人员配套、设备配套、仪器配套、资料配套、汽车配套。

问：您的科研成果现在有没有转民用的？

答：我们也搞一些民品，有计划内任务跟计划外任务，我搞的全是计划内的任务。举个例子，有一个技术你们不太清楚了，那是模拟通信的一个比较好的技术锁相解调。当初我接这个任务，就搞出来了。运到北京地面站跟美国人的设备比较，不比他们的差，可是我自己后来把它否了，为什么呢？我在1967年7月、8月出差时，用过那个技术，现在新搞出来的，还比不过那个，就被我自己否了。那时把南京熊猫电子厂研发的锁相解调调到北京，加上北京原用的，还有一个美国产品，还有我搞的另一个限幅鉴频器，四个一比较，都比不过我原来用的老的，所以我就是把它否了，实际上已经搞出来了。

学习面要广

问：您的家人知道您实际从事的工作吗？

答：不知道，不知道我具体在干什么，我们部的一些工作，都是密级比较高的。那个时候制度规定四年可以回一次家，但实际工作中不一定四年就能回一次家，那个时候也不像现在有微信什么的，我跟家里联系就只有写信。

问：您从事的工作一直是保密程度比较高的，是否会出现不小心泄密的情况呢？

答：也会有。因为改革开放以后我们也参加一些国际会议，也都能够查到；可是你们去查查看王文钊，没法查到。1997年，我得到国家科技进步奖特等奖，当时有三个特等奖，其中另外一个是秦山核电站。你们看我的特等奖证书后面有个编号：-001-01，这是什么意思？就说明我们这个是第一号任务，所以是"001"，那我是一号负责人，所以是"01"（见图8）。但这些信息公开查不到，上次"西军电"来采访我，也说查不到相关的信息。

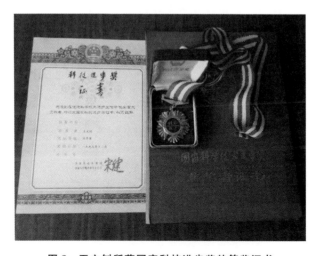

图8 王文钊所获国家科技进步奖特等奖证书

问：您获得过这么多荣誉，荣誉给您带来过什么影响吗？

答：每一个荣誉的获得都是对自己的鞭策，我享受的是过程，并不是结果。如果这项任务能带来效益，那我最高兴。有一次任务完成后，我到前线部队，他们参谋长跟我说："老王，我先给你报告个事情，你这个任务弄了，我们得到七个第一！"那我就特别高兴。现在，有些年轻人老说现在太忙了，我就最喜欢这个忙，我越忙越高兴，享受这个过程。前面说的这个前线部队，我到那个单位去，三天三夜没合眼，帮他们解决了问题。完了之后我到哪儿去，他们就跟着，说："老王你到哪儿，肯定有个新道道，我就跟着来学了。"所以一个人的思维要活跃，关键还是基础要打牢。

你们学历史的，不见得光是钻在历史（书）堆里头，理工方面也要学一些，也要懂一些，也要知道一些。现在讲大数据，这个你们也要了解的，不一定要搞得很精通，但要适当学一些编程，简单编程也要会，这对你们的历史研究也会有帮助的。你看，中国人民银行的行长周小川，他学物理的，怎么去当行长了呢，朱镕基跟我学的专业一样，他怎么去当总理了呢，江泽民搞机械的，温家宝搞地质的，所以我就说，一个人的知识往往是在本职工作之外。你们学历史不见得光是在历史里面钻研，其他各方面，天文、地理啊，也都得学习，面要广，面广了才可能创新。能力比知识更重要，大学实际学的就是一个能力，不只是知识的简单积累。

王承烈

　　王承烈，1950年6月出生。1968年2月入伍，1969年1月加入中国共产党。1968年7月随连队到锦州渤海湾参加海练，8月转赴辽宁省北票县东风煤矿，执行军工生产掘进采煤任务，解决全师炊事和取暖用煤的自给。历任战士、排长、副指导员、组织股干事、军政治部保卫处干事，沈阳军区军事检察院检察员、处长，集团军军事检察院检察长、政治部保卫处处长，师政治部主任、师副政治委员，长春市警备区政治委员。1998年9月，因在吉林抗洪抢险中贡献突出，被吉林省人民政府记一等功。2005年退出现役。

访谈人：王悦、蒋如妍

访谈时间：2021 年 9 月 18 日

参　　军

问：您是 1968 年入伍的，请问当初为什么会选择参军？您现在怎么看待当时的决定？

答：我 1968 年参军主要原因有三点：首先是国防形势紧张，南部边疆出兵抗美援越的战争激烈；北部边境苏联百万大军陈兵边境，严重威胁东北安危。沈阳军区因担负对苏作战职能，部队扩编的任务急迫。其次是赶上从学校招兵的机会。1968 年初，"文化大革命"的前两年，我重回学校，这时征兵刚好开始，我那时还不满 18 岁，但属于"老三届"初中毕业生，符合应征条件。最后是受家庭影响，我父母亲都是抗日战争初期的老兵，新中国成立后转业到吉林省地方工作。1950 年我出生于新中国，成长在红旗下，从小懂得没有共产党就没有新中国。像父母一样去当兵是职责，很光荣。我跟我哥都报名参了军，父母也很支持。

我的接兵部队是沈阳军区第四十军一一八师，解放战争期间"四野"的三大主力之一，是韩先楚上将曾亲自率领过的"旋风部队"，以作战勇猛闻名全军。我很热爱这支部队，由此开始了我的军旅生涯。从战士到排、连长，从基层连队到团、军、军区机关，从作战师到最后任职警备区政委，一共服现役 38 年。回想起来也算是艰苦奋斗，军旅一生！我深感革命军人的职业光荣，值得骄傲、自豪，无怨无悔。

问：部队生活很辛苦。我们了解到您刚进入部队的时候就从事采煤任务，能给我们介绍一下当时的工作吗？

答：1968 年初入伍后，经过两个月新兵训练，我被分配到了师属炮兵团三营九连指挥排，当通信和测绘兵，参加了配属的 160 毫米迫击炮实弹演习。同年8月,我到锦州海训时,奉命随连队转赴辽宁北票县东风煤矿执行采煤任务。因为那时部队扩编,经费保障紧张,为减轻国家负担,毛主席作出"五七"指示:要求有条件的部队适当从事些工、农业生产,争取自给自足。我们采煤,就是为了保障全师官兵和随军家属训练生活所需煤炭的供给。

当时工作环境艰苦。我们开采的是价值低、被国有煤矿舍弃的地表浅层煤源。煤层厚度只有70—80厘米,距地面垂直深100余米,因呈70多度陡坡状态,人才能够弯腰或坐着持风镐挖掘。所以1958年"大跃进"时,矿区家属只开了洞口,就被封闭成了废井。我们在工人师傅帮助下,找井口、抽废水、加固坑道,从先期掘进作业开始,历时半年,打通了上下两层用于采煤的巷道,为全营采煤施工完成了前期准备。

当时井下设施欠缺。比如初期由于井下设备排风能力不够,为完成掘进任务,爆破后作业都不等硝烟除净;防尘面罩、口罩、手套等劳保用品少,只能反复使用,甚至不用。特别是钻机水泵故障时,都是冒着粉尘危险坚持作业。那个年代的年轻人,一是普遍能吃苦,二是都争抢着完成好上级交给的任务。

当时保障条件简陋。工作服是印染厂的废布料做的,只有一套,脏也好湿也罢,下班时挂在更衣室,上班时再穿上;每天上下班徒步走四公里,风雨无阻;吃住、学习、娱乐都在以连为单位的原矿工大宿舍,又叫"大炕屋";8小时一个班次,24小时三班倒的工作制。从1968年8月到1972年的3月,我由战士成长为班长、排长、副指导员,从事采煤施工三年半时间。

当时经受考验很多。井下作业阑尾炎发病率高,我下井半年就患了急性阑尾炎,疼得直滚。营医生派一名卫生员陪护我,连夜乘矿区小火车头赶往县城火车站,转乘再到义县我们师医院治疗。一路艰辛,疼痛难耐,清晨入院紧急手术后,医生说再晚一点阑尾就穿孔了。这是我目前为止唯一一次住院手术治疗。

井下采煤属于高危行业，常伴有生死考验。我现有的主要疾病，医院诊断多与这三年多挖煤经历有关。1969年末，我任排长，在组织掘进作业时，遇到巷道塌方，我在最前面带头排险，当用木料加固顶棚时，上面的岩石忽然坠落，我紧急躲避过大石块，被滚落的碎石、木方撞击到颈肩、腰背部和左小腿。幸亏被战友抢扶出来。那时情形虽然惊险，但全排上下都感到庆幸，我也认为有惊无险。事后我颈椎、腰背的砸伤肿疼了几个月，干活时间长点就直不起腰来，火炕睡一宿又缓解了，也就没在意。只是左小腿的砸伤遇到点麻烦：开始仅是肿痛没耽误下井，后因每天收工都需洗澡，致使创口感染。为防破伤风，营医生为我麻醉手术清理创面，暂留井上工作，半个多月伤口愈合，留下了个大疤，让我印象深刻。1999年我任职长春警备区时，突发腰疾，拍CT片后医生诊断：我颈、腰椎体各有一节椎管错位，系受外力损伤所致，从钙化程度推断有三四十年历史。询问我是否参战或遭遇交通事故而受过伤、评残？医生告诫我要重视，防止老年发展成重度间歇性跛行。我当时听了很惊讶和困惑，后来才想起了采煤时受伤的事，但早已时过境迁，失去了治疗的机会。大前年，上海长征医院专家又确诊，我患有肺部纤维化（早期）病变，不只是常规的老年性肺内感染。探究病因也认为与以前采煤作业时的粉尘有关。

回想基层连队的那几年，是我吃苦最多、考验最大、成长最快、人生打基础至关重要的几年。我从战士迅速成长为一名基层党员干部，率领部属圆满完成上级赋予的挖煤任务。虽然当时被砸受伤，如今与病残相伴，难以治愈也无怨无悔。

问：您在入伍后曾参加了海练，请问当时参加海练的是哪部分军人？您如何看待我国现阶段的海军建设？

答：1968年毛主席发出要到大江大海中去锻炼，炼体魄、炼意志的指示。部队在不同水域，开展了水上练兵运动。我部组织的是海上训练。时间在夏季7至8月，训练日总计28天左右，分为会游泳与不会游泳两个组,制定不同训练计划和考核标准,使官兵都能熟悉水性,学会蛙泳或自由泳的一种泳姿,基本达到徒手游程1 000米,武装泅渡500米。原来会水者海训结束时,武装泅渡可达千米、几千米甚至万米不等。总之,海练使官兵不仅增强了体魄,磨炼了意志,也提高了部队战时执行渡江跨海作战、平时执行抗洪抢险救灾任务的能力。

如今我国海军战略地位更加重要,作战要素已趋于完备,体系建设极大增强,装备现代化建设实现了跨越式发展,近海胜战能力业已形成,远洋战斗力长足进步,发展潜力无穷,建设海军强国的蓝图定能早日实现。

入　　党

问:您是什么时候加入中国共产党的?您觉得入党之后您的观念有了哪些变化?

答:我于1969年入党,加入组织较早,也很顺利。记得入伍时因年龄小,接兵首长嘱咐我下连队先扎实工作,别急着写入党申请书,以至第二年当老班长退伍前,介绍我接任他并填写《入党志愿书》时,我感到很突然。在之前有口头申请的情况下,又呈交了书面的入党申请。当时党员无预备期规定,经支部大会讨论通过,党委批准后,我就成为一名正式党员。

要从思想上成为一名合格的党员,我体会必须做到:

一要有严格组织观念,时刻听党指挥。忠于组织、服从分配,犹如一块砖,东西南北任党搬。不跟组织讲价钱提条件。比如我出身炮兵指挥排长,从事军事工作是本行,也适合我的性格;但因指导员外出学习,因工作需要而改行干副指导员,并带领连队开展《共产党宣言》学习教育的试点任务。我服从调整,用团政治处借来的资料,坚持晚上先自学,白天再在连队讲课辅导,历时三个多月,完成了团里交给的任务,我们连还被军里评为"学马列主义理论先进连队"。再如,我在部队几十年,每次工作调动,不论前往的部队大小、条件和环境好差,任职城市还是戍守边防,我都自觉服从,不讲条件。又如,由于工作需要,我们夫妻长期两地分居,爱人为了照顾我父母并保证好儿子学业始终留守长春,我一直在外地任职,直到儿子读大学三年级,我才回到长春解决了两地分居问题,并回到了老父母身边。至今许多人都不理解,可我认为,家庭困难让位于革命工作需要,是党员必备的组织原则。

二要模范带头,时刻当好表率。做到工作争先干在前,危急关头冲在先,使所在的集体无论编制大小、人员新老、条件好差都最终形成一股正气,具有较强凝聚力、战斗力,完成好上级交给的任务。

三要履职尽责,做到为官一任造福一方。我到长春警备区任政委时,遇到的首要问题是解决多年遗留的"住房难"。原来的军分区因资金、土地紧缺,主官调整频繁,长达十三年没新建部队家属住宅,大家呼声强烈。我们利用军队房改机会,全力以赴地工作,解决了干部、职工的住房问题。该工程竣工不但凝聚了人心,获得一致赞扬,也开启了警备区发展的新局面。此后我们借鉴上海、西安的经验,在长春市委和政府大力支持下,新建了本级"民兵武器弹药仓库及综合训练基地",也获得了省军区、沈阳军区表彰,并召开现场会,在全区范围予以推广。如今我虽到沪多年,但只要回到长春,大家仍与我很亲,赞扬当年做出的成绩和为大家谋的福利,我也由衷地感谢部属给予的支持。

立　　功

问:您荣立过一等功,并且受过很多的荣誉、奖励,在众多荣誉奖励中,您觉得哪个对您来说是最重要的?能谈谈原因吗?

答:我入伍后很长时间,部队都以嘉奖或评先进的形式实施表彰奖励。大约1986年以后才开始记功奖励。因为我当时在某集团军任检察长、保卫处长,每当大要案件侦破或圆满办结,都会给部属报请立功。1986年前,我每年都受单位的嘉奖,之后立过两次功。

1989年荣立三等功的简况。1989年6月份,集团军收到某团匿名举报信,反映该部库存雷管炸药等被盗,但隐情不报不查,严重威胁官兵人身安全。我们保卫处当日奉命立案侦察。一是从排查"弹药管理环节有无漏洞、相关人员有无失职"入手,次日便从战士保管员中发现线索,迅速查明:该团确实曾于三个月前发生了雷管、炸药、手榴弹被盗案件,个别领导怕担责任隐情瞒报。二是与公安机关密切配合,在军内外分别排查具有作案可能的嫌疑人,特别是案发后有无使用过炸药雷管的线索。后由我处访查发现两名农村青年曾用手榴弹炸鱼的线索,顺藤摸瓜,只用了九天就侦破了此案。收缴被盗后剩余的TNT炸药百余公斤、手榴弹13枚及雷管、子弹数千发,帮助当地公安机关打掉了这一犯罪团伙,消除了危害社会安全的重大隐患,并对隐瞒案件责任人做了严肃处理。军地双方对案件侦办结果均很满意。公安局领导到集团军登门致谢,年终总结时集团军政委方祖岐亲自提名,我因此荣立三等功一次。

1998年荣立一等功的简况。1998年夏秋季,继长江发生特大洪水后,吉林省西部也发生百年未遇的特大洪灾。白城地区连降暴雨,洮儿河、霍林河、嫩江水位持续上涨,按"几十年一遇"标准修建的防洪堤坝险象环生,威胁当时几十万人民生命财产安全。经中央军委批准,解放军、武警、预备役共出动了三万六千名官兵紧急投入抗洪抢险。我时任某师副政委,参加了此次抗洪抢险救灾,历时近两个月。简要经过:(一)率领师先遣部队赶赴灾区"联合指挥部"受领任务;及时勘察地形和堤防状况;了解灾情、民情、社情,制定全师抢险救灾的预案;筹备急需的各类物资。历时一天半,圆满完成迎接全师安全入驻,迅速投入抢险救灾的前期准备任务。(二)率全师三千余名官兵,投身"月亮泡"水库六号大坝保卫战。顶风雨,战恶浪,查管涌,筑大坝,历时二十余天,与武警、预备役部队加筑起底宽2.5米、顶宽2米、高1.5米、长约800余米的堤坝,做到了六号大坝不决口,参战军民无死亡。(三)率领搜救分队,在工兵团冲锋舟配合下,赶赴蓄洪受淹村庄,逐村逐户搜救,反复动员,历时八小时,成功将50多名被困的百姓转移到了安全地带,并抽留骨干巡护,保证了群众财产安全。这次抗洪抢险使我经受了锻炼与考验,圆满地完成了任务,并受到吉林省委、省政府的表彰,荣立一等功一次。

问:1998年抗洪抢险时还有哪些印象比较深刻的事情吗?当时遇到了什么困难?

答:回顾1998年抗洪抢险救灾的经历,我有两点体会很深:一是完成任务离不开人民群众的支持和帮助。例如我们执行六号大坝排险任务伊始,就面临着情况不明、经验不足、物资短缺,任务艰巨、险情难判的困局,是当地干部群众给予了大力支援。乡村干部协调物资保障,科技人员提供咨询,村里的能人传授堵漏除险的招法等,我们有了依靠和底气,坚定了信心,增强了勇气。顶风雨、斗恶浪,连续奋战二十多个日夜,圆满完成了任务。实践证明政府是后盾,人民是靠山,军地团结一致永远是克敌制胜的法宝。二是完成任务要兼顾百姓的疾苦。我们执行搜救转移被洪水围困群众之初,发现有的群众不配合,有的躲在家喊不走,有的走了又设法溜回来。深入了解后得知,除了少数人抱有侥幸心理外,大多数人是顾虑财产受损失。我们便推选了四名水性及身体好的村民,由部队骨干带领,组成留守巡护小队,专门负责财产看护任务,使其余56名灾民打消了顾虑,积极配合顺利转移到临时安置点。这些灾民特别感谢我们能实事求是,想方设法留专人保护他们的财产。

退　　休

问：您是什么时候退休的？您退休之后有什么生活上的规划吗？

答：我是2005年底离开长春警备区现役岗位正式退休，2010年6月正式移交到陆家嘴军休所。我想作为一名退休干部应自觉把握好四条：

第一条要不忘初心，保持好党员干部本色。做到退休不褪色，离职不失志，不忘自己还是一名党员，要永远忠于党、忠于祖国，践行党的路线方针政策，为实现党的第二个百年奋斗目标尽绵薄之力，给党旗增辉。

第二条要服从管理，团结互助，以所为家。退休进到军休所，不论以前职位高低，入所的顺序早晚，都是这个家庭的一员。要互敬互爱，珍惜夕阳情缘；要服从所里领导，支持管委工作；要积极参加支部和组里活动，完成交给的任务；要加强学习，不忘军人本色，弘扬正能量，为军旗增色，为所里增光。

第三条要老有所乐，老有所学。我和老伴都报名参加了浦东退役军人"戎耀艺术团"，学习唱歌或演出，我还参加军休中心办的书法、篆刻学习班，就为了让退休生活更充实快乐。人老体衰、带病养老是大自然的规律，是夕阳之年的常态，只有心态坦然，乐观面对，才能防止悲观，使每天的生活幸福美好。

第四条要顺应天候，科学康养。我和老伴冬天像候鸟那样，坚持去海南待几个月，享受那里的碧海、蓝天、阳光、空气和森林，我还坚持去森林绿道里骑行，医生说有利于改善我的肺功能，延缓纤维化病变发展，也让孩子们少些牵挂和负担，安心自己的工作和生活。

刘 琦

刘琦，1957年8月出生，陕西西安人。1972年12月入伍，1986年12月入党，1999年7月退休，原任兰州军区司令部第一技术侦查局训练大队政委。1981年4月，刘琦为救因液化气爆炸而深陷火海的男婴不幸致残，全身烧伤面积达93%，其中三度烧伤达40%，双目失明，失去了耳廓、鼻子、眼皮、嘴唇、双手和一条腿。1983年，刘琦口述完成了自传体长篇小说《去意徊徨》的初稿。1985年，右眼经过治疗有了微弱的视力，刘琦用笔绑在右残臂上，开始《去意徊徨》的再次创作。1987年《去意徊徨》正式出版，他的事迹感动和激励了无数人。凭着坚强毅力进行文学创作，刘琦已完成200多篇作品。1987年1月，荣立二等功1次，1988年被兰州军区授予"钢铁战士"荣誉称号。

刘 琦

访谈人：庄麦、白一诺

访谈时间：2021 年 7 月 14 日

15 岁去当兵

问：请问您是什么时候参军的？当时为什么会去参军呢？

答：男孩子嘛，从小看打仗影片，就想当兵。再说我爸爸也是当兵的。（笑）爸爸当兵的，英勇威武的感觉，对吧？男孩子嘛，那样打打杀杀的就好玩。其实当时很小，也不懂，就想当兵。再说那时候社会风气是一人当兵，全家光荣。当兵以后一下子就变成"解放军叔叔"了，也神气的，穿上军装很神气。所以这样就想当兵了。我是 1972 年 12 月当兵的。当兵的时候身体检查是遇到一些波折的，首先我那时候还比较瘦，一直很瘦，所以体检了两次才勉强过关。那时候我只有 1 米 62 的个子，75 斤的体重，确实比较苗条。再说年纪也小，15 岁也就这样了吧。

问：您当时那个年代，15 岁就可以去当兵了？

答：我们那个年代，部队的孩子们送到部队锻炼更方便一点，交给部队么，大人都放心一些，所以我们就当兵都比较早。像我姐姐当兵时也是 15 岁，所以我当兵那年她就提干了，也就 17 岁不到 18 岁，她就提干了。

我 15 岁参军，那时候已经（读书的）氛围很差了，"文化大革命"，老师也不敢教，孩子也不想学，属于这么一个状况。在部队里接受教育更好一点嘛，所以就当兵去了。

问：您最初在兰州军区是什么兵种？

答：到兰州军区以后，我进了技侦部门。我们是搞计算机的，在那个年代搞计算机的话，那是很神秘的了。刚到部队，一进计算机房，他们就给我们打了几个字，用那个排印机打出来的，那个排印机那时候是很原始的，"咔咔咔"打出来。打的什么呢？"敬祝毛主席万寿无疆"。好粗的字,就是用英文字母 E 排列出来的,但是一看就是"敬祝毛主席万寿无疆"。那时候我觉得好高级啊,这个机器也能写字儿,就是这种感觉。我就觉得我搞这个工作还挺不错的。因为我们那时候全军大概有将近 400 万人,搞这个工作的只有 7 万。

问:那个时候也没有大学之类的,就得自己摸索了。

答:嗯,没有大学呀,那个年代,我们的计算机是比较差的,西方世界肯定不会用我们的,但是小的社会主义国家很喜欢我们的(计算机),因为别的人不会给他们,对不对?中国当时就提供给朝鲜、越南、阿尔巴尼亚、捷克,这些社会主义国家还是用我们的机器的。那个运算速度就是太慢了,每秒钟 5 万次。5 万次,这什么速度啊?现在我们一秒钟多少个亿了?亿亿次了,对吧?那就不得了了。

其实那时候我们国家的计算机就是那个速度。后来也研究过 905 甲级、905 乙级,一个是 350 万次的,一个是 500 万次的。但是这两个机器还没出来,1982 年以后"银河"就直接出来了。那个"银河"一下就上亿了,所以我们国家的飞跃是非常厉害的,就是说没有百万次计算机,没有千万次计算机,就是从几万次、几十万次的,直接就到了上亿次。[1]

所以那时候我是在从事这样的工作,我们那时已经是集成电路计算机了,已经是第三代了,但这个速度还这么慢,因为什么呢?这个模块还是蛮大的,就我们这一个模块装电子元件还是非常少的。我们过去计算机用的叫"磁性体",也不叫芯片,叫"磁性体",那么大的东西,17 万元一个。如果换一个,要花 17 万元。我们局 1 000 人,(17 万元)够我们局发一年的工资了。磁性体从(总参)三部领回来,都是坐软卧的,都要带枪(护送)的呀,吓死人的。

---

[1] 1983 年 11 月 21 日,中国人民解放军国防科技大学研制成功了中国第一台亿次巨型计算机"银河-Ⅰ"。

四个人坐软卧车厢,都不睡觉的,拿着枪守护着,那个要是弄丢的话,损失就巨大了。所以那时候,我们是在搞这个工作。

受　　伤

问: 那您是怎么烧伤的呢?

答: 家属院着火了。家属院煤气罐着了,让我遇到了,那时候我还24岁不到呢,但那时我觉得自己可懂了,啥都懂;当兵已经快10年了,提干都三年了,我是1978年提的干部。我小时候比较调皮,在我爸这样一个老军人面前都是要挨打的,哪点不对就要训,哪点不对就要打;当兵以后就像鸟出樊笼,特别开心,很自由。到了部队以后,领导和同事都对你和和气气的,我觉得很自在,所以就有点胆大妄为吧。

救火的话,是因为家属院着火,我跑去救火,火里面有小孩子。当时来(求救的人)如果说是楼房的话,我可能会谨慎很多,当时以为是平房,我想我这么进去把孩子抓出来就完了嘛。我篮球打得很好,因为我个子很高,50年代像我这种个子很少的。那个孩子才出生40天。

问: 才40天,那是婴儿啦?

答: 嗯,对啊,跟我一样也属鸡的。我想我来把你抓出来,来个三步跨栏我就跑出来了,但是就没想到我进去以后,那个门会关上。这门关上后里面压力很大的。我觉得自己身体很好,这门关上怕啥了,我赶紧抢着要去抓这个门,结果它一关上我拉都拉不开。

问: 内外有压力差了?

答: 有压力差了,里面有负压力了。等我烧伤以后,我妈妈跟我说:"你就不懂吗?火大封门窗嘛!"我说:"你又没跟我说过了。"我妈也没必要跟我说,因为她也不知道我会遇到这种事情,是吧?

问：那这个孩子后来怎么样？

答：孩子肚子烧穿了，没抢救过来；当时关在火场的还有孩子家人。

问：那一家人还活着吗？

答：那一家人烧得比我轻一点。这家男主人是我师傅，我学计算机是他教的，他带我的，所以是我师傅。他年龄也不大，比我大四岁，1953年的；但兵龄比我长，比我老三年，他16岁当的兵。所以他的孩子嘛，我肯定要救；结果冲进去了，就没出来了。后面在外面的人才把我救出去。当时是煤气爆炸，气体爆炸了，所以很厉害。

问：那您大概是什么时候想要写一部小说来记录这个事情？

答：很快啊，特别快。因为我是1981年烧伤的嘛，我1981年就写了。

问：那您之前就很喜欢文学，喜欢写小说吗？

答：对。我估计很多人也误解我，认为我写这个东西是想出名，我那时出门都不敢呢，还出名呢。在那个时代烧得这样子，哪还敢出门啊？那时心理落差很大的，因为过去长得很帅，雪白的皮肤，漆黑的头发，个子那么高，那么英俊的孩子一下子烧成乱七八糟的。

我是四个月后才知道自己烧伤成什么样子了，大家一直瞒着我的，一直不告诉我，我问他们，他们什么都不说。那不说的话，就觉得自己没多大事。那你说你自己没感觉吗？你怎么感觉呀？大脑清醒得不得了，眼睛看不到，但医生告诉我说是因为纱布蒙着的，所以看不到。人在很无助的状况下，就有一种特别强的依赖性，特别爱信好的，就是人家说的好话我都信，最怕听到不好的话。人家说："很快你就要出院了！"这话听得我心花怒放。如果说"不行啊，你这想走路，你下来想走路不行，这个目前还不行"，那心情就很灰暗了，如果师傅他都会走了，能走路了，我不能走，

刘 琦

我就会着急,所以他眼睛能看到,我还问:"你眼睛能看到?"他说:"能啊。"于是我就想我的眼睛。那时候我也很聪明的,而且一直在捕捉这些蛛丝马迹的,一直捕捉这种信息,自己的身体到什么程度了,来捕捉这个信息的。我也不可能一天到晚就像个木头一样躺在这儿,脑子不转的,不可能的。

但那时候就是自己安慰自己,别人都在瞒着我,我自己也在骗自己。就是我知道我说眼睛看不到,你给我换药的时候,你不可能纱布不解开啊。每天换药,纱布得解开,纱布不能天天戴在眼睛上,这个都有细菌的呀,你肯定要换纱布的呀。那个换纱布的时候我就稍微拿开,那时我看不到的,心里很狐疑的,但就是不肯面对现实,不肯承认的。知道吗?

问:那四个月以后?

答:四个月以后祸不单行嘛,一下子得了肝炎,输血输太多了。我输血输多少?24 500 毫升。这是什么概念呢?等于我的血换了五六次。我是 8 月 8 号生日,刚过完生日以后就觉得不对,就恶心,然后一查,黄疸很高,这样送到传染科去了。送到传染科以后,传染科和烧伤科是两码事啊。烧伤科大家对我不会大惊小怪啊,但传染科他们就我(一个)烧伤的,他们看我就觉得稀奇了。他们看了之后就说:"哎哟,这个人是男的女的?"听到他们这句话,我就想:你们什么眼神?男的女的都不知道?我是男的,对不对?然后他们就如数家珍的:"唷,头发也没了,鼻子也没了,耳朵也没了,眼睛也瞎了,手也没了……"当时我是第一次听到啊,确实懵掉了,就一种做梦的感觉。但是哭了没有?没有。我这人还真的很坚强的,我当时不但没哭,我还笑。为啥要笑呢?因为我特别怕人同情我。你想同情人、富有同情心,有什么不好,对不对?当然很好了,但我不敢接受嘛。

当时就想装着无所谓,烧就烧了吧,我早就知道了,对吧?其实我是第一次知道。那时候我还得装,嗓子堵得呀,噎得呀,真想哭啊，但还在笑，还在讲。实际上那时候才发现你笑的没用，你连个皮都没有啊。我脸上的皮都不是原装的，都是后面植的皮。我那时候第一次知道自己烧成什么样，烧得啥都没了，那是第一次知道，但没哭。

问：那您在医院里治疗了多久？

答：我在（军区）总医院住了一年半，然后到上海来做整形手术，前前后后大概做了40多次——做手术像吃饭一样的。而且那时候心情还不错，听到医生说要给我做手术了，我是一种非常兴奋的感觉，就像让你入党提干一样。我就怕听到医生说"我们都没办法了"，这是最惨的了，所以我那时候就特别想抓紧时间手术，手术，手术，赶紧，赶紧。那时候报纸还说刘琦手术的时候很勇敢很坚强，不哭不闹不喊不叫的。我能喊吗？一、那不是我的性格；二、我是怀着一种希望上手术台的，我知道两个半小时以后我就又变了一种模样，对不对？又和正常人接近一步，和正常生活靠近一步，我是这种心态。这个手术给我带来希望，我为什么要哭要叫呢？

来上海治伤

问：那您当时就是从兰州到上海来专门做整形手术的？

答：那个时候兰州军区总医院说没办法了，部队要把我送到荣誉军人疗养院去，那时我才二十四五岁啊，自己心里不甘，不想去。当时领导想让我评个特等伤残，可我还想治疗的。我爸爸就跟部队商量了，最后决定来上海。在长海医院我遇到了一个给我做鼻子的教授。我刚去的时候，整形科、耳鼻喉科都说做不出这个鼻子的，最后让我去找王教授。周四，在王教授的门诊，他看了以后就对跟着他的年轻医生们讲："这个鼻子要做的话，就要从离鼻子最近的地方取皮，离得越近，肤色就越发近似……"年轻医生们说:"教授啊,你给我们讲了这么多,我们也听不懂,你干脆给他做一个嘛。你给他做一个,你一做我们全会了。"教授想了想,"好吧,我给他做一个。这回是这辈子做的第二个鼻子——1958年我做过一个。"一听他1958年就做过一个,那我还是觉得蛮开心的。于是,王教授就给我做这鼻子了。做了多长时间呢?好家伙,前前后后做了六次,历时两年半。两年半做这么一个小鼻子,难不难?

问:那你们来看病,之后就留在上海了?

答:嗯,对。我留在上海,一是我要打持久战的,整形不像人家看病按天、按星期算,我这个按月算都不可能,都是按年算的。你这个手术要一年做几次,手术要做多少年,是遥遥无期啊。为了治疗,我就留在了上海。我一直要治疗下去。我的脸也植了皮,鼻子也有了,那就还想做眼睛。眼睛做来做去也做不好,但是总是想做嘛。你看我是10年前做这个腿的,我坐了30年轮椅,10年前突然听说六院可以做假肢,我那些记者朋友——当年宣传我的那些记者大哥们,帮我募了点钱去治疗,我就想解决腿的问题。

你说腿的问题我为什么一直不解决?我不想走路吗?干嘛等了30年?关键这30年里没人给我治,任何大医院都没人给我治。那些教授、专家比我爸爸年龄都大,说我的腿是弯的,不能伸直,脚也成了马蹄状,没法走路。所以这样的话就没有任何医生给我做。等我到2011年做这个腿的时候,是《解放日报》的两个记者帮我跑的,钱也没要。那时候就跑到第六人民医院,找到了骨科的张长青主任。张主任看到我的腿,就说:"难,难,难。"虽然一直说难,但在琢磨了一个多小时后,他还是决定给我做了。可那天从医院看完回来以后就一直没消息,急死我了。我每天给他发短信,我发短信说"时刻听从你的召唤",这是使的激将法。这一招1990年我也用过,很灵的。

1990年,我到十院做报告,做完报告以后他们让我到眼科,眼科主任看了之后,说你这个眼睛还可以做,另一个眼睛不行了。之后,教授们基本上每个星期都到我家来,真的非常勤快,也非常尽责,非常敬业,但他就迟迟不下住院通知。我的眼睛已经失明九年了,我很着急啊,我不知道他在等什么。刚好1989年底,我听到《解放日报》有个命题文学征文,题目是"90年代美好",就是这么一个征文。我赶紧写了一篇,题目就是《光明万岁》。我就在征文里说了,十院的眼科主任郑一仁说要给我做眼睛,90年代的第一春我就能看到啦!

郑主任在外面做手术,别人跟他说,"刘琦在报纸上说了,你要给他做眼睛"。郑主任就跑到我家来说:"你这不是赶鸭子上架的吗?"手术风险很大,他本来只是安慰我,并不想具体实施。现在报纸上都登了,十院成立了一个医疗小组,把我收进去了。那天特别有意思,我是1990年3月5号进去住院的,3月5号是什么日子,你们应该知道,就是毛主席题词"向雷锋同志学习"的日子。

很多电影里,眼睛手术要拆纱布时,患者都特别激动,把纱布一圈圈一圈圈慢悠悠地给它拆掉的时候,他们眼睛是模糊一片,然后渐渐渐渐看到了,清晰了。实际上根本不是,那完全是艺术虚构。你把这个纱布拿开,你能看到就看到,看不到就看不到,清楚得很。我当时做手术的时候,就已经知道自己肯定能看到了。为什么这么说呢?我躺在手术室的时候,当他把我的旧角膜——烧伤的角膜拿掉,把新的角膜——立体角膜安上去的时候,我一下子就看得特别清晰,很清亮,非常鲜艳。而且这个角膜很嫩,看起来有一种什么感觉呢?任何东西都像水洗过的一样,整个世界就明亮得不得了,特明亮!所以到4月15号给我拆掉这个纱布的时候,是4月15号。那也就是3月5号到4月15号,40天。40天,实际在这将近40天里,我已经知道我能看到了。等纱布拿掉以后那就可以了,不用保护了,我就直接看得很清楚了。但后来慢慢地，到底不是自己的眼睛角膜，又模糊一些了，再说年龄也大了，视力也会减退。

问：您有那么长时间都是失明状态的，那您的小说是怎么写出来的呀？

答：就是口述啊。我现在再绕回去讲六院治腿的事啊。治眼睛我使了这么一计以后，我给六院张主任也是这样的。你们可以看我的一篇散文，后来我腿好了以后，写了一篇《三十而立》，发在《解放日报》。这个文章就是写我做腿的，就因为我一直在说他，要他做，而且我还说"你要钱我就给你钱，我不会欠你们一元钱的"。结果张主任给我做的时候，他说"不要钱，我给你做吧"。

为什么我说选择来上海是对的？首先是鼻子，不可能再有第二个王教授了。这个王教授1958年做过鼻子，他才能给我做鼻子。而且这么好的运气，专家没有架子，非常平易近人，乐意为我付出，我觉得他很好。

第二个就是我的眼睛。眼睛又是这个郑主任让我赶着了。当时全国做眼睛角膜移植的就两家医院，一个上海铁路医院，就是现在的十院；另外一家是广州的中山医学院。就两家医院能做。当然现在也普及了，可一开始是尝试，吃螃蟹很难的。

那么这个腿还是问题啊，当时我就让张长青给我做，我又遇到好人了。张长青1962年生人，比我小五岁。我家的弟弟比我小五六岁，我敢把我的腿交给他做吗？当时比我父亲大的那些专家教授，他们不给我做，现在小孩子来给我做腿，我放心吗？但是我觉得有这种信任，我就相信他。

我自己到六院住院后就知道六院骨科非常厉害。我刚进去等着换床单的时候，来了骨科做手术最牛的金东旭主任，结果他检查了我的腿就皱皱眉头了，"这个腿这个地方怎么做啊？这个手术怎么做啊？"后来他甚至说："是不是张主任搞错了？"更吓我一跳的是他给张主任打电话了，他说："主任，这里有一个病人，他腿烧伤了，腿是这个样子的，这能做吗？"结果张主任就说："你别管了。"后来就是张主任给我做的，你看看他真是有功夫。当时做手术的时候，有一家制片厂在给我拍纪录片，他们准备了好几个带子，说要录几个小时呢。结果你知道这个腿做了多长时间？45分钟就搞定了。45分钟，多惊人啊！

等我第二次做手术的时候，已经到了第二年4月了，就是2012年的4月，隔了四五个月，这个伤口长好以后腿能伸直了，还要锻炼，才能再做这个脚。当时张主任又说："难，难，难。"等他真正给我做的时候，你知道这个脚用了多长时间？25分钟！这个困扰了我30年的腿啊，张主任两个手术，就用70分钟时间，我真是特别激动。手术后，我能走路了！我这三个都是上海医学界创造的奇迹，我自己也赶上了这些奇迹。如果我选择广州或北京的话，故事很可能就不是这么写了。

问：上海确实医疗条件很先进。那您在上海也生活了几十年了，跟西北的生活应该大不相同吧？

答：无所谓。我是当兵的嘛，我父母当兵的嘛，他们走南闯北的，有啥不能待的了？我又从小在部队长大，当兵都是在最苦的地方，换在上海，那是好地方，我怎么会不适应呢？不过，第一次来上海给我的第一个礼物是什么呢？就是气管炎。

我是1982年12月2号到上海的，大冬天来上海，上海没有取暖设备啊。我当时住的是南京军区第二招待所，那会儿叫沧洲饭店，现在早已不见踪迹了。从担架里把我抬下来，把我往被窝里一扔，我就受不了了，"这谁尿过的啊？就把尿过的床让我住啊？"几个人就说："啊，不是，就这样子。"然后我说："不行，不行。"晚上睡觉了，我说："不行，再盖一层被子吧。"这个冰凉冰凉的被子，湿了吧唧的，那么冷，屋子寒冷得不行。就在那待了一个星期，我就得了气管炎，咳嗽40多天，气管炎了。到现在都快变成老慢支了，到现在没好。

其余的都很习惯,因为我这个人性格特别开朗,到哪儿都能交朋友,还能交很多朋友。我在医院住院的时候,那些医生、护士,总跑来看我,我到哪儿周围都是人,因为我特别爱说,没完没了的,性格很好,感觉不到是残疾人的。

问:是的,感觉到您很乐观,尽管遭受了这么多的苦。

答:对,领导来看我就是助残日来。我说:"这么忙来干嘛,不过年不过节的。"他说:"怎么不过节呀,不是助残日吗?"我说:"对,对,我还是残疾人(笑)。"我老是忽略这个问题,不会一天到晚想着自己是残疾的。我这个可能和先天性残疾的还有区别,先天性残疾从小受歧视,是有阴影的,对吧?像我这样,你要跟我比啥,你没有什么好跟我比的啊,你说你长得漂亮,那我不烧伤比你还漂亮,咱们这样比是不公平的。还有一个,我现在60多岁了,你就当年再帅,你说到了六七十岁了,你还能帅到哪里去呀?所以我说真正的,也不要去考虑外表的事情,你心理就会健康,你不要老去跟别人比谁漂亮,我比你漂亮,他比我漂亮,比那玩意儿干嘛?岁月会给你一切答案的。

我的文学之路从《路》开始

问:您是什么时候入党的?

答:我入党是比较晚的,但是我自信我一直按党员标准在做,在部队里业务特别出色,但就是脾气不好,很犟,老觉得自己什么都懂。我年轻的时候没有书看,我都背过成语词典,见书就背,连《水浒传》也背,那时候嗜书如命,就是喜欢看书,什么都背,连什么世界各国概况也背,还抄过屈原的《天问》《橘颂》。那时候时间多的是,全部用来干这个了。后来,很多编辑看了我的稿子,就说我文字功底很强,不是文学功底,是文字功底,其实我知道很多字,我知道的字太多太多了,尤其我还专门找些冷僻的字。我15

岁当兵，没上大学，但我在知识分子扎堆的单位工作，都是大学生，所以虚荣心作祟，我就喜欢学冷僻知识，跟大学生争论。所以后来编辑们就说我文字功底很强，倒不是文学功底。

我从小就在写东西，很多人以为我想出名，可我当时就是种爱好。我1973年就开始投稿，1973年《解放军文艺》一复刊我就投稿，我一看还有征稿就高兴得很，那时候部队寄信又不要钱，我就开始写稿子、寄稿子。第一次我就写诗，可不含糊。1973年"风庆轮"第一次远航成功，"风庆轮"是我们国家第一艘万吨轮，15 000吨，到大洋里去了，溜达了一圈，当时举国沸腾啊，全民振奋啊，当然我也振奋，我就开始写诗。不得了了，写了八百多行，三个中午写了八百行诗，就把它寄走。两个半月后稿子退回来了，编辑还挺负责任的，还写了退稿信，我看了都兴奋，"刘同志"，"琦"字不见了，为啥呢？惜字如金，就写个"刘"，别的都是打印好的，"刘"是填上去的。然后他说"您的大作已收悉，经研究不予采用，感谢你对我刊的支持，希望继续来稿。"我第一次看到这个条子很激动，你看"大作"，我是大作了啊，"感谢"，你还感谢我，还有"希望"，不拒绝啊，希望我继续来稿，其实都印好了，全这样，给谁都是个条子。当时咱不是不知道水深水浅嘛，就觉得很有希望，就又接着写。后来才发现不对了，老退稿就觉得不对了。

沉寂了一段时间，等到"四人帮"垮台，到1976年的时候，很多像张洁、张抗抗这些知青作家们都写伤痕文学去了。一写伤痕文学我也来激情了，1976年又开始写了，写半天还没写成功。1978年提干了，提干以后咱就不写了，开始搞计算机，然后又是干部了，拿的钱也不少，比县委书记还多，所以就不想写了。

结果在烧伤以后我又重新选择了这条路，为什么要选择呢？当时我们那个年代都是学楷模的年代，英雄辈出，每天都有英雄的，学这个学那个，学了很多英雄，也知道很多英雄，所以那时候就向他们学习。你有手有脚的时候，你怎么学都行，等你没手没

刘琦

脚的时候,你该怎么学呢?行动该如何体现呢?难度大了。我刚才说的简单了,我说我口述,我口述可以吧。口述也不是像现在我口述,能讲得这么清楚,那时我嘴巴也做了五六次手术呢,烧了以后嘴巴小得只有一点,还揪在一起,只能塞个管子进去,用管子吸点什么混合奶来补充营养。什么叫混合奶?就鲜牛奶里面有鸡蛋清,但鸡蛋清绝对不能结块,里面还有猪油,有咸盐,有各种维生素,反正混合得已经不知道味道了,让你喝,闻到那味道都恶心,还喝呢。为了做手术我就忍着喝,每天如果喝一斤两斤就算了,他每天拿一桶进来,十斤让你喝,好家伙!

疼痛对我来说都不是太大的问题,就一天想想这十斤牛奶让我喝了,晕都晕过去了,真叫人崩溃,闻到味道都受不了。为了手术只有坚持喝。后来医生为了解决我吃饭的问题还是动手术,把嘴巴拉大一点。可我们人是瘢痕体质,你刀子动了以后,它会留个疤的,那叫疤痕,这个是一道印子,就是疤痕鼓出来的或者凹下去,那叫瘢痕。医生说手术后瘢痕挛缩,不会张弛的,只会往里缩。所以医生就想我把你嘴拉得大一点,就比正常人嘴大一点,这样一挛缩不就正好了嘛。在理论上无懈可击,他想得非常周到,但理论和实际差距很大,就是等把我嘴巴做了以后,他忽略了一个问题,就是挛缩的话,往往有肉的地方挛缩,你嘴巴中间是空的,口腔是空的,它不会往里边缩的,它是往外拉了,这下不对了。

我做完手术拆线的时候,病友们都来看,好家伙,他们说刘琦终于露出微笑来了,他们都在笑,说我露出微笑来了,为啥?原来嘴巴坨在一起,现在一下嘴里红的黏膜都露出来,都往外翻着,是在笑,对吧?但是一般人的嘴两个嘴角之间就是6公分到6.5公分,我的嘴巴就不对了,我两个嘴角间有11公分了,拉这么大,上下嘴唇又合不拢了,因为它是半身往外拉的,这上下嘴唇差将近一寸,有2.5公分,根本合不拢的。我这哪是微笑啊,这是大笑狂笑啊。现在怎么办?再次手术还得瘢痕稳定了才能继续手术。

所以，当时我口述就用这样的嘴巴口述的，比小嘴巴还难，因为你这嘴巴张那么大，上下嘴唇差2.5公分，怎么控制啊？爆破音都发不出来。但还是想写，那时我就常发脾气，就是又难受又着急。战友帮我记录，我就着急叫骂，那时候就是怪他们，实际上最后我能够成功和他们的付出真的是密不可分。战友们也都是男孩子，年龄也不大，都是新兵，比我还小呢，在家里可能还要父母照顾，结果他们来照顾我了，但我还那么多牢骚，那么多抱怨，他们默默承担了，战友们真好。战友们帮了我很多忙，就用这张嘴口述的。到了第二年、第三年，就是到了1983年，我才重新做了嘴巴。我1981年就开始写作了，1983年到上海做的嘴巴，把嘴巴又做成现在这个样子，又取了多少层皮把它重（新）包一下，做一下。

问：这个小说是在哪一年创作和完成的？

答：小说我是1983年开始写的，也是在上海写完的。我写得很快，我基本上晚上是不睡觉的，白天困了就睡，晚上夜深人静的时候思绪特别活跃，想着想着就别想睡了。你想，睡一觉醒来以后，思路往哪去都不知道了。你要打腹稿的呀，连那个标点符号都要记住，因为给我记录的人，那些战友都是农村出来当兵的，本来文化水平就不高，我让他们记一个字，他们能写已经不错了，我连标点符号都要记得很清楚，要告诉他们。还有字我就怕他们写错，我就让他们往我胳膊上写，用手指往胳膊上写，我感觉这个字写得对不对，否则你稿子拿出来以后都是错字，别人一看会说，你先拿本字典认认字再写小说吧，是不是？这样对你的成功率很有影响。

问：您创作过程确实还挺艰难。

答：难啊。我当时是一段段写的，我可以打腹稿，一晚上一晚上的，今天晚上想，第二天我口述一下，你帮我记录了。但要修改的话，就有十几万字二十几万字，脑子哪能记住那么多事，我就请战友读，他读一章节，我改一章节，读一章节，我改一章节，这样我感觉完成也挺快,也就四个月,后来又改了三次。

问: 既然写作过程中遭遇了这么多的困难,您为什么非常想要去完成这样一个作品?您的动力是什么?

答: 也不是想要完成这个作品,即便是知道出版不了,也要写。

问: 就想把这个事记录下来?

答: 我倒不是想记录这个事情,我自己是没什么好写的,写小说时我一直在虚构,在编的。我不是曾经写了好几年嘛,那时就是编故事。尽管有很多的老师、知名作家都说了,你写自己熟悉的东西,要深入生活,你一定要贴近生活,写你熟悉的,但是我也想:我熟悉什么?我熟悉我自己,我自己好像没什么好写的,对吧?我熟悉我的战友,我写他们,他们成名人了,我不是成吹鼓手了吗?既然你不写这些东西,怎么办?就是瞎编呗。那瞎编我还能成功吗?

自己写没有隐私嘛,所以写这个感受比较深的,觉得有很多东西可以留下来,有的就是比较震撼的。首先,我的人生落差非常大,我是从来没吃过苦的,我15岁当兵,21岁提干,一路很顺过来的,结果突然间就成这样子了,落差比较大,那时候就特别不想承认自己这一辈子就完了,所以想证明自己。既然你一个人活着的话,你就要想方设法证明自己的存在,你要体现出自己的价值来。怎么体现?就要用你的行动,就这么一回事。而且你也躺不住,因为毕竟是人,不是一般的动物,吃睡两个简单的字不可能满足他那么复杂的思维,所以当时就觉得根本躺不住。那时候就是眼睛也看不到,就天天躺着,这日子太难过了,过一天都难受。

现在生个毛病,躺在床上一天是不是难受,你不管怎么样眼睛还能看到,你手还是能动的,你还可以跟人聊天的,对不对?但我就不行,我那时就不能动,也没手,也不会触摸任何东西,眼睛也看不到任何东西,你就一"尸体",只能躺在床上,你啥也不能做,你这么躺着,不是人的日子,对不对?所以这样的话就迫使你要做点事情,不是为了出名或者为了得到什么利益,名利这个不谈,能够把今天打发过去就很好,让今天不要太枯燥、太无聊就很好,是这么一个心态。

问: 我看您今天也带了很多的奖牌和勋章,这些是后来才有的吗?

答: 我前面已经说过,我当时救火的时候因为是自家的事,所以部队不会宣传。我一直在写,也一直失败;等到1984年,因为眼睛看不到,我就天天听收音机。听收音机是我充实自己的一条渠道,我可以听到很多信息,可以听到电影录音剪辑,可以听到广播剧,可以听到"文学之窗"的一些节目,散文、小说、诗歌都可以,再一个就是新闻,所以天天听收音机,就一直听着。

1984年的一天,我突然听到上海的"报纸摘要"节目,就是把每个报纸的重要信息摘出来,播给你。当时说《文学报》举办命题文学征文,从即日开始。我一听上海有《文学报》,给我高兴坏了,因为啥?我那时候一直想当作家,从年轻时候就想当作家,但从来没看过一个什么专业报,更没听过有《文学报》。《文学报》不是和文学搭边的吗?挨得很近,对吧?我就跟我战友说赶紧给我订份《文学报》。很巧的,第一张《文学报》来了以后,我就让战友念给我听,那时候报纸就四版,我说"你连广告都念,是字你就念",那真是对报道向往得不得了,什么都想知道,很长时间没看报纸了,几年没看报纸,一定要好好读一读,让他给我读。然后他给我读报纸,征文的消息第一张报纸就有了:从即日开始命题文学征文。当时我不知道命题啥意思,但是我很聪明,我想命题大概是命令我做什么,在部队里就命令我,命题征文肯定是命令我做。它有两个题目,一个是《路》,一个是《我的同龄人》。当时我一想同龄人他们肯定比我运气好,也不要写什么了,但是路我该怎么走,这是我主要的问题。当天晚上,我就想出一首诗来,他说不超过30行,我很规矩,27行就把《路》写完了,27行的诗。然后,我不能睡觉了,我一睡觉第二天就该忘了,但我又不好意思叫战友起来,我老是把他叫起来写,灵感来了,折腾到最后又是退稿、退稿、退稿,没成功过。这样我就让他睡觉,第二天早上他一起来,我就说:"快快快,现在赶紧帮我记录,你牙也别刷脸也别洗,赶紧给我记录。"他就给我记录了。

这个战友是苏州昆山人,昆山腔很软,那诗写得本来就比较悲观,经他一念,完了,我说像个啥诗啊,我不寄了。但后来照顾我的那个阿姨,她是北方人,山东的,她说"干嘛不寄?费那么大劲写了,怎么能不寄?我给你寄了",她就给我寄出去了。《文学报》说8月份会陆续把优秀的作品选登了,我就等啊,4月份寄出的,我就等到8月,这四个月蛮难等的。结果8月份的时候,《文学报》来了,我就问有没有,战友说没有;第二张报纸又来了,我说有没有,没有;第三张报纸又来了,但是还是没有。你说我是不是性子太急了,三张报纸就着急了。你们知道吗?《文学报》它不是日报,它是周报,一个星期一张报,来四张报纸就一个月没了,对吧?所以我当然着急了。结果到第四张报纸,也就是8月23号的,你看我记性很好,我对数字记性很好,你别看我60多岁了,我就记得是1984年的8月23号,《文学报》就一下登出来。我那战友一进门就喊:"大哥,今天都是'路'啊!大哥还有你的《路》!"我想这家伙又拿我开玩笑寻开心了。我说:"这种玩笑别开,咱们失败是家常便饭了,你别跟我开玩笑啊。"我前面说了,发表成功对我不是主要目的,我的主要目的就是打发日子,你总得做点事情,对不对?结果他就说:"大哥,真的不骗你,我要骗你,我是你儿子。"然后他就给我念:"路,尽管三年没有见着你;路,尽管三年没有踩着你,但并不觉得你离我远了。"我一听这肯定是真的了,他还背不下来我的诗啊。我那首《路》真发表了,而且是由当时上海作家协会副主席王辛笛老师给我点评的。点评也很长一段,比我的诗长得多了,他就说我写得很好,所以我这首诗就在评奖的时候,在全国26 000人参与的活动中,五个一等奖,我名列榜首。后来就是上海电台配乐播出,北京的《诗刊》转载,1984年入选人民文学出版社每年出一部的年度诗选里。

这第一步就这么大动静了,处女作啊,得了个一等奖,还居然得了个录音机。当时我倒没想到给我这么大奖品,我看到奖品是由福建漳州香料厂赞助的——你看我记性好吧,这是1984年的事了,因为报纸上登的,我记得,战友念过的每个字我都得记,所以我当时想:将来就奖你两瓶风油精吧,这个厂生产风油精的。就没想到给我奖了一个四喇叭立体声录音机啊,很得意啊。这大款啊,以前拿几十元钱工资的人一下拿了几百元钱的录音机玩,好开心。

我的文学之路从《路》就开始了,在特别条件下写了这个《路》,《路》就成功了,那是1984年。上海电台播报获奖的时候,说我年仅28岁,我还觉得挺难听的,那是1985年了。1984年得的奖,1985年录节目,1985年颁奖的,后来还拍了电视。在上海文艺会堂开的颁奖会议,那时候听到文艺会堂,我觉得非常"高大上",那就是文学殿堂,在我心目中就是这种感觉,觉得自己的作家之路越来越近了,确实很近了。我是1988年6月1日加入中国作家协会的,没写多少年成作家了,那时候我才多大?我才31周岁。当时中国作家协会有多少作家呢?只有2 500人,我就是其中之一,而且是最小的一个。当然现在作家有年纪很小的,十几岁的也有了,当年我是最小的,没有比我小的。

我加入作协属于特例。当时在北京给我的《去意徊徨》开作品讨论会的时候,是团中央、中国残疾人协会、解放军文艺出版社和中国作家协会这四家单位开的作品讨论会,请的都是专家、老作家,那时候我尽管眼睛看不到,那也是"大饱眼福",你眼睛看不到,但听那些名人的声音,那么多名人,很激动啊。当时有报纸对

刘琦

我这本书评价很高,当然也有另外一种声音,"这不是儿童作品吗?"也有这样的声音。但作品讨论会的时候,还是认为特别好,有人说一晚上就看完了。最后到什么程度了呢?就有人提议说:"今天作协书记处来了两个书记,唐达成和鲍昌,应该介绍刘琦加入作协。"底下人都起哄了,有300多人。大家一起哄,结果下午开完会,晚上我就拿到表格了,填了以后第二天,中国作协书记处就开会通过了。唐达成、鲍昌两位老师当了我的入会介绍人,我档次很高,介绍我入会的这两个人档次很高,都是中国作家协会书记处书记,一般入会条件就是两个作家协会会员介绍就可,但我是两个作协书记处的书记介绍的。

问:嗯,那之后宣传您当年救火的事迹了吗?

答:那基本上没有宣传,我都忽略了,不想再添太多麻烦,所以你就说救火就完了。所以我跟展亚平、史光柱、刘庄等很多战斗英雄不一样,他们和我不一样,刘庄也写过书,展亚平写过诗,史光柱也写过诗;他们要当作家,他们要出名,比我容易很多。我和他们是两码事,你要知道我是成为作家以后才成为英雄的,他们是成为英雄以后成为作家的,他们有光环之后成为作家,这要容易很多。你要知道雪中送炭的人不多,锦上添花的人不少,你既然是英雄了,我肯定都围着你转了,帮你出点东西,对不对?我的成长道路跟他们没有可比性。

我的小说还出版过磁带的,一套六盒,上海音像公司出版的。一般来说只听说过音乐带、戏曲带,对不对?个人的小说专题带是没有的,我是专题带,而且发行了30万套,还是挺多的。还有一个就是我的长篇小说《长廊情》,山东台录制过广播剧。录制广播剧时他们给我来电话说要播,电话里他们一听我声音就说:"早知道让你自己播得了,我们找什么演员啊,你嗓子好听多了。"另外,我的《去意徊徨》还拍过电视剧,三集连续剧,1990年拍电视剧时我才33岁。我还评过首届"十大杰出青年",为啥叫首届呢?是从我们这个评选之后的第二年开始团中央就叫第一届、第二届了，但因为我们评过了，第一届就没给我们评，我们属于首届。我们首届那批是谁呢？就是张海迪那一批。所以，组织给我很多荣誉，干和不干真的不一样，有付出就有收获。

问：您受了这些荣誉、奖励，您觉得哪个是最重要的呢？

答：这些鼓励都很重要，对我都是一种鞭策，但是我知道这个东西都有照顾的性质，比如说当作家绝对是照顾性质的，但是这给我一种希望，我只要不放弃，我就能够前进，是不是这样？

问：那您入党应该也是这个时候？

答：在部队的时候，我一直觉得自己业务那么好，部队也一直让我们扎根，你要用我，我表现这么出色，可是你就不让我入党，就因为我脾气大，不让我入党，我想不通啊。当时只要我一申请入党，领导就批我的三大毛病：一是大手大脚，这确实是干部子弟的通病；二是小孩脾气严重，就是脾气不好；三是"娇骄"二气。哪次都是这三个缺点，我就很不服气，我说贺龙、陈毅发个脾气，人家叫大将风范，我发个脾气就叫小孩脾气，怎么能这么说呢？我后来发现，没办法，人家到那个档次（才是大将风范）。就像我现在写作，我再怎么写作，人家也说写得挺好；但早前我写作，你这新的、小孩子写的东西，人家看你是缺点，全是哪点写得不好，就是这么回事，对不对？不一样的呀，角度不同了。所以当时入不了党，后来到1986年，我们部队来人到上海了，到上海来以后他就说："组织上决定让你入党了。"当时他说我可以入党了，我就很高兴，努力半天了对不对？咱们终极目标（达成了）对不对？咱肯定想入党的。

问：我看您小说里写了很多领导跟你们发生冲突的情节，为什么呢？

答：我烧伤以后遇到的都是好人，给我这么多奇迹，创造了这么多奇迹，遇到好人很多的，但是确实有一些风气真的也不好。

刘琦

我记得有一次江泽民同志在小礼堂接见我的时候,他就问我:"刘琦,你说这个社会风气怎么才能好起来?"我回答说:"不要任何人去教育大家,只要我们每个人把自己管好,社会风气就好了。"是不是这个道理?每个人都做自己应该做的,不应该做的事不做,每个人都这么做,你说社会风气能不好吗?是不是非常简单的事?说起来就这么简单,但是往往是管住自己最难,也就是战胜自己最难,是不是?

每个人都管好自己,这个尺度也非常好把握:我做的事情,母亲看到是微笑的,就说明我做对了;母亲是流泪的,就说明我做错了。这个尺度非常好把握,你就做让母亲、父亲开心的事,你就做对了,对吧?全体都这么做,全国都这么做,风气肯定就是好的。

问:那入党以后,对您的生活有什么影响?现在我们很多同学都还挺积极争取入党的。

答:当然要争取!都有这种上进心,对吧?上进心是优秀的体现。党是先进组织,入党就是向先进的组织靠拢了嘛,肯定会有影响的,但这些可能只是在形式上有影响,在心里面,那看你对党的重视和忠诚了,对不对?如果你想去践行自己誓言的话,你肯定会表现得更加积极;如果你不想的话,仅仅是"求一个荣誉",求一个比人先进一点,求一种虚荣的话,你就会忘了践行自己的信仰了。你只是把它当作包袱背起来,"我是党员"就只是牛这么一下,对不对?

我前面也说了,入党,我是非常想入党的,但是我觉得十几年之后才入党,这已经是晚的了,但我依然很高兴。我在入党申请书的最后两句是这么写的:"拼搏乃我人生之所求,奉献为我人生之所愿。"你说,要求入党对我影响大不大?拼搏乃我人生之所求——人生不是一时的,是一辈子,对吧?奉献为我人生之所愿,也不是一时,也是终身,对不对?

我爱和学生交流

问：您退休之后的生活和之前相比有什么变化？

答：我是1999年退休的，其实是一样的呀。我原来就是这么生活的，现在还这么生活的。我不可能出去或参加哪个单位，从我烧伤以后，我就跟退休一样的，因为从来不去做官，也不去单位的，就是医院、招待所，以后就是医院和家里嘛，仅此而已。所做的工作都是我一直做的这些工作，一是写东西；二是给大家讲讲课，给年轻人鼓鼓劲。很多学校都是毕业班要高考了，请我去给学生们鼓劲的。中国中学，也是咱们区的重点中学，有次他们副校长来接我，让我去做报告，他就说："刘老师你知道吗？我高三的时候就是听你的报告，就受到你的鼓舞的。"我说："啊，你这么先进，都回来当副校长了，我的天哪……"而且，十几年前他就已经当副校长了。

问：我感觉到您特别喜欢跟我们学生交流。

答：对，你们还算大的了，十几年前我还到过七一小学、报童小学，这些小学我都去的。上次军休中心还让我到解放路小学去做个报告，就是在奉贤南桥那边的——当然那已经是十几年前了，当时我已50多岁了，结果那些孩子，解放路小学的小学生，他们就说欢迎刘琦老爷爷。天，我一听，天旋地转了，"刘琦老爷爷"，我那时还没当爷爷呢，还没当外公呢，变成爷爷就算了，还弄个老爷爷了，七老八十的感觉，其实那时我才50多岁。后来等杂志《军休天地》把报道登出来时还好，改成了"刘琦伯伯"了，还不错。一下从天上落到地上了，觉得稳当多了。

问：我们还最后准备了一个问题，就是我们现在大学里面有很多同学会选择参军入伍，您对这些大学生他们参军入伍有没有什么想法或者是寄语？

刘 琦

答：我觉得确实很好，确实很好。很多人当过兵以后啊，可能在部队里有这样那样的挫折和不愉快，但是他对当兵不后悔，这是所有军人对自己选择当兵的感受。就是当兵选择肯定是正确的，肯定没有错；可能对一人一事会有不满，有抱怨，但是对自己的选择不会后悔的。所以我觉得年轻人应该是这样，应该去当兵，这是一种抱负；而且我觉得当兵确实能够锻炼人，军队毕竟是个大熔炉嘛，而且确确实实能够锻炼人。把那么一群人、一大批人都能锻炼成有像钢铁一样的意志，有担当了，有一种严明的纪律性了。

星期天我到了一家私人企业，他们邀请我去的，他们董事长是当过兵的，就跟我介绍说他现在把很多战友都调到公司来，调到公司让他们在各个部门工作；这样的话，在需要他们的时候，只要一声令下，就能把他们召集来，召之即来，来之能战，战之能胜。他当过兵，他就有这种素质。所以我说很锻炼人，就是脱下军装，他们依然有这种素质。我觉得年轻人当兵有锻炼。你不要说"当兵是不是将来有什么发展机会？"咱不考虑这个，你要有发展机会，任何地方、任何平台都可以，是不是？你不是光当兵或者光在马云、马化腾、任正非那里，才叫大平台，能有发展机会；就是小平台也能干出大事业，对不对？就看你专不专业。你像屠呦呦得诺贝尔奖，她不就是弄那些小小的中药？中医药人看不起的，但她不是拿了诺贝尔奖？是不是？所以无论平台大小，就看自己怎么钻研。所以你别把当兵当成舞台，就把它当成一次锻炼的机会，就很好，起码在意志上得到培养嘛。你像我从小就去部队，从小进去锻炼，是不是很好啊？去的时候，像娃娃一样很嫩很幼稚，尽管成长得比较慢，成熟得比较慢，但毕竟在成长，而且事实说明我成长得还不错，还没有长得歪歪扭扭，还是一棵笔直的树，不敢说参天，但是一棵树。

所以当兵很好，应该去，有这个机会应该珍惜！

缪晓辉

缪晓辉，1959年10月出生，江苏如东人。1978年8月入伍，1983年7月毕业于原第二军医大学（现海军军医大学）军医系本科，1998年7月至2001年6月任上海长征医院感染科主任，2002年4月至2011年12月任医院副院长。2014年退役，退役前为长征医院内科学与野战内科学教研室主任医师、教授。曾任中华医学会感染病学分会副主任委员，中国医师协会感染病科分会副理事长，上海市医学会常务委员，上海市医学会感染病专科分会主任委员，《中华传染病杂志》总编辑等职务。

访谈人：顾江伟、金希源
访谈时间：2021 年 10 月 25 日

从军与入党

问：您当年为何会选择进入第二军医大学（现海军军医大学）学习，并走上从医之路？主要是自身意愿还是家庭影响？

答：我是 1966 年上一年级，1975 年高中毕业，中小学阶段几乎经历了整个"文化大革命"时期。我 1978 年考取大学，没有选择余地，不过也跟考分有关系。我当时超过全国高考重点线 50 分，报了上海一医（今复旦医学院）。二军大是军校，提前招生，就进了军医大学。在我那个年代，能考上大学，又考的是军医大学，那绝对是非常开心、很愿意被录取的。

问：您是什么时候入党的？其过程是水到渠成，还是经历了一些考验？

答：入党的过程十分顺利。我出生在农村，小时候在农村干活，负担比较重，很多时候吃不饱，穿不暖，但这造就了农村孩子的不怕苦不怕累。在学校学习很用功，成绩很好，同时还会参加学校各种各样的课外活动，在这方面做得比较好。另外人也比较老实，听话，遵守纪律。在军医大学要参加军训，我在这方面表现也很好，每年都获评先进。因此，我 1978 年入学时还不是团员，1979 年初就入团了，1980 年就入党了，前后时间不到两年。

问：入党对您的人生有什么影响？

答：共产党员代表着先进，作为党员应该在任何时候起表率作用。张文宏说共产党员先上，其实在战争年代都是这样。

我父亲是一个老党员，是一个中学校长，在家庭教育方面对我有很大影响，因此也想像父亲一样成为共产党员。年轻的时候成为党员要说为了什么的话，一方面是一种荣誉感；另一方面是自己觉得成为党员以后，可以更好地运用自己的能力，起到表率作用，同时能够得到更多服务他人、服务社会的机会。比如我后来去地震灾区、（SARS时）去小汤山医院，一个重要的头衔就是党员。遇到问题我先上，这是合情合理的，因为共产党人一切都要站在前面。我自己不是一个遇到问题要退缩的人，只要有难的事情，我都想挑战一下自己，都会去试试看。比如到地震灾区，我当队长带着大家到处找事情干，其中经历的苦比想象中还要多。

在另一方面，你也可以把它理解成一种理想和信念。成为党员以后，会有更多机会为他人服务，挑战不同的事情，这其中包括科学研究、看疑难杂症等。你们现在很多大学生一进校就要入党，入了党其实就代表要比其他同学更严格要求自己，这也是对自己的一种鞭策和约束，要求自己比其他同学做得更好。

问：能否请您简要介绍一下您在长征医院的主要工作？

答：我现在已经退休了。我是2001年担任长征医院医务部主任，在部队里相当于参谋长，然后2002年担任了副院长，在部队里相当于副司令员吧，前后大概半年的时间就提拔到副院长了。我一直从事技术工作，因为我是感染病学和肝病学专家，原来我是做消化的，后来又做行政，两头都不误。2012年按照部队的要求，在位十年、两任（五年一任）、副师职，53岁就得离任，于是我就选择了退休。退休在2014年1月份批下来后，我就到了上海国际医学中心。上海国际医学中心在浦东，是一家比较大的私立医疗机构，还是担任副院长职务。另外我现在还在长征医院返聘，每周去看一次门诊，同时参加医院里的一些活动，比如一些评审、学术讲座等。新冠疫情来的时候，因为我当年有抗击SARS的经验，他们请我去给他们做培训，主要是做这些工作，继续为长征医院服务。

实际上，我的工作是从来不间断的，刚刚在来的路上我还在回复病人的询问，还在开会。因为我现在服务的那个医疗机构，每周一上午有一个医疗例会,我需要参加,因为我还担任圆和医疗的首席医疗官,也就相当于副院长的职位。其他还包括学术讲课,上周我还开了一个关于新冠疫苗的会议,做了个学术讲座。我现在所做的工作跟过去比较起来是稍微轻松了一些,但是无论医疗工作、管理工作还是学术活动,都从未停止过。

但我最出彩的一项工作,就是我的个人网上医疗咨询平台,做了16年义务咨询,不论是谁都可以进来问,我每天免费回答10个病人的问题。如果计算一下,每天回答10个问题,这些年来大概总共输入了六百多万字,从来没停止过,一直在工作。这样的话,可以使更多普通人享受到专业的医疗咨询服务。只要进入那个平台的手机微信版,就可以咨询。这样也可以充分利用我的空余时间,比如我经常在地铁里一边戴着耳机听音乐,一边就可以回答好几个病人的问题。有的时候我一天还可以突破一下,可能会回答二十个病人,因为病人需求很多,大家都知道这是一个名医嘛,也是国内的顶级专家。我是从来不做宣传的,基本上都是由病人口口相传。我平时会到全国各地讲课和会诊,所以大家都知道这个名医,我每天保证回答十个病人的问题,从来没有断过,偶尔一次,比如今天实在回不了了,那么我第二天一定会回答二十个,病人也是可以重复提问的。

小汤山战胜 SARS

问:2003 年的 SARS 疫情是全国重大传染病灾难,在您担任小汤山医院专家组副组长时,您是如何带领团队应对那场疫情的?主要困难有哪些?是怎么解决的?

答:这个问题其实前半部分比后半部分更重要。因为 2003 年 SARS 疫情来得很突然,上海岌岌可危。我当时已经担任了上海市公共卫生临床咨询专家,每天晚上开会,当时我们的副市长叫杨晓渡,市委副书记叫殷一璀,卫生局长叫刘俊,天天开会研讨上海的应对措施,当时全国的形势很紧张。我是专家组成员,我们要去给他们提意见和建议,还有会诊病人,当时的八个病人我都看过,其实我已经有足够的经验了。上海市卫生局的一个好处就是碰到问题会听专家的,请专家开会讨论意见,记录下来,领导根据专家的意见来做决定,而且都是上海市最著名的感染和呼吸科专家组成的,其中也包括复旦的闻玉梅院士。

这个时候突然接到中央军委的命令,要派一支医疗队到北京小汤山,二军大要派62名队员。我是副院长,又是管医疗的,又是感染科医生,所以我的任务就是组织所有长征医院的队员进行培训和动员。当时也要保证上海的医疗力量,要把足够的呼吸科和传染科医生留下来,不能把上海的传染和呼吸科医生全都调到北京去。我看了下我们那个名单,有骨科医生,有麻醉科医生,有检验科医生,什么科室都有,但唯独没有传染科和呼吸科医生。包括二军大和其他医院的名单我也看到了,我特别不放心。这个时候共产党员就需要发挥先进性了。我坐立不安,我觉得这个队伍到北京以后会出问题,因为如果说我们医务人员被感染了,那就无法去救助病人了。就像坐飞机一样,遇到紧急情况得先把自己的氧气面罩戴好,然后才能去保护孩子。道理一样,我们一定要保护好自己。我觉得经过一段时间的培训,大家救人肯定能行,但是能不能保护好自己是一个问题。而我自己当时又担任中华医学会的副主委,又是副院长,又是传染病学家,又是搞院感的,我觉得这个队伍不行,我立马给校长打了个电话。我跟他说,我觉得我们二军大这个队伍62个人,要有一个好的带头人,因为他当时选的带队人是一个从来没有做过科主任的有副高级职称的医师。62名队员来自三家医院——长征、长海和东方肝胆,相互之间甚至自己医院的人都不认识,都很年轻,十七八岁的小护士。那就必须有一个强有力的领导者,既懂业务,又是个管理者。所

缪晓辉

所以我跟校长说,我特别希望我能够带这个队。当时校长听到以后非常激动,因为这个时候就需要有人勇敢地站出来。他马上跟政委商量,就定下来了。下午电话来了,长征医院、长海医院一起到二军大去,领导要讲话和交代任务。我也去了,坐在下面,大家都坐在一起。领导宣布第二军医大学赴北京小汤山医院医疗队成员名单,队长缪晓辉。医疗队有62人,我是第63个,也是唯一一个自己要求去小汤山的。

到了小汤山以后,因为他们没有把我列入正式名单,当时小汤山的院长不太清楚我的职责。他说"你是来做医生还是来做领导的?"我说我很明确,我是来做医生的,不是来做领导的。他一看我的官衔是副师职、大校,在那儿也算是比较高的了,又是传染病学的背景,中华医学会的副主委,于是他就自然而然地任命我为专家组副组长,组长是小汤山的副院长周先志,是(解放军)302医院的。

在小汤山面临的困难是你们根本想象不到的,很难想象。就像武汉的疫情,一开始主要是乱。小汤山医院是一个星期建起来的,物资很充裕,但是都很慢,不知道到哪儿去,不知道取什么,不知道需要多少。而且我们各个部队医院的医疗队怎么分配,也还没有明确,主要是因为赶过去的时候太急了。

第二大问题,是我们自己怎么做防护。我们所有的队员练了又练,口罩戴的是三层,最里面一层是活性炭,再加一层棉布,外面再戴一个N95口罩,眼镜戴的是两副,全身都包起来,换衣服也很麻烦很辛苦。院感问题是要克服的一大关。

第三个问题,是要克服恐惧感。队员当中只有我一个人有会诊经验,每个人都有恐惧感,我们称之为看不见敌人的战场。

第四个问题,就是如何安排好我们的工作。大家工作很多很辛苦。武汉疫情发生在冬天,但2003年我们去的时候是5月份,5月份的天气已经很热了,如何解决这些问题是很重要的。

第五个问题,碰到突发情况如何处理。比如我们有一个战友过来以后把腿搞伤了,还有一个同事去之前不知道,去了以后突然发现月经不来了。当时人家家里父母亲、公公婆婆都给我打电话。这些问题都很难处理。还有我们有一个使命,要实现医务人员零感染,医务人员不能有感染。可是我们63个队员,包括我在内,突然一天当中有九个人发烧。发烧的温度又不高,37.2度、37.3度。如果我报上去,必然自己人统统隔离,我就少了九个队员。因为我知道SARS病毒的症状除了轻度发烧之外,还有拉肚子。我知道肯定被感染了,但是不重。我就安排超过37.5度必须要上报,37.2度、37.3度我就不报,然后让他们九个人在一个专门的特殊房间进行隔离,坚持了三天。这几天每天早上我都如坐针毡,因为我是队长,是我做的这个决定,我需要负主要责任。但是第三天每个人都恢复正常了。所以这个医院感染很可怕。

然后就是重症病人的抢救。我们有专门重症病人的病房。病区里18、19病区是我负责的,这个问题不是很大。但是我是专家组副组长,全院的病人、重症病人我都要会诊和把关的,治疗方案大家一起定的,但这会出现一个问题,就是人与人之间关系的冲突。比如你是搞感染的,我也是搞感染的,两个感染科的医生意见发生冲突怎么办。比如关于怎么戴口罩,就出现问题了。我还专门写了篇文章,后来证明我是对的。戴口罩的问题很简单,戴眼镜的人如果眼镜上起雾,就证明防护没有用,说明有气体漏进去了。所以我们发明了一个办法,口罩上面贴一层胶布,防止气体漏进去。这个胶布没有老胶布那么厉害,但是不少护士撕下来一块皮就没了。

这些事情已经过去18年了。我们小汤山医院分为污染区、半污染区和清洁区,病区的气压是最低的,清洁区的气压是最高的,这样如果有病毒的话,就会流到病区里面去。清洁区流向半污染区,半污染区流向污染区,这样的流向就避免我们在清洁区的时候被感染。当时空调一概没有用,如果平时我们实际上一直处于暴露状态,那这个问题就大了。所以到了(小汤山)以后,我就跟专家组组长,还有我们另外一个负责院感的副院长商量不要关门,把我们的护士办公室、医师办公室的门全部打开。因为病原体感染取决于三个因素:第一,毒性;第二,我们的机体免疫功能,不是每个人都会感染的;第三,吸入的病毒量。如果开门、开窗,空气流动了,原来是不符合规则,不符合一个真正的传染病医院的负压要求的,但当时最好的办法就是通风通气,这就是我在当时起的一个非常大的作用。作为一个感染病学家,又是管理者,这件事情我觉得解决得很漂亮。

当时还有一些特别的例子,有一本人家写我的书,主题是死亡是一件美丽的事情,如何使死亡有尊严。讲的是有一对夫妇,一家四口人,女婿先去世了,然后父母和女儿住在同一个病区都不知道。老先生是一个医生,后来也去世了。在去世之前,我们告诉他肯定救不活了,他不愿意去重症病房,不想去气管插管。老伴符合出院标准了,但她要求搬进来跟老先生一起。他们求我,后来我做了决定,让他们夫妻住在同一个病区里面。这些故事特别多,其实在那个时候谁也不敢做这个决定,但我还是顶住压力做了这个决定。

还有一个问题就是如何判断病人是否符合出院标准。在我负责的18、19病区,病人如果出院,必须我点头并且提出来说这个人治好了,可以出院了。这里有个特别有趣的例子,我作为一个业务干部,又担任小汤山医院专家组的副组长,也就是说,我本身就是一个医生,要对病人负责,也要对小汤山医院负责,不能出问题,不能出差错。有一天,我们把衣服都换好了,准备回去吃午饭,我刚到房间突然电话来了,一个准备出院的病人发烧了。我一听,就觉得情况不对,赶紧让病人做CT。CT做好后我一看,典型的SARS。然后再把过去的片子调出来看，是肺炎。也就是说，医院收错人了，本来是肺炎，进来以后被感染成SARS了，然后再留下重新治疗。当然，如果没有这种敏锐性，或者说觉得也就是一个发烧感冒，直接让他出院回家了（那就糟糕了）。当时不像现在，当时不做个CT无法判断出是不是SARS，现在我们每个人都做核酸检测，当时是没有核酸检测的，就是看CT，（结果）肺结核的、肺癌的都进去了，因为太急了。这个案例我觉得是非常有意义的。

  我们还要解决病人的心理障碍问题。当年SARS病毒痊愈的病人，很多人现在处于妻离子散、家破人亡的情况。为什么？心理作用。他觉得他会发生肺纤维化，会发生股骨头坏死，其实医学上不是这么回事。我是《中华传染病杂志》的总编，有关SARS的文章都发到我这儿来了，随访发现大多数人的肺纤维化越来越轻，到现在都正常了。我给你举一个简单的例子，当时有一个小伙子住在我那个病区，我们有个制度就是随访。他出院两个礼拜以后打来一个电话，说自己透不过气了，我们马上就想到是不是肺纤维化了。但是他又说"我一睡觉就透不过气来，我打篮球的时候反而呼吸通畅"，这就说明他满脑子都还是SARS病毒，还没有走出这个阴影。我们就此开展心理治疗，对所有出了院的病人都进行电话随访，询问情况怎么样。那个时候相对病人数量比较少，我们能做得很到位。我不知道这个案例能不能给我们现在的新冠病人一些提示，或者一些治疗上的帮助。包括后来那个火神山医院院长，他当年就参加过SARS的救治。

  这些故事还有个特点，你们没有当过兵，不知道小汤山医院和后来的火神山医院为什么能成功。解放军的军医组织纪律非常严明，业务水平也一定不赖，下级服从上级领导，执行力非常强。我作为专家组副组长，军衔也算是最高的之一，学术地位我也是最高的，那么在领导这支队伍，包括全院的各个其他科主任的时候,只要我参与的,大家都很听从指挥。还有就是全院的培训,我们的队伍里并不全是传染科医生,那我们就一个星期做一次培训,其中大概一半都是我来讲课。

我的工作量很大,一般都是十二点钟睡觉,而且夜里有情况的话还要起来。那个时候的手机叫小灵通,只在某一个范围内可以用。我左手一只手机,右手一只手机。有一次电话响了,可能是二军大从上海打来的,说上海人民广播电台每天早上七点钟开始播我的小汤山日记,全上海都能听得到。有的时候是现场录音,有的时候是前一天晚上录好,第二天早上就开始播了,播的就是前一天小汤山医院的事情。当时全中国最关注的医院就是小汤山医院,因为这个医院收的病人最多。小汤山医院太平了,那么全国基本上也就太平了。所以我每天还做这个工作,那时候工作量饱和得没法说,毕竟那个时候也还年轻,才44岁。那个年龄身强体壮,身体也没什么毛病。

那时候也要搞科学研究,因为还不知道这个疫情什么时候结束,需要做科研,研究SARS病毒以及如何治疗。我去的时候已经是博士学位、正高级职称了,而且我是正儿八经的博士,五年大学、三年硕士、三年博士,技术业务能力很强,搞这个病毒对我来讲还是比较简单的。

汶川灾区的教授防疫队长

问:您在汶川地震期间参与抗震救灾,担任卫生防疫队队长。您主要负责了哪些工作?

答:汶川抗震救灾主要是分了两期,第一期是抢救伤病员。那时候还没轮到我,但是我作为一个传染科医生敏锐地察觉到防疫问题一定会出现。一开始不会有人去关注防疫的事情,初期主要是寻找被废墟埋了的灾民,救活一个是一个,尽可能抢救伤员。

但是当时的时间是5月12日,5月份天气很热。过去历史上也有一个紧箍咒:"大灾之后必有大疫。"所以我说这个事情必然要发生,需要预防在先,不能等到疫病出现了再去。因为会有腐烂的尸体、遍地垃圾和粪便等,老百姓无家可归。不可能让一线的解放军战士和负责抢救伤员的医生来做这个工作,他们没这个精力,所以我知道一定会派一支防疫队的。果然通知来了,要派一支防疫队。其实我早就已经跟当时的校长讲过了,这个校长恰恰就是当年SARS期间小汤山医院的院长,来二军大做校长,我说这个防疫队队长我来做,我要去。他说非你莫属。我就又一次主动要求带着防疫队去灾区了。

在汶川我们什么活都干,我们每天要巡山,家家户户走一遍,看老百姓喝的什么、吃的什么,看老百姓家里粪便、尿液怎么处理,还要看房子的结构是否通风透气,最重要的就是看用水是否安全。我们搞军队卫勤,就带了一个检验盒,用来检验用水,不合格的要让他们加氯消毒。所以粪便处理、水的卫生、食物的卫生,都是我们的队员在新兴镇整个片区里面负责的。同时,我们还要经常跟当地政府和疾控中心交换意见,有解决不了的情况就要协调。因为他们在造临时房,我们要去检查房子的位置是否合格,要经过我们的同意,符合标准。尤其是下水道的处理、厨房的卫生,方方面面都要到位,这是我们平时在那里工作的部分内容。

另外还有宣传教育。卫生防疫不是说一天到晚检查就行了,我们要去巡视。比如说走到一个村里,我们把宣传资料发给家家户户,告诉他们如何注意卫生,不要在这个时候发生瘟疫。而且当地的四川话,我们有的听得懂,有的听不懂。我们到老百姓家里去,还碰到有老太太听不懂普通话,后来我们就用手语跟她交流,告诉她平时在用水、食物等方面应该注意什么。

我们还碰到一件事情,因为当时那里有很多解放军,老百姓看到我们来了,要我们帮忙抬一下危房楼上的冰箱。碰到这个情况,我们做还是不做?老百姓有这个要求,我们是不可以拒绝的。但我们是解放军军医,军医很宝贵,不必为了一个冰箱冒风险。我们队员很聪明,找了两个大小伙子和我们一起去抬,再加上我们两个队员一起把冰箱送下来。这是一个小小的故事,就说明既要处理好军民关系,也要注意军队的形象。

还有一点就是,我们每天要拿出两个小时来给老百姓看病,在街头搭了个摊看病,老百姓有一些通病,比如高血压和头痛,还要看一些普通的病,给他们开药,把我们自带的药发给老百姓。我们也跟当地的卫生所进行联系,每次搭个棚子,建一个卫生所,每天要花两个小时以上给老百姓看病,在那儿不仅是卫生防疫,什么活都干。

还有就是消毒,我们每天会背一个消毒喷雾器,在防范区域里我们认为比较高危的地方,比如有苍蝇的地方,会打消毒剂。当然我们从来不会到田野里去打,这个心里有数的。所以我们在现场就是非常普通的防疫人员。我们很多人都是正高级、副高级职称,是教授,至少是副主任医师,但我们从来没有把自己放在比别人高的位置,不管什么工作,你能想得到的老百姓的需求,我们统统都能干。

而且我们秋毫无犯。以前毛主席定过三大纪律,不拿群众一针一线。我们刚开始去的时候没东西吃,第一天吃了一整天的压缩饼干,压缩饼干本来是给打仗的战士提供热量的,那确实是很难吃。后来就是吃方便面,我们带了很多方便面,再到后来情况慢慢改善了,我们才开始吃上盒饭。当地的疾控中心给我们接洽,由他们提供盒饭,四川人喜欢吃腊肉,我吃辣就是从那儿培养起来的,还有辣椒炒肉。后来日子就越过越好,一开始真的非常非常艰难。水是有的,但饭没得吃。

还有就是余震。我们住在防震棚里面,夜里被余震震醒了,灯在那里摇摇晃晃,我们其实也害怕的。就跟去小汤山的时候一样,也有恐惧感。因为余震不知道什么时候会发生,比如说我们走在马路边上,走到房子周围突然震起来,所以我们也注意到这一点,平时就在跟大家讲,走路的时候尽量避开危房,或者离建筑物稍微远一点。不过还好,新兴镇高楼大厦很少,没有什么高楼建筑。

新冠疫情中的科普大家

问:2003年SARS期间您主要负责小汤山前线工作,2020年新冠疫情您主要负责后方支援工作。从您个人经历来说,您认为前后方的防疫工作有什么区别?您是怎么把当年的工作经验应用到新冠疫情防治当中的?

答:我有一个微信公众号,专门做科普的,叫"缪晓辉论健"。2020年1月20日钟南山院士告诉全国人民新冠病毒可以人传人的时候,其实我已经接受采访了,是到我家里来采访的,当时我就强烈意识到这个时候老百姓最需要什么。老百姓不知道新冠疫情是怎么回事情,需要怎么防护,那个时候全国各省都有,上海也有了,于是我连夜写了篇文章,叫《新冠病毒的防范》,写完了以后,是晚上十点还是十一点推出去的,就看到那个点击数迅速上涨,两个小时不到的时间,点击数就达到十万。而平时我的公众号点击数一般最多也就是两万,最少一般也就是五六千。老百姓渴求这方面的知识,然后他们之间还会相互传。我觉得这是我的责任和义务,我要把我当年的经验介绍给大家。

后来接受媒体采访,各种各样的媒体,包括自媒体、党媒、报纸、电台、电视台等,做节目,做录播,也包括医生教育,因为好多医生不是专门搞传染病的,去前线抗击疫情也需要这方面的知识,一共做了四十几场,也有给老干部们讲课。这也成为后来我被评为"最美退役军人"的一个因素。所以这期间我主要的工作是，在微信公众号写科普文章，平时还在继续开展学术活动，还有科普授课。

上个星期我做了一个学术讲座，是关于新冠疫苗的，大家听了以后都说好。因为普通人很多都不懂，新冠疫苗要不要打，打什么疫苗比较好，现在疫苗的作用为什么不那么明显，如何正确地评价疫苗，这些都很重要。我是从学术的角度去考虑，一方面我本身就是传染病学家，而且对疫苗也很了解，我原来是预防接种专家组的成员，全国和上海我都是做了两任。同时我也做过微生物的实验，后来我也把国外关于现在开发的疫苗的文章，统统都读过一遍，于是我就开始做宣传。一开始通过录播做医生培训，一讲就是一个多小时，最多的时候听众有三十万。我现在不能亲自到病房去为病人治病，那么我就做科普，让老百姓来认识新冠疾病，也同样很重要。

我可以不亲自去做消毒、去一线测体温，但是我凭借自己知识和经验的力量来帮助大家。因为现在防范院感，基本是效仿当年小汤山的做法，当年的经验完全就移植到这次武汉的防疫，（当年）很多队员这次也去了武汉。我还有六个学生在抗疫前线。我的硕士生、博士生一共六个，而且这六个当中三个是科主任，一个博士后，都到武汉去了。我们也建了个同学群，研判形势，天天在交流新的东西。我们不知道他们那里的情况怎么样，比如病人救治情况、院内感染情况、医务人员有没有被感染等，这些信息我从他们那里得到，但是我从来不会把火神山医院的情况向外透露。然后我们又把上海的情况，还有目前国外进展的情况、疫苗的接种情况等跟大家通报，这样对一线医院的救治也有帮助。因为我的学生都是搞传染病学的，在后方我就给他们做好资源保障，给他们鼓气，让他们做好个人防护。如果家里有什么困难，我们同学和老师也可以帮助他们。我觉得在一个重大公共卫生事件发生之后，只要是有心人，你就会从方方面面去起作用。

还有就是我在手机微信上不知道帮了多少人。其中有一个我孩子同学的家长就在武汉,当时疫情刚开始的时候食物紧缺,后来慢慢改善了,这些事情我就告诉他怎么去处理。上海这边很多人都有要不要打疫苗的问题,问题真的是非常非常多,每天都会收到十几个问题,也有打电话来的,昨天晚上我还在电话里回答朋友的问题。作为一个传染病医生,我未必要去一线看病,但要把正确的知识传播出去。新冠疫情发生之后,我还自己以身作则,带头打疫苗。还有媒体把我接种疫苗的截图发出去,让老百姓看到我缪晓辉——一个过了六十岁的人(也在接种疫苗)。六十岁以上人群一放开可以打疫苗,我第二天就去接种了。传播科普知识对于稳定人心,包括把是是非非的事情说清楚,既需要胆略,又需要经验,还要有专业知识,而且说话还要注意,不要让人不容易接受。这些都是非常需要技巧的,甚至要很有艺术性的,该批的就得毫不客气地批评。

问:从 2003 年以来,您认为我国在重大传染病防治机制方面有哪些发展和进步?

答:最大的进步第一就是我们的公共卫生防御体系建立了,这是新中国成立以来,尤其是 SARS 以来最大的成效。因为我们过去国力弱,国民公共卫生意识也弱,政府的防范不成体系。这个体系从毛主席那个时代开始就是有的,一直到赤脚医生,我们当时学了一个单词叫 barefoot doctor,其实意思就是农村村医,那时候已经有这套体系了,比如爱国卫生运动等。

过去有所谓"二号病",也就是霍乱,是靠群众运动来防的。但因为它是肠道传染病,肠道传染病比呼吸道传染病好防很多,管好粪便、管好嘴巴就可以了,但是呼吸道传染病很难控制。自从 SARS 之后,政府强烈意识到必须要建立一套体系,这个体系由什么人组成的呢?由政府主导的卫生行政管理部门领导,疾控中心、关口、机场、流调人员、公共卫生人员、临床医生,主要是这几个方面。

第一,提前培训。我以前一直担任上海市公共卫生临床专家组组长,后来张文宏做组长我就退出了。像世博会、进博会之类重大的活动,我每年都去做讲座的,每年必做,而且他们都知道我课讲得好,知道我会把新的东西很快传递给他们。我主要为医院里的三类人员授课,第一类是医院管理人员,比如医务部人员;第二类是负责院感的,也就是防止医院感染;第三类是呼吸科传染病医生。上海做得好的地方就是,工作做在前面。比如说要开世博会了,那提前半年就已经做准备了,开进博会提前三周就准备了。比如国外某一个传染病发生了,我们马上就开始培训,就是全民提前介入培训,这是很重要的。

第二,公共卫生体系的建立,不再像过去单纯由医疗机构来负责。比如机场、港口、社区、警察等都很重要,然后是医务人员。中国新冠疫情防护得这么好的原因,就是这整个体系当中每一环都各自承担自己的责任。警察要去调查掌握信息,调查密切接触者,口岸对外来人员的防范,做好社区宣传和外来人员的管理,这种体系在资本主义国家是做不到的。

第三,一旦出现新发传染病,应急响应系统快。公共卫生事件一旦发生了,我们要有预案,预案制定好了,按照预案定的方法去做,就会做得非常好的。针对不同的传染病,区分不同地区的,论规模、论大小、论传播速度,是输入性的还是非输入性的等,都有一套应急预案,响应得很快。

第四,公共卫生事件和传染病发生了以后,迅速明确病原体。这一点咱们国家做得很快的,当年 SARS 我们稍微慢了一步,其实也做得很快。新冠疫情开始时,我们马上反应过来这是一个呼吸道传染病。回顾 2003 年,当时北京的一个流行病学家做了两例肺的试检,看到大量衣原体,他说这个病是衣原体引起的。但钟南山作为临床医生,他觉得不是,原因很简单,因为得了 SARS 的患者白细胞是低的，淋巴系数是高的，这符合病毒感染的特征，而且它的传播速度也符合病毒的规律，所以它是病毒。后来大家就集中分离病毒，把病毒分离出来了，但还是稍微慢了一点点。这一次新冠疫情发生在中国，我们很快就把病毒分离出来了，我们只有了解病毒的特征、分子特性、流行规律，以及病原体基因结构组成，我们才能去研发药物、研发疫苗，也包括如何对付病毒，所以公共卫生体系的建立非常重要。

第五，协作。各部门、各单位要有分工协作，不能你顾这头，我顾那头，这样子一片混乱。这么大的一个公共卫生事件，如果是一盘散沙，你做你的，我做我的，相互之间甚至发生推诿的话，那这个事情肯定做不成。所以通力协作也是非常重要的。

第六，信息的公开透明。我们要承认过去存在信息透明方面的问题，事情发生以后喜欢"捂盖子"。现在建立了公共卫生体系，信息的传播、透明、公开做得比较好，是公共卫生体系的一个重要方面。

第七，网络体系。这个网络体系包括两方面，一是有形的电子计算机网络，对个人进行信息登记，比如我们现在的行程码、健康码，尽管涉及个人隐私的问题，但是这个方法是很管用的；二是网络系统的协调，这个也做得非常好的。

第八，科研。我们要控制一个新发传染病，科学研究很重要。政府把它放在非常重要的位置上，一旦新发传染病发生了之后，政府就会拨发一定的经费，开发疫苗只靠公司是做不成的，一定是政府机构和医药公司共同合作的。一定要先做科学研究，然后才能产生成果、研发疫苗。包括对流行规律、临床特征、轻症病人和重症病人的救治，要有经验积累，要做科学研究，所以科学研究也是非常重要的一个方面。

前面讲的这八大点，在这个体系里面都非常重要，所以这是一个整体，由一个个模块组成。比如做流行病学调查，追踪密接人员,都离不开各部门、各单位的协调,离不开明确病原体,离不开警察、居委会、口岸、医务人员等的合作。中国疫情防控为什么可以做得这么好?我认为在公共卫生体系的建立和成熟方面,中国在全世界应该是第一的。大家看到印度现在是一盘散沙,美国讲所谓的"自由",澳大利亚现在每天要新增两千多例,没有哪个国家能像中国这样做得这么好。

这一方面是缘于我们成熟公共卫生体系的建立;另一方面我们也在每一次重大传染病中吸取教训,把经验和教训连在一起,把教训转化为经验,把经验再提升一步。所以这一点中国做得真的是非常好,我觉得作为一个中国人应该引以为豪。

当军医很自豪

问:在您近四十年的军旅生涯中,您认为成为一个军人对您意味着什么?您认为一个军医有着什么样的职责和使命?

答:我很喜欢我的军人身份,也为此感到很光荣。军人最大的特点,就是受的教育不一样。这个教育不是知识教育,主要在于军事化的教育和管理。它的好处在于:第一,独立。解放军其实是很独立的,虽然解放军特别听指挥,但解放军很独立。比如说现在有二十个解放军出去,另有二百个非解放军,这时候能把这二百二十个人带起来的人,一定是其中的解放军。如果说有一百个老百姓,其中一个解放军,一定是这个解放军出来带头,他独立性很强。第二,解放军接受的军事化教育,是要准备打仗、准备面对敌人、准备去牺牲的,所以接受的教育就不一样。第三,自律性很强。部队的教育就是这样,不能总是想着自我,连生命都可以献出去,吃的那点苦都不算什么,所以自律性很强。第四,拥有足够的胆量。这个胆子大,主要在于提高了自我的胆识。第五点可能是你们想象不到的,转业的军人到了某一个单位以后,大家会发现他很好相处。这个原因就是，军人更纯粹。总体比较起来，在部队接受过教育，当兵三年以上，尤其是老军人，对于很多事情不是那么计较。我觉得这也是很优秀的品质。所以我觉得，我当兵是偶然，但是进了部队，做了解放军以后，我特别为自己的军人身份而自豪。我其实也是四重身份，第一是军人，第二是医生、军医，第三是管理者，第四是学者。这四种身份汇集在一起的时候，我就可以做很多事情。

作为一个管理者，我可以管理医疗机构，管理医院。比如我去抗击SARS，或者是开公共卫生研判会议的时候，我的发言跟其他教授是不一样的。因为我考虑问题的高度跟别人不一样，我除了从学术的角度考虑，还要站在管理的角度去看问题。所以管理者的身份也是非常重要的。

作为一个医生，我要去给别人看病。我身为军医，虽然没有上过战场，但关于包扎、子弹穿透伤这些战场救治问题我统统都懂，我以前都学过的。作为医生来讲就是救死扶伤，医生是我的核心职业。作为医生我觉得自己很荣耀，我在给别人讲课的时候，我说我们千万不能把病人当亲人。第一，病人本来就不是你的亲人，你也当不了病人的亲人；第二，关键一点就是亲人可以原谅你的错误，但是病人无法原谅你的错误。那么我们应当如何处理和病人的关系？我认为应该把病人当朋友，病人把自己的健康、疾病乃至于生命都交付给你了，你当然可以跟人家交朋友。我看门诊的时候，一般都是跟病人一边谈笑风生，一边了解病情，给病人提出解决办法。看病的过程，医生不能老是拉着个脸，问都还没问完，处方就开好了。我看病的时候，是在谈笑风生当中，从心理、疾病等方方面面去做。所以我特别喜欢医生这个职业。以前有朋友问我是爱一行干一行还是干一行爱一行，我说我两个都是。其实我这个人是干一行爱一行，你不管让我做什么，我都能把它做得非常好。比如我木匠活做得很好，泥工活也做得很好,家里电器设备的维修等都是我自己做,比较手巧。

我认为成为一个好医生有这样几个标准。第一,基本功强。现在很多疾病我可能没见过,但通过大学期间学的病理学,能够推论是什么病,这就是基础好。第二,经验丰富。但如果经验丰富而没有理论基础,那就是一个匠人,虽然我们要发挥匠人精神。第三,前沿知识不能丢。如果我们现在还老是拿二十年前的东西来谈,那肯定不行的。第四,思考,这也是在我看来好医生最重要的一个标准。遇到一个病人,脑子要很快转起来,不能光靠经验。做一个好医生,至少要具备以上四点,然后再加上医德,即医疗道德。

而我作为一个军医,一名解放军军人,应当做得更好。全国人民都学解放军,现在对解放军那么尊重,所以作为一个军医来讲,我为这辈子做了这个选择而感到很开心。我有两个儿子,中学的时候我问他们要不要做医生,他们都不愿意做,因为太累太辛苦。后来因为我小儿子的病都是我看好的,孩子很感动,于是就学爸爸做医生。

问: 您曾荣获三等功2次、二等功1次,并获得"全军优秀党员"等称号,在众多的荣誉奖励中,您觉得哪个对您来说是最重要的?

答: 这个问题问得特别好。我上大学时就被授予过一次三等功,那时候大学期间授三等功是很少的,到了长征医院后又被授过一次三等功,这就是两次了。我那个二等功是在小汤山医院授的,包括"全军优秀党员",还有一个是"全国抗击SARS优秀科技工作者"。

你要问我哪个最在乎的话,我其实哪个都不在乎。这是真心话,因为我这人是特别不在乎荣誉的。我不在乎荣誉,也不会主动去争的,包括我不久前被评为上海市第四届"仁心医生",我也不在乎的,因为是不是仁心医生,我自己知道的。第二个就是我是不是仁心医生不应该由政府机构和专家说了算，应该由病人说了算。讲真心话，包括当时立二等功，被评为"全军优秀党员"，这些东西都不是我申请的，都是组织颁给我的，组织觉得缪晓辉值得这个荣誉。如果一定要问我最看重哪个荣誉，我可能反而更看重"全国抗击 SARS 优秀科技工作者"。后来我也是抗震救灾疾病防疫的优秀科技工作者。

你们不难理解我为什么喜欢这个，因为那些荣誉和这个荣誉是不一样的。那些荣誉只是说你做了这件事情，立功了，而优秀科技工作者的荣誉跟我的专业，跟我为老百姓、病人带来的直接帮助有关系，而我本质上是一个学者、一个科技工作者，所以我反而更看重这个荣誉，虽然宣传的时候大家不会很重视它。

同时，获得"全军优秀党员"也是让我觉得最荣耀的。优秀党员代表着遇到事情我冲在前面、起到了表率作用、愿意吃更多苦。"功"是做过一件重要的事情就可以立，立功可以不是党员，但"优秀党员"我认为具有特殊的含义，它应该是在立功之上。

问：您曾获评"浦东新区最美退役军人"，您是怎么看待这个荣誉的呢？

答：退役军人的概念，是指离开部队的，包括转业、退休、自主择业的，离开部队之后又为地方建设作出了突出贡献的，这叫"最美退役军人"。

因为我退休得早，相对比较年轻，我也是个业务干部，干休所里只要分派我任何一个任务，比如到外面去做讲座做义诊，到所里来讲课，给社区讲课，只要有要求，我从来没有一点点的拒绝，从来没有拒绝过。最多可能时间有冲突，跟大家商量能不能换个时间而已，统统都去，而且效果都非常好。因为毕竟是一个久经沙场的老专家，包括浦东有一个媒体叫浦东电台，他们每次来采访，我都给它录音，一般一个电话采访可能就有一个小时，写成稿子以后我都认认真真地改。

缪晓辉

现在疫情期间也是属于特殊时期,我作为一名退役军人、一个退休干部,能够像在工作岗位时一样对待组织交给的任务,使组织上满意,我们的退休干部满意,一些养老院、社区等,凡是所有得到我的服务的机构都很满意。所以在拿到我的资料去评的时候,自然而然就获评"最美退役军人"了。我个人觉得是受之无愧,但并不意味着别人比我差。

我是觉得很荣耀,这个"最美退役军人"有不同之处。从退休这一天开始,大多数人就认为你应该休息了,但是我在退休之后也要继续发挥余热。不仅是发挥余热,我还要继续在我的岗位上熊熊燃烧。在退休以后还能继续发挥我的作用,所以我感到很荣耀。

王 强

　　王强,1963年2月出生,安徽桐城人。1981年10月入伍,1985年6月加入中国共产党,历任海军体工队副队长、队长,海军指挥学院学员九队副师职教员,海军游泳跳水队队长等职,2019年退出现役。服役期间,王强获得多项荣誉:2009年在第十一届全国运动会中,所率队伍不畏强手,顽强拼搏,勇夺四枚金牌,荣立一等功1次;2004年、2005年、2013年,率领队伍获得优异成绩,各荣立二等功1次;1987年、1991年、2007年、2011年各荣立三等功1次。

王 强

访谈者: 刘威龙、曾煜
访谈时间: 2021 年 9 月 10 日

"革命战士是块砖,哪里需要哪里搬"

问: 请您谈一下参军入伍的经历,好吗?

答: 我是 1981 年 12 月份入伍,当年高中毕业,我就应征入伍了。为什么要当兵?我父亲是军人,我就喜欢当兵,所以高中毕业以后,一是为了保家卫国,二也是为了一种信念。因为我们从小在部队里长大,对军人就是很敬仰、崇敬,从小就立志要当兵。

问: 您是在部队里长大的,小时候有什么让您特别印象深刻的事情?

答: 20 世纪 70 年代,我父亲在建设兵团,在安徽的建设兵团挖煤。这个时候国家要求深挖洞、广积粮、不称霸。我目睹了很多我们部队的职工、战士去挖煤,也有很多牺牲的,这个对我影响很大。在部队的时候,每天早上(我还在)睡觉的时候就听到军号声,然后听到我们战士"一二三四"的口号,那也是很震撼的。特别是那个时候的宣传,我们是看《英雄儿女》①长大的,所以说学英雄、践行动这种思想,从小在我们脑海里就扎下了根。还有我们那时候看雷锋、学雷锋,全部都学雷锋,工业的一面旗帜是大庆,农业的一面旗帜是大寨,解放军的一面旗帜是雷锋,所以他们这种精神从小就激励着我们。到了高中的时候,又有女排精神,那一种集体荣誉感激励着我们去报效祖国。去当兵,既是年轻人

---

① 《英雄儿女》是 1964 年由长春电影制片厂制作并出品的一部战争片。由武兆堤执导,刘世龙、刘尚娴、田方等主演。该片讲述了抗美援朝时期,志愿军战士王成阵亡后,他的妹妹王芳在政委王文清的帮助下坚持战斗,最终和养父王复标、亲生父亲王文清在朝鲜战场上团圆的故事。

的向往，也是我们成长的阶梯。我从小在军营里长大，听着军号声、听着军歌声成长起来的，就有一种融入血液的精神。所以，我高中一毕业就去当兵了，一体检，身体也很好，就当了海军。

问：那您怎么会选择走上带队竞技体育这样一条道路？

答：从18岁参军到1998年，我一直在部队。我在部队任过班长、排长、连长、营长、军务科长。1998年，组织上调我到海军体工大队来，是组织需要，不是我选择的，是组织的安排。（那时）我是一点体育都不懂的，当时是不愿意来的，我不懂体育，为什么叫我管体育呢？是组织上叫我来的。

问：那您来到了这样一个战场之后，当时的一个心态是怎样的？

答：你们很年轻啊，我的孩子跟你们一样大学、研究生刚刚毕业，是可以自己选择工作岗位的，我们那个年代不能选择岗位。当兵的时候，我的领导就给我讲了一句话，"革命战士是块砖，哪里需要哪里搬"。我一天体育没有做过，在部队一直带兵，也搞过军务。那组织上叫我来，是来干什么呢？因为体育队伍很难管，运动员跟你们都（差不多大），有的比你们还小，我们这跳水运动员小的只有七八岁，你看这次奥运会那小女孩——小全（红婵）才14岁，我们齐晖也是14岁破世界纪录。在第十届全运会，我们队里的贾里山、刘厚瑞拿全国冠军，只有13岁，那中国的跳水全国冠军就是奥运冠军啦。他们甚至比小学生还要小，13岁就拿全国冠军。组织上为什么叫我来呢？因为我（有）管部队（的经验），我当连长是全海军优秀连长，我当军务科长是全海军优秀军务科长，组织上把我挑选来，希望我管理体工队，体育队伍很难管，所以把我调过来的目的是叫我把这个队伍管好。

问：想问一下您是什么时候入党的？

答：1984年。入党的时候我在部队当排长，第一个是成绩很突出；第二个是还很年轻，我在部队里待到第四年，才22岁，对党也有一定的认识了。我向组织上递交了入党申请书,很快被组织上吸收了,成为中国共产党党员。这也是一种信念,红色基因的传承是一种信仰,对于党的信仰,看着身边的人,很多党员起到模范带头作用,所以我也严格要求自己。再说部队的干部,基本上都是党员。

问:那入党对您的人生有什么影响吗?

答:入党对我人生的影响就是"入党誓词"里写的:为共产主义事业奋斗终身……永不叛党。就是这个,我们对党忠诚,党叫干啥就干啥,革命战士是块砖,哪里需要哪里搬,而且要处处起模范带头作用,给青年人作榜样。我当排长的时候是全师的优秀排长,我当连长的时候,那是全东海舰队的优秀基层主官。1990年我就当连长了,那也是全海军的优秀连长。我跟你们差不多大的时候就当连长了,还真是老连长了(哈哈哈)。我那个时候带一个连,180个兵,有的战士年龄都比我大,我那么小就开始做思想政治工作了。

荣誉一直激励我

问:我们知道您有很多荣誉,可以给我们讲一下这些荣誉是怎么获得的吗?

答:这张相片连《解放军报》都登过的,叫"冲上去",1989年抗洪抢险的时候,我正当排长。时任国家主席江泽民、总理李鹏专门到了华东,我那个时候带着部队在无为长江大堤①,在抗洪前线待了三个月,完成了抗洪任务,立了个三等功。

这个二等功,是2004年雅典奥运会。当时中国代表团16块金牌,解放军(运动员)唯一一块金牌是彭勃,三米板,彭勃时任海

---

① 无为长江大堤全长125千米,其中112千米在芜湖市无为市境内,为巢湖流域及沿线合肥、芜湖等城市、乡村的重要防洪屏障。

军跳水队队员，拿了这一块金牌，组织还给我记了个二等功。时任中央军委副主席曹刚川在八一大楼接见我，握着我的手说感谢我们维护了军人的荣誉。

这个一等功，是全运会，我们拿了四块金牌、八块银牌，然后记了一等功。

这个三等功，是在第五届世界军人运动会，我们拿了18块金牌、八块银牌、11块铜牌，立的三等功。

这个是我当连长的时候，1990年，被东海舰队评为"优秀基层主官"，这个是1991年被全海军评为"优秀基层主官"。

这是我当海军体工队队长的时候，2004年被海军评为"从严治军先进工作者"；这是1992年，那时我当连长，但我们指导员不在单位，就我一个人既是连长，又是指导员，所以那一年7月1日，东海舰队评比，把我评为东海舰队"优秀基层党支部书记"，我们单位被评为先进单位，我个人被评为优秀党支部书记。

这是2008年奥运会，我获得了"奥运会突出贡献个人"，为国家输出了很多优秀运动员，所以就被评为突出个人。这些荣誉一直在激励着我，不断努力，不断进步，不断争取更大的辉煌。

问：想问一下，所有的这些荣誉当中，您觉得分量最重，或者说对您来说意义特别重大的是哪一个？

答：第一个是抗洪，第二个是2004年雅典奥运会，这个意义很重，要排第三个的话就是参加世界军人运动会立的三等功。我带队参加了四届世界军人运动会、四届全运会、四届亚运会，我们海军体工大队连续十年在全军拿金牌、拿奖牌最多。

问：您带队这么多年，参加那么多运动会，有没有遇到一些让您印象非常深刻的选手？

答：有，就是2004年雅典奥运会上俄罗斯的萨乌丁，他是世界冠军、奥运会冠军，是我们彭勃的偶像，彭勃一直向他学习，最后在雅典打败他，站到奥运领奖台。还有就是我们单位有位叫李世鑫的，是一米板世界冠军，他在俄罗斯参加比赛①，当时中国选手包揽了金银牌，可在升旗仪式放中华人民共和国国歌的时候，音乐带子卡了，他就自己清唱国歌，下面的人跟他一起打拍子，这个令我印象很深。

2004年雅典奥运会结束后，时任中央军委副主席曹刚川在八一大楼接见我们，当时接见了十几个人，那个时候我站在第一个，曹副主席握着我的手说："谢谢你们，维护了军人的荣誉，祝贺你们。"然后跟彭勃握手，称赞他是教科书式的跳板。彭勃的三米板，全世界评价都是教科书式的跳板。雅典奥运会全国只有16块金牌，我们海军有一块。全运会，我们海军一个队能拿七块金牌，在全国都可以排前列，我们只是一个体工队啊，大概按省级单位排，我们能排到第八名。

问：那有没有一些让您特别印象深刻的比赛？就像刚才您提到的彭勃的比赛，还有其他吗？

答：还有一个是在上海举办的世界短池游泳锦标赛②上，我们海军的运动员齐晖100米蛙泳、200米蛙泳、200米混合泳拿了三块金牌，奏了三次国歌，我印象很深，一辈子忘不了。当时我从头到尾都在现场，感觉还是不一样。中国游泳的基础，跟西方比，特别是跟欧洲比是有差距的，我们的运动员在体能等方面是不如欧洲运动员的，但是为什么能拿金牌？就是凭着我们的意志品质，奥运会的精神——更高、更快、更强的精神，激励他们，鼓励他们为祖国争光。

---

① 本次比赛即2011年2月25日在俄罗斯奔萨举办的2011年国际泳联跳水大奖赛，李世鑫获得了男子3米板亚军，其队友张新华获得男子3米板冠军。

② 2006年4月5日至9日，第八届世界短池游泳锦标赛在上海举行。世界短池（25米）游泳锦标赛（FINA Short Course World Championships），是国际游泳联合会主办的在25米游泳池里进行的世界锦标赛，每两年举办一次。短池游泳锦标赛只设游泳比赛。

"自信、霸气、拿下"

问：请您给我们介绍一下海军体工大队。

答：为什么我这个单位——海军体工队十几年成绩都不落后，在全军成为一面旗帜？而且我们泳池里一下去都是全国前八名，过去我们辉煌的时候全国游泳比赛第一名、第二名、第三名都是海军队，全国跳水比赛前八名一定有两到三个是我们海军的，各个省、市到我们体工大队去看，一游泳池都是全国前八名，人家都傻掉了。为什么这样子呢？就是我们严格训练、严格要求。我们海军体工队有个口号叫"自信、霸气、拿下"，我们运动员比赛的时候上场就讲这三句口号——"自信、霸气、拿下"。

我们海军体工队有四种文化：第一种叫宣誓文化，就是我们所有运动员参加比赛出发的时候，比如参加奥运会、亚运会、世界军人运动会，宣誓为祖国出征，捍卫海军的荣誉，捍卫解放军和祖国的荣誉，勇夺金牌，我们要宣誓。第二种是旗帜文化，无论我们到哪里去比赛，只要是出国比赛，不管是系列比赛，还是奥运会、亚运会，还是分站比赛，我们运动员都要带国旗，这叫旗帜文化，要有旗帜，有方向，这是第二种文化。第三种文化叫日记文化，我们所有的运动员都要写日记，每天都要写，写之后交给教练员去批改，去励志。日记里记今天训练怎么样，有什么疑惑，有什么难处，教练员给批改，这是日记文化。第四种就是冠军文化，我们海军体工队在广灵二路，食堂有冠军餐厅，拿全国冠军的一个房间，亚洲冠军的一个房间，世界冠军的一个房间，餐厅不一样，供应的饮食也不一样；宿舍房间也这样分。宿舍有冠军宿舍，餐厅有冠军餐厅，墙上有冠军口号，到处都有口号的。

靠着这四种文化，从 2004 年拿了雅典奥运会冠军以后，到 2014 年，我们总共拿了全国以上的金牌 122 枚，也就是说每年都要拿十块以上全国比赛的金牌。这十年里有21人次立一等功,72人次立二等功。这个荣誉不得了啊,全国各个省市都到我们单位来学习。学习什么呢?学习精神。学习什么精神啊?就是"自信、霸气、拿下"。学习"有条件上,没有条件创造条件也要上"的精神。论训练环境、保障环境我们在全国体育界算最差的,我们的游泳池只有25米长,只有四个泳道,可为什么能取得这么好的成绩?就是靠着严格训练、严格要求,就是发扬解放军的"有条件上,没有条件创造条件也要上"的这种战斗精神。

所以我带运动员首先是带兵,你想当好一个运动员,首先你当好一名军人。我们海军体工队所有运动员都要到部队去军训,在部队当兵,然后再去当运动员。否则哪有这么多荣誉的。

问:您担任海军体工队队长,平时主要工作的内容是什么?

答:主要的工作就是抓队伍、抓管理、抓教育,就是干这三件事。

第一是抓教育,在我们单位叫做思想建队、政治建队。思想建队是说运动员要有好的思想,要有好的品德;政治建队,那就是严格按照军委、总部、海军的要求,政治上要坚定,这是抓教育。平时我们除了政治课教育以外,还跟虹口区培华中学搞共建,让我们一些小运动员到那儿去上文化课,抓教育。

第二是抓队伍。体工队的队长就要抓队伍,抓队伍的核心就是出成绩,为祖国、为解放军、为海军增光,这叫抓队伍,把队伍变成一个钢铁战斗之师、荣誉之师、团结之师、胜利之师。

第三是抓管理。"管理是战斗力,管理是金牌",这句话已经深入到我们海军所有的运动员和教练员脑海了。我们的管理是很严格的,严格按照部队的作战要求去管理队伍。有一个地方队送年轻队员到我们单位试训,什么叫试训呢?就是地方、省市队感觉这个小孩能出成绩,送到我们海军队来给试训、培训,把他成绩提高一两个层次。这个小孩在我们单位待了一两个星期,他就写了一首打油诗,我到现在都记得:"海军不怕苦,每天一万五。海军不怕累,掉皮不掉队。稍一不留神,事后还得补。身在海军队,苦乐无所谓。心中有梦想,终究会放飞。""海军不怕苦,每天一万五",我们所有的运动员去训练,每天一万五是游泳,跳水运动员每天要完成三百个空中翻转动作。你想想看,一万五,你试试看,你一天游一万五,骨架子都散了吧,可我们是每天一万五,而且"稍一不留神,事后还得补",你这一万五还要达成标准,不达标准别人下课后你还要继续游。

我在海军体工队当队长时,把运动员弄到部队去训练,跟战士一样参加任务和训练,去当兵。没有哪个单位这么做的,而且(体工队队员还要)参加阅兵啊。就按战士(的标准),几十个人睡在一个房间,没有空调,就是电风扇,吃饭都站着吃的,很艰苦的。1999年,我刚到体工队当队长的时候,全队全部拉到部队,后来我们所有的运动员都到部队去培训,宁泽涛他们那时都是小孩子,也一样要去部队军训。

问:运动员上场给他们加油的时候,您对他们说什么?

答:运动员每个人都带着一张卡片,上面写着"决战,决胜,八个要"。他们上去比赛前,我就鼓励他们"自信、霸气、拿下"。对比赛来说,精神作用很重要,人的精神作用很重要。

问:您前面也提到了,当时组织之所以把您安排到海军体工队,就是因为运动员管理是一个很大的问题,主要有哪些问题导致运动员比较难管呢?

答:运动员他们为什么难管理? 主要因为运动员生性好动,并且思想活跃,从小天南地北都跑,不是很服管,你方法不对,他们就根本不听你的。所以所有的运动队管理都是大问题,不是中国,全世界都这样。

我不懂体育,但是我把体育管得很好,就是我把教练员和运动员最大的积极性调动起来,他们想什么、要什么,我努力去做到；他们没有想到、没要的，我也努力去帮助他们想到、做到。这是当领导，特别是基层领导最重要的品德，别人想到的，你要想到；别人没有想到，你也要想到。因为我从基层干起，我带过兵，所以我讲道理能做到深入浅出，大家都容易懂。

我一般都在基层，天天跟战士、跟职工在一起。我们招的给运动员服务的人员都是临时工，但我们为临时工都提供了宿舍，给他们奖励。我在我们单位专门给每人都提供了宿舍，每人一间，房子很小，只有七八个平方，但他不要租房子了，他就可以安心地搞好卫生，炒好菜，为运动员提供服务，搞好保障，这不是人性化管理吗？我们队里的职工很好的，都很努力。不是所有单位都能做到的，我们考虑运动员，还考虑职工，还考虑门卫，我们都给他考虑到，这样大家怎么会不好好工作呢？我们是把单位变成自己的家。

退休不褪色

问：您是哪一年退休的？退休之后的生活是怎么安排的？

答：我是2018年退休的。平日里，我上午基本上是锻炼身体，下午就去学习学习，有一些老部下、老战友有些什么事，需要我去协调处理，我就帮帮忙。比如去年新冠疫情暴发的时候，我以前带过的一个兵，1991年入伍的，现在在湖北荆州的一个村里当村支书，他就给我这个老连长打电话，说他这地方缺口罩，缺消毒液。那他跟我一讲，作为他的老连长，我一定要给他解决，后来我就给他们捐了一万只口罩，再动员我的战友们捐款买了一车消毒液捐给荆州。当时他们村给我发了感谢信，在国家出现困难的时候，(我们)退休不褪色，积极行动。今后也还会这样，只要国家有需要，这种事我还是要做的。

我退休后感到最值得高兴的事就是，我成为首届离退休(军休干部)功勋连连长,35年前我是海军某训练团功勋连连长,35年后我是上海市首届荣誉军休干部功勋连连长。我们特意写了首庆贺的诗:

> 感慨万千,激情澎湃。
> 红色基因,一脉相承。
> 老骥伏枥,扬鞭奋起。
> 弘扬传统,续创辉煌。

这个功勋连,对我鼓舞很大,功勋连30个人,还搞了授旗仪式,我们很高兴。而且我在想,下一步能不能把这30个人团结在一起,把功勋连的荣誉继续发扬光大,要把这个荣誉传下去,"发扬光荣传统,争取更大光荣"。我在跟大家商量做些什么,我们要到企业去,给人家讲一讲我们的历史,这对企业也有帮助啊;我们也可以到学校去,跟孩子们说说我们的历史。今天我给你们讲的,是不是也很励志?我这都真人真事啊。(哈哈)

朱生存

朱生存，1963年6月生，江苏东台人。1980年9月入伍，1985年1月加入中国共产党。历任某炮兵团指挥部主任、某部队副旅长、某部队副师长等职。1984年7月至1985年7月在老山地区对越自卫反击战中，出色完成作战任务，记一等功。2017年退役前为上海市普陀区人武部部长。

访谈者：金蕴录、张芷宁

访谈时间：2021 年 9 月 27 日

参　军

问：您参军是从进入南京炮兵学院开始的，对吧？请问您高中毕业时为什么会选择到南京炮兵学院学习呢？

答：我是 1980 年 9 月份进入南京炮院学习的。实际上开始时没想过考军校，我是农村学生，当时就想着考个农大或者师范类学校，如果毕业后能当老师的话，受人尊敬也蛮好的，是吧？如果我学农业类专业的话，可以回来指导农民种地，那也是蛮好的一件事情，当初是这样想。后来去学校拿高考分数的时候，南京炮院的一个教授看到我的高考分数，就叫我去报他们学校。当时我也很高兴，就答应了他。回家后告诉家里人，家人也蛮高兴。但因为我当时很瘦，怕体检通不过，而且我的分数已经够江苏的本科分数线了，但炮院是大专，家里人又觉得可惜了考分。我到学校去填报志愿那天，炮兵学院的那个教员没去（我们学校），我担心进不了炮兵学院，志愿就只填了北京农大和江苏的一所师范学院。过了一段时间，学校通知我返校，我们教导主任跟我讲，说你的高考志愿我们给你改了，人家炮兵学院的教员来说，想要你，我们就帮你改了志愿。那我也很高兴，因为我从小还是有参军梦的。我两个舅舅也参军了，我们村里面的那些参军的同志，各方面都让我感觉很神气，所以从小我也想从军。但是我家成分不行，家庭成分是富农，那个时候这种家庭成分是不能参军的，所以不敢想。

接到炮兵学院的录取通知书后，我几天都没有睡觉，太高兴了，家里人也是一样高兴，对我们富农成分的家庭来说，这太不容易了，我们现在也是革命军人之家了，那就是受人尊敬的光荣之家,是吧?就感觉是很高兴的事情。

这里还有一个小插曲,就是体检的时候,因为体检早上不能吃喝,我的体重测下来只有89斤,但参军要求体重达到90斤,医生就跟我说你还不行,你体重不够,把我吓得够呛。我说,哎呀,是因为今天早上没喝水也没吃饭,还好医生网开一面,体检通过了。

问:请您谈一下在炮兵学院的学习生活,有什么难忘的经历可以分享吗?

答:嗯,我们是全军首批从地方青年学生中招收的军校学员,1979年试招了一批,我们80级是正式的第一批。第一年,我们学习的东西跟地方大学差不多的,就多了一个专业技能训练,这是为了让我们这些学生尽快转变为军人。另外就是学英语、数学、物理、化学,为后面学习专业打基础。我在炮兵学院学习的30多门科目,除了一门是良好以外,其他全部都是优秀。在我们这一级,学员大队一共有480个人,我是第三名,在我们中队,我是第一名。

学校的学习生活,感觉是既单调又丰富。我们部队院校纪律很严,基本上就是操场、教室、饭堂、宿舍四点一线,再加上野外作业的一些科目。为什么又说它比较丰富呢?那个时候是20世纪80年代初,我的老家在苏北农村,到了部队以后吃住条件都提高了,每天还有电视看,那时在我们农村哪有电视啊,每个星期还能看一场电影,每个月还有一些棋类、球类的比赛,还有联欢、文艺汇演,生活非常丰富。

如果说难忘的经历的话,我想可能有两个事情。第一个就是我前面说的,有一门考了良好的课程,这个科目我平时也学过了,但是那天考试的时候不知怎么回事就没认真,看着好像很自信,却没考好,这件事教育了我,平时不管干什么事情,必须要认真。要是不负责的话,工作的质量就会受到影响。

第二个比较难忘的事发生在一次战术训练的时候。我们的战术训练不像你们在学校军训,我们是要动刀动枪的,枪的刺刀要打开,那次我们班战术展开的时候,可能我跑得慢一点,另外一个同学跑得稍微快一点,他就插到我前面去了,我也没认真观察,当我挽刀出去的时候,刺刀一下子就刺进他的脚里了。通过这个事情我就受教训了:军人必须有规矩意识,要讲纪律,要按照操作规程来办。

问:1983年,您从学校毕业进入了炮兵团,在部队跟在院校的感受有什么不同?

答:学校与部队确实相差很大。对我们来讲在学校很单纯,你只要把自己管好,完成学业就可以了,但是到部队就不一样了,到了部队你是排长,一个排的兵20多个人交给你带,这不是那么简单的事情。除了要把我们学到的知识传授给他们,还有一个很关键的问题就是怎么把他们带好、管理好。我去当排长的时候才20岁,班长、副班长,还有一些老兵年龄都比我大,所以说你没有"两把刷子"的话,是带不好兵的。特别是作为学生兵,部队管理确实是我们的弱项。到部队后,我就注意向老同志学习,向其他干部学习,自己琢磨,逐步逐步地摸索到一些管理队伍的门道。

参　　战

问:我们知道您加入炮兵团一年后就参加了对越自卫反击战,能否给我们谈一谈您参战的经历?

答:这个我记得很清楚,1984年7月13日的晚上,那时我们部队还在外面训练,接到上级通知要求我们立即连夜返回营区,进行作战准备,准备奔赴老山前线。接到这个命令以后,我自己的想法是不太复杂的,既然作战命令已下,那我就必须要去完成作战任务,一定要想方设法把任务完成好,哪怕是牺牲自己,这就是我当时基本的想法。所以我是带头写请战书的,把请战书送到营部,希望上级能把最艰巨的任务交给我们排。现在回过头来有时候也会想,那时我才 20 岁,如果牺牲了的话确实太可惜了,美好人生还什么都没经历过。我是农村出来的,我当排长以后就能帮家里减轻一点负担了,当时我有兄弟在打工,有姐妹还在上学,如果真的牺牲了,家里也照顾不上了;但当时真的没有想这些的。实际上,我们每个人都写了遗书,写给自己的亲人,就是做以防万一的准备。

到前线以后,上级给我们的任务是负责炮兵前进观察所。我们炮兵那个时候是机械化作战,不是现在的信息化部队,基本上就是分成两大块,一块在前面,还有一块是阵地,火炮攻击需要前面的侦察和指挥,确定了目标再射击。那我们的位置在哪个地方呢?就是我前面说的前进观察所(见图 9)的位置,是在整个作战地区的队前,距离敌方多远呢?才 150 米。再加上我们是在一个高地,是整个老山地区的门户,如果我们这个高地丢了,那最少五六公里范围都被人家控制住了,所以我们这个高地很重要。

图 9　朱生存在前进观察所中与战友合影(后排为时任排长的朱生存)

我们这个高地基本上每天都被越军炮火打击,还经常有偷袭,摸上阵地来。我当时就想,这一次上去可能要做好准备,不是死就是伤,肯定不可能完完全全、啥事没有就能下来的,毕竟很危险的。好多步兵都在我们后面,跟步兵在一块是最危险的地方。当时下定了决心,再怎么危险也要带领我们这个观察所的人员,把前进观察所的任务完成好,绝不能做孬种。那时候,我有两个手榴弹,把手榴弹的盖子都掀开,把里面的拉环拉下来挂在衣服上,这是什么意思呢?就是预防万一,遇到特殊情况一颗给敌人,另一颗就是我自己的,坚决不能当俘虏。最后呢,总体来讲还不错,不仅完成任务,还荣立了三等功、二等功、一等功。

问:您当时家里是还有其他的兄弟姐妹吗?家里经济上需要您支持吗?

答:我有个弟弟做木工的,在打工,还有一个妹妹在上学。家里还有父母亲、奶奶。对家里我们也没有多大的支援,上前线了以后,我们有战场补助,家里后来盖房子就是靠我寄回去的这个钱。战场补助具体多少钱记不住了,一个月可能也就不超过十块钱。小时候家里很困难的,没有吃饱过,晚上都是喝玉米稀饭,那个稀饭稀得都照得到人影。过去有一部电影叫《被爱情遗忘的角落》,看那个电影我哭得够呛,这个电影里的稀饭比我们老家那个稀饭还稠呢。我们到部队以后,就能吃上大米饭、白馒头了,还有菜,这你还不满足吗?住的地方,虽然是一个排 30 个人住一个房间,但肯定比家里茅草屋强多了。

问:家里人是立刻就知道了您要上前线吗?

答:开始不知道。从我们进入阵地到允许通信是隔一段时间的。实际上,我好长时间不给家里写信,家里可能也猜到了一些。

问:在这一年的实战之中,您有什么不同于先前的体会?

答:那是肯定的啊,第一点就是书本上学到的东西,必须要有实战,要与实践紧密地结合在一块。比如说就我们炮兵刚上去的时候,你要对目标,要校正火炮,我们团机关给定了一个点,以这个点为准进行射击校正,但因为这个点定的比较低,我们在山沟里面基本上看不到,我就要爬到山顶上、站在石头上往下看才行,但那个时候敌军的炮火一直对我们射击,站在上面非常危险,随时会牺牲,牺牲了就没法完成任务了。看到这个情况以后,我就把这个目标挪了一下,挪到了比较高的地方,这样我就可以趴到石头后面观察了。还有就是在前线不能死板,不能生搬硬套。你像我们在学校学的,教我们怎么观察敌军阵地,说要看进出的道路、火光,但你要知道在越南,阵地都在山岳丛林,森林常年大雾,基本上看不到,你哪看得到进去的道路,山挡住的地方哪看得到火光啊。这个时候就得通过多种办法,将晴天、雨天、雾天的阵地状况进行比对,最后才能确定准确位置。

第二点体会,就是平时的训练一定要从难从严从实战,不能搞花架子。如果平时训练不贴近实战,那作战时真的要贻误战机。说个最简单的,阵地上战士要装炮弹,平时我们训练时打不了几发炮弹,但是真的打起来的时候,一天里每个炮位都要发射3 000多发炮弹,到后来真是都推不动了,都要靠两三个人一块才能推得上去,所以我们平时的训练一定要从难从严从实战。

第三点体会就是知道了所有的身外之物——物质享受、虚荣这些东西,面对死亡,都一文不值。我们在前线作战确实很危险、很辛苦,有些战士还花时间在学习。那时发给我们的都是干粮,包括快熟面、罐头。在前线没有热食吃,我们带了个煤炉子,能下个快熟面就是我们的热食了,更多时候是吃压缩饼干。

问:在对越作战中,您立下了很多战功,能给我们讲讲您印象最深刻的作战经历吗?

答:刚才我已经讲了,因为我们这个高地特别重要,所以几乎每天都是在敌军炮火的打击之下,还常常遭遇偷袭。炮火打击是比较危险的,好多次炮弹就落在我周边10米之内,甚至有一发是在 0.5 米之内。那一次我在前面那个山的石头下面,正在汇总情况,准备汇报的时候,人家一发炮弹打过来,树枝、蛇皮袋里装的土、被子全部压到了我身上。当初我也紧张了一下,心想不好,肯定负伤了。因为出发前,参战过的战友告诉过我们,人负了伤以后,最初两分钟是没有疼痛感觉的,就知道流血了,但等这两分钟过去就难过了。所以过了一会儿,我就感觉没事情了。那么等到第二发炮弹掉下地,我就赶快离开这个地方。我们的无线班还有侦察兵,当时在稍微靠上一点的地方,看到这发炮弹打过来,他们就说排长这一次完蛋了。看到我上来,他们抱着我嚎啕大哭,说还以为排长光荣了。

还有一次,越军的 160 迫击炮打到我们阵地。160 是什么东西?我们现在的大炮一般是 152,就是直径是 152 毫米。160 就是直径是 160 毫米,就是 16 公分(厘米)口径,这炮弹威力很大,我正好在侦察,一下掉到离我大概两米的地方。幸亏我当时在观察哨的石头缝,它爆炸的时候一下子所有的碎石、泥土把我整个身子都盖住了,又把我的电线炸断了。本来我们上面是三个人,我、侦察兵还有无线兵,我们侦察发现情况通过无线电报告回去。因为上面太危险了,我就让他们两人先下去,正好有一条有线电话,我把情况通过有线报给侦察兵,侦察兵再让无线兵用无线电向上报告,所以就我一个人在上面,可以减少不必要的伤亡。这一发炮弹,把我的有线线路炸断了,我赶快就从上面下来,叫他们赶快把情况报上去。那时炸的坑有多大?炸的那个坑深 1.5 米,宽 1.8 米,那时我一步就跨过去。到了晚上,我们又下来的时候,我就怎么跨都跨不过去了。1 米 8 啊,我一步就跨过去了,人在那个时候的爆发力是很厉害的。

另外比较危险的是子弹。那个时候敌军的轻机枪、重机枪都是追着你打,最近时离我就只两公分(厘米),非常危险,我们每天穿越生死线啊。那个时候我们很年轻,跑得很快,三个人下去,我们都是拉开间隔,人与人之间间隔最少 20 米,我在前面跑,冒着敌人炮火跑。

再有一个印象深刻的是敌军的特工。我们部队刚上去第一天,敌军就摸到我们高地上了。那天天还没亮,我正好准备到观察所去,这个时候侦察兵跟我讲:"排长排长,人家摸上来了。"我们战士看到后面有动静,往后一看,不好啊,有四五个越南特工,我们战士马上就对着他们扫射了。这个时候可能太暗,越南带队的排长指挥不当,他们就往后退,我们这个高地前面还有个高地,在暗部上,他们就边打边往后退,退到一个山洞里了。这时我们一共有九个人,炮兵三个,步兵六个,步兵六个人中有两个排长,加上我就一共有三个排长,还有六名战士。我们炮兵是南京军区的,步兵是昆明军区的,昆明军区第二天就要跟我们交接了,现在要是被越南特工把高地拿下的话,就相当于丢失了一块阵地。可是越军躲到山洞里面去了,我们就从暗部一步步摸过去。那两个步兵的排长,还有我自己,都想要活抓越军,我们就在这上面用越南语喊话。

这时候越军整个师的地上火力都在压制这个暗部,不让我们过去,我们的步兵说一定要过去,要把他们消灭掉,我就用炮火支援他们,我和战友拿着一把狙击步枪在旁边压制。越军旁边还有个火力兵,对着我们射击,我就对着他射击,压制他的火力,支援步兵战斗。昆明军区那个排长还是胆大的,去了以后,他判断可能敌人受伤了,他就喊了一句越语,意思就是缴枪不杀,他把左手伸给越南兵,准备把他给拉上来,结果那个越南兵从右上口袋里拿出了一个手榴弹,我们这边吓得够呛,马上把那个越南兵推进去,后来越军全部被打死在里面。

这一战,我们击毙了越南特工 15 人。最后我们缴获步枪五支,十连火箭筒五具,还有苏制单火枪,步枪是我们国家支援他们的,还缴获了压缩饼干、匕首若干。最让我们生气的是两个事情。

一个是他带的风油精,是我们上海黎明制药厂生产的,我到现在记得很清楚,很小很精致的,是我们支援他们的。第二个就是他们的急救包,也是中华人民共和国制造,我们用的急救包是大的,他那个急救包小巧玲珑的,很好,也是我们支援的。

那天战斗结束以后,昆明军区要跟我们部队交接,他们要撤下去,我说你们这次回去可以啊,任务完成得很好。他们一个排长说:朱排长,你们给我们很大支援,你不仅亲自参加战斗,还火力支援我们,没有你们的支援,没有你亲自参战,我们也不一定做得这么完满,我们146高地(见图10)全体步兵干部、战士,要给146高地的前线观察所请功。他们是昆明军区的,我们是南京军区的,人家给你请功的话,那对我们来说就很重了,是吧?

图10 饱受炮火的146高地

我前面说过,当时有三个排长,负责指挥的昆明军区的排长,我们到现在还有联系,另外还有一个排长,他是北京军区的实习排长,刚从军校毕业的,那一次战斗他是扛着手榴弹,送子弹,当时子弹不够了,他扛着一箱子弹、手榴弹来支援。回去以后北京军区就让他参加了全军英模代表团,北京军区给他记了个二等功。实际现在网上不是这么讲的,网上讲是他一个人打死敌特工15名,当时有个相关报道《男儿热血一席谈》,网上都可以查到。

如果还有什么印象深刻的,那就是前线的艰难困苦。除了战争环境险恶之外,生活条件也是很艰苦的。阵地上水很紧张,山腰丛林里有水,但我们不敢喝,因为越军可能已经投毒。我们喝的水都从后面送上来的,每背一次水要走一天,没有路,全是石头,不能走的地方全靠四肢爬,所以喝水很难,都要定量供应。在高地上,水不够了,战斗又临近,有时连续几天取不了,特别渴的时候怎么办呢?有几种办法,一个办法就是舔石头缝,石头缝比较潮湿,比较冷。第二个是舔铁器,人口干的时候舔一下铁器,舔下枪,就会稍微好一点。还有一种就是快熟面的调料包,放在舌头上,也能稍微止点渴。

有一个事值得一说,就是我们15个人分吃半个苹果的事。有一次战斗打得很激烈的时候,我们这边已经断粮断水,叫后面的战士往上面送。但我们首先送的是军火,就是武器弹药,其次才是生活用品,水、干粮之类。有一个战士来送物资,听说在我们这个高地上有个他的老乡,就把人家慰问他的两个苹果装到挎包里面,送枪送弹药上来的时候准备给老乡。没想到在半路上,放炮的时候掉了一个,他到了这里以后一看,哎哟,每个同志的嘴全都是干燥得很,他就没好意思把苹果拿出来给他这个老乡,最后走的时候他就悄悄地放在我们的猫耳洞里。晚上我们有个战士发现怎么有个小包,打开一看是半个苹果。为什么是一半,因为阵地上老鼠很多,苹果给老鼠吃了一半。照道理讲,老鼠吃过的东西你还不敢吃,但是也没办法,我拿过来在我身上擦了一下,这擦只是心里安慰,我们又不能洗澡,浑身都是臭烘烘的。可能你们从网上也看到过，在猫耳洞里大家都光光的，不穿衣服，但是不管怎么说还是习惯性的动作，在身上擦了一下，数一数一共 15 个人，用改良的开罐头的扳手分成了 15 块，最大一块给了报话兵，他要报告情况啊，就这样半个苹果 15 个人分。

问：当时您的战友有负伤、牺牲的吗？

答：我们师一共是接近 1 000 人，牺牲了 397 人。我们团是炮团，好一点，就是我们在前面担任前线观测，人数比较少，剩下的都在后面的炮兵阵地，阵地离越军比较远。开始时，越军对我们炮兵阵地还是打的，后来他们逐步发现没有什么打击效果，所以不再重点攻击我们了，就这样还是有战士牺牲的。比如说有一次战斗，也是我们部队上去的第一天，第一天就牺牲了三个人。

问：我们听说您有一个一等功，还有两次三等功，想问在众多的荣誉之中，您觉得哪个对您来说是最重要、最值得纪念的？

答：先讲讲我的第一个三等功吧。一等功是最后根据你在整个战场的表现，全面衡量来评定的，但这个三等功不是，这个三等功是因为我比部队提前了一个月上去实习，完成了很多任务，尤其刚才说的，协作步兵消灭越军 15 个特工的作战，步兵给我请功的那一个……这是我们部队上去的第三天，正好我下去领任务，我们团里面就跟我讲，给你记三等功了，所以我是全团，甚至全师，第一个立功的。所以印象很深，也是最值得纪念的一次，因为毕竟第一个嘛。

入　　党

问：我们还了解到您是在 1985 年 1 月入党的，也就是在作战期间，能给我们谈谈这段入党的经过吗？

答：按道理讲，我在学校就可以入党了，因为我成绩比较好，在地方大学的话，只要学生成绩很好，不出大的问题，积极向组织靠拢,基本上都能入党,但是在军校,它又不一样,它毕竟是部队,除了学习成绩外,还看全面素质,比如体能训练,像我体能就跟不上。还有就是管理能力,我是从农村上来的,又是从学校到学校,好多东西不懂,书生气太重,还缺乏军人的豪爽之气,所以在军校就没能入党。

上前线以后,我就在前线写了一封信,让下去执行任务的战友带回去,把我的思想进行了一个汇报,也把我已经完成的任务向党支部进行汇报,我就在火线入党了。

问:您成为党员之后生活有发生什么变化吗?

答:生活没什么大的变化,如果一定要说有变化的话,那就是在说话、做事的时候,会想到自己是一名党员,不能说不该说的,不能做不该做的。我在部队总体上快40年,其中有三分之二的时间都是分管后勤、装备,管钱、管物,我可以这么说,从来没有做过一件出格的事情。特别是后来到人武部当部长,掌握的经费很多,权力也更大,我一直都是按照规定来的,从没做过一件出格的事情。我们离任的时候,要接受离任审计,再怎么审计我都无所谓的,问心无愧。

问:近20年来,您陆续担任了很多重要的职务,在您看来,早年的实战经验是否对您后来的工作有影响?

答:这有几方面的影响。第一个呢,就是一个人不管在做什么事情,干什么工作,一定要有理想,要有奋斗目标。我上前线的时候,还没入党,再加上我们是学生兵,我就有一种不服输的劲头,当时一心想着要把任务完成好,哪怕牺牲自己,也要把任务完成好,就是以这样的心态上前线的。上去以后,就想着总要给后人留点东西,所以就认真向老同志学习,到了阵地以后,不管是打也好,不打也好,我都坚持在岗位侦察、报告敌情。所以说我是(团里)侦察、报告敌情最多的一个。在前线,我一共发现目标2 000多个,真正重要的目标18个,根据我的报告摧毁敌人的观察所、炮阵地、火力点等,一共是6个目标。

第二点就是人一定要有规矩意识,也就是说不管你干什么事情,时时刻刻都要守规矩,守纪律。"没有规矩不成方圆",这个道理太深刻了。在作战期间,有的战士不按照这个规定路线行走,踩到敌人布的地雷,甚至是踩到了我们自己布的地雷,就牺牲了,这都很可惜的。比如说,我们下去执行任务走哪条路线,都是规定好的,山上到处都是地雷。战场教育我纪律的重要性。

第三点就是人一定要有平常心,这个很重要。我经常想到那些牺牲的战友,那些战士,牺牲的时候可能跟你们现在的年龄差不多大,也就20岁左右,他们到边陲打仗是为了什么?是为了自己?为了荣誉、为了立功?肯定不是,他们为了祖国,为了人民,当时有一个口号就是"亏了我一个,幸福十亿人"。经过战场,也从军这么多年,遇到如意或不如意的事情,我基本上都能以平常心来正确看待。我是农民的儿子,家里穷得叮当响,来到部队,部队把我培养成师级干部,我应该很满足了,不要去比职位,而是应该想想自己到底作出了多大贡献。

那如果说还有什么要说的话,我想就是,人一定要有能力素质。能力素质强的,你完成任务就很好,如果平时不注意学习,也不注意锻炼提高的,那你不管干什么事情,你肯定是有一定影响的。大概就是这么多。

退　　休

问:您是在2017年离开部队的,我们想问一下您退休后的生活是怎么规划的?

答:谈不上有什么规划,但小的计划还是有。第一个是学习上面,我现在每天都做高中,还有大学的数学题,我想把物理、化学题也都做做,每天做20—30道题,我最喜欢做的是平面几何和立体几何,每天动动脑子。

第二个就是娱乐,我现在报名在上海老年大学学戏曲。我学的是越剧跟黄梅戏,越剧《红楼梦》我从头到尾都能唱,唱得还是很好的。学习以后,我们同学之间成立一个业余乐团,我也参加了。老年大学的老师跟我讲,你还年轻,我教你五年,你学个乐器,过五年你也才63岁,五年你肯定学会了,学个乐器,陶冶情操。现在我们这个乐队基本上每个月组织一次活动,出去三五天,还开音乐会,虽然是业余乐队,但大家都很热情,蛮好的。我们虽然年龄大了,退休了,但仍然可以吹拉弹唱。

第三个就是走访和协助。走访是什么意思呢?我们师的老领导已经在筹划了,计划带着我们几个人,去走访我们全师伤病残的战士和烈属们,通过这个走访,进行一点点慰问,也有一些老板愿意赞助我们。我也正好通过这个走访来写作一些战斗的故事,看能不能成一个系列。我们师近1 000人,牺牲了397人,所以全部都走访下来,可能要好几年了,我去参加了两三次走访。这工作我们得抓紧,如果不抓紧的话,弄得不好有些战士年纪大了,都不在了,烈士的父母亲不在的也多了,所以要抓紧。我们还到麻栗坡去了两次,给上海籍的烈士扫墓。有一位闸北的烈士,牺牲十年后,母亲才第一次去给他扫墓,太远了,母亲文化程度也不高,经济也不富裕,没法去。后来是杨浦的一个干部到文山挂职,麻栗坡是文山下面的县,这个挂职干部到烈士陵园一看,这位上海烈士的墓长期没人扫过,回来一了解,是我们闸北的,闸北民政局给了5 000块钱,又有好心人捐款,母亲才去扫的墓。所以我们这个走访的工作也得抓紧。

康昌兴

康昌兴，1965年3月出生。1983年10月入伍，1986年9月加入中国共产党。2015年8月退休，退役前任上海市公安消防总队后勤总队副部队长。2008年6月因出色地完成了对四川汶川映秀镇抗震救灾的指挥任务，由公安部消防局记一等功。

访谈者：宋张文扬、康哲

访谈时间：2021年9月27日

组建特勤支队

问：您从1998年开始组建特勤支队，在特勤支队指挥了多久？

答：当时特勤支队就是我组建的。1998年我开始组建特勤组，那个时候叫特勤大队。主要的工作是常规的灭火、防核生化，还有反恐排爆。我们主要的精力就是在防恐排爆这一块。

一开始我们也没有什么经验，就一点点积累知识，把队伍组建起来。当时在全国也是，所有的操作规则都是我们上海（推广）出去的，当然现在已经普及了。反恐排爆也是。我们刚接管的时候，简单地说就是靠"一把老虎钳，一张起子"。那个时候的反恐排爆，（用得）最多是检测仪。以前这类案件少，1998年以后，我们上海投入了几个亿的装备，在全国来说都是领先的。后来我们上海还参与了北京的奥运会、西藏和新疆的保卫工作，现在这支队伍应该就全国来说都属于比较强大的。

问：除了特勤支队之外，您还在另外的单位工作过，是吗？

答：最早是在黄浦区的车站中队，我是1988年到的车站中队。我们车站中队当时还被评为"全国模范消防中队"，就在以前江边码头那里，现在还在。从某种程度上说，这个荣誉（全国模范消防中队）比"南京路上好八连"还要高，因为它是中央军委和国务院签署（颁发）的。这个中队我从1988年一直待到1996年七八月份。

还专门有一本书介绍我们中队（将书展示出来）。（这本书是讲）怎么样把一个普通的中队带到全国的模范消防中队。（之后）我受到了李鹏总理的接见，我们的队长当时还受到了胡锦涛总书记的接见，很多领导都来过我们中队。

1998年8月份，（我被）任命为上海消防总队特勤大队副大长。2002年特勤大队改名为支队。

问：是因为1998年之后开始出现反恐防暴的需求，所以开始组建这支队伍的吗？

答：对，在日本沙林毒气（事件）①以后。那个时候中国几个城市开始有地铁，中国消防就在4个直辖市首先成立特勤大队，组建防核生化（部队）。上海由于历史原因，上海公安、上海市政府委托给消防负责，那个时候其他的消防总队是没有的。

反恐防暴的任务是很艰巨的，有很多东西还是处于一种比较神秘的（状态），不方便报道。（但是）也有报道，比方说排除飞机的炸弹什么的。

问：当时组建的时候，有关反恐、防核生化的知识，包括制定的规则都是您一步一步建起来的吗？有没有跟其他直辖市的队伍进行交流？

答：那个时候没有的。我们大队里面有两个大学生，一个是交大毕业的，还有一个是中科大毕业的。他们通过理论设计，通过找书本，一步步实践，一点点把它积累起来。我们特勤大队最开始100多人，两个中队。以前是浦东两个，现在浦西也有两个。一个队在奉贤的，还有一个以前是叫直升机救援，现在大概移交给公安了。

问：那您2008年离开特勤支队之后在哪里工作呢？这段时间您主要是负责什么工作？主要是指挥吗？

答：2008年以后我先到上海消防总队司令部担任参谋长，到2008年5月份调任总队后勤部副部长，最后在后勤部退休。工作嘛，一个是担任总队的指挥员，一个星期一轮流。还担任全总队、

---

① 1995年3月20日，在早晨上班的高峰时间，日本邪教组织奥姆真理教的成员在东京地铁施放沙林毒气。东京地铁系统中的日比谷线、丸内线、千代田线上共有5辆列车、16个车站的乘客受到危害。这次东京特大毒气恐怖事件，共使12人丧生，5 000多人受伤。

全上海的线上总指挥，一旦有什么火灾，就指挥工作。还有一个主要工作就是司令部主要负责的工作，像队伍管理这一块。

问：您主持指挥了这么多应急事件，有没有什么印象比较深刻的事件可以跟我们分享一下吗？

答：主要是在车站中队的时候。我去中队的时候，应当说当时的队伍基础比较差，环境也比较差。（我们中队）在南车站路的时候，当时叫车站前路，实际上在南浦大桥的引桥口，后来由于南浦大桥改造，我们是住在临时房的，住在石棉瓦房里面。那个时候是比这个房间（指着采访时使用的房间）稍微再大一点，里面洗澡、电视室、会议室三个在一起的，还有住宅是石棉瓦的房子。那个时候没有空调的，夏天的时候都是买大的冰块放在房间里面。

这个中队后来从1990年开始，就逐步走到总队前列了。也就是说，这个中队，先是支队的榜样，后来是总队的榜样，再后来又是全国的榜样。

问：您为什么要去参军？什么时候参军的？

答：我家里面两个哥哥都是当兵的，都入了党回来的。我是第三个。我说他们当兵了我也要去当兵。我是1983年10月份入伍的，算1984年的兵。最早是在新昌路北京路，那个时候叫北京路消防队，我在那里当了三年兵。第三年提干，这段时间经历了上海沼气厂事件，这个报道应该有。上海沼气厂火灾，（抢救我）有参与进去，应该说在火场当中开始显示出（我的能力），（然后）他们感觉这个同志可以。

问：那您是什么时候入党的？

答：入党是1986年10月份，那个时候我已经担任副班长了，我在部队里面入了党。那时（即使）我们当兵的，对消防的认识也还是比较欠缺的，认为消防跟武警是有区别的，（所以）来消防的不多。社会上对消防的认知也不是那么清晰，认可度不高，消防队伍后来才影响越来越大。

问：除了想长久留在部队以外，入党对于您的思想方面还有什么影响？

答：当新兵的（时候）是班长对我的教育。因为在新兵连的时候，遇到了一个好班长，他也比较（认真）。他就说要在部队好好工作，那个时候也比较单纯，也比较简单。

问：那个时候消防跟武警这两个是不一样的领域、不一样的部队？

答：消防以前属于公安，不属于部队系列，1984年编入了武警；现在又转到应急管理，又转到地方上去了。

问：您是怎么看待消防队员们在服务社会上面担任的这样的一个角色呢？它跟武警跟公安之间，您觉得它的特殊性在什么地方？

答：我们是直接为老百姓服务的。（门锁了）开门，帮老百姓处理家里面所有大大小小的事，当时我们中队还在中山路上挂了一个牌子，叫"有艰难险事，找消防战士"。这样的一块牌子就竖在那里。大大小小的事，你比方说开个门、开个锁啊，直接为老百姓服务，而且是最直接的。虽是小事，可平均下来每天最起码两次以上，一个中队，多的一年要处理1 800次，少的最起码也要四五百次以上。

问：那忙于处理这种小事，如果这种时候出现了一个很重大的事故，您当天的人手会不会比较紧？会有这种紧急的应对措施吗？

答：中队里面请假外出都有比例的，节假日百分之几。过年过节都不回去的。我们的兵力肯定是保证的，因为消防是24小时战备，养兵千日用兵千日。

问：那消防官兵一天的作息是怎么样的？

答：现在是5:30起床，起来以后就是跑步、锻炼、搞卫生。7:30左右吃早饭，一个小时以后开始训练。11:30吃饭。现在午休高温的话（休息）到下午 2:50，2:50 以后再继续训练。这个按照部队的时间来执行。每天都这样，除了星期六、星期天，以前最多是星期天一天，现在有星期六了。现在部队里面星期六的上午，都是要保养装备器材什么的，下午就开始打打篮球、唱唱卡拉OK 啊，反正就是娱乐活动。

映 秀 救 灾

问：能给我们谈谈您印象深刻的救灾行动吗？

答：当时地震救援和水域救援是一块的，我们特勤支队二〇〇几年就开始组织准备了。我们在金山的训练场搭建了一个地震救援训练设施，那个时候消防一般是不参与的。我们那个时候就有战术训练、技术装备、人员配置，已经比较成熟，所以 2008 年参与地震（救灾）的时候就很有战术素养。

当时我们到映秀镇，实际上它是震中，受破坏最厉害。我们是 5 月 14 日早晨零时到达映秀镇的，实际上映秀镇那时还没有一支部队进去过。四川消防的一个警务处长等两三个人到了映秀镇，摸清了情况，可那个时候手机都打不通，他在岷江乘船，再步行到都江堰，正好跟我们碰头。我们公安部的消防局长说，映秀镇那里还没有一支队伍进去，那么你们上海（的部队）就进去。所以当时有直升机派了 20 个人进去，我们上海总共 300 多人，我们徒步从都江堰走到映秀镇。整整走了 17 个小时，带了那么多装备。到了之后我们在那里救了总共有 20 多个人，是活着的。其中最典型的就是 124 个小时（救出）的蒋雨航[①]。他在受困 124 个小时后被救出来的时候，应该说是"毫发无损"。当年把他征兵征到

---

① 2008 年"5·12"汶川地震中，在地震重灾区映秀镇的废墟中，20 岁的青年蒋雨航被埋长达 124 小时后，被上海消防官兵成功营救；获救之后蒋雨航报名参军，在上海消防部队服役，现在在贵州消防工作。

上海，后来他在上海提了干，现在调到贵州去了，也是在类似这个岗位。他是"毫发无损"，几乎没有一点擦伤。

问：您当时在哪里发现他的？

答：当时就在映秀镇的电厂。电厂里面，他们有三个人，他是贵州籍的，三个人睡在宿舍里面。他们三个人，其他两个人到了第六天还是第几天就相继走掉了。他说有个小兄弟给了他半瓶水，他靠这半瓶水，整整活了124个小时，后来是通过生命探测仪与狗的呼叫（发现了他）。因为他是落到六层楼的，（声音从）缝里面一点点的传出来，后面我们有个班长听到了，就开始把他救出来。还有就是救马元江了。这是我在现场的原始稿，这就是怎样救马元江的原始稿（如图11所示）。

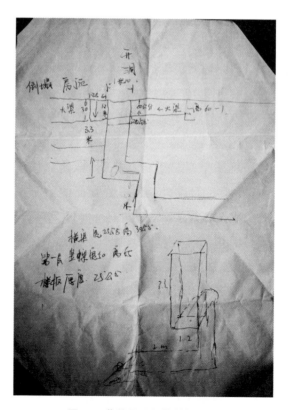

图11 营救马元江的救援图纸

（马元江被埋）十多米深，他是被埋了179个小时。那天下午的时候，公安部分管消防的刘金国副部长到这里来。因为所有的救援（人员）都听到被埋170多个小时还有生命迹象的，这在四川是没有的，看这个图片就知道生存是很艰难的。当时我们在现场已经是第六天、第七天了。刘金国副部长到了现场，就说"不放弃、不抛弃，有一点希望就要花一万的精力把他（救出来）"，部长下了死命令。而且救马元江的时候，公安部是实况转播的，当时人很多，记者也很多。我们和上海市第六人民医院合作，他们医生也在现场，整整救了十多个小时。

问：他是怎么救出来的呢？

答：楼房的坍塌有六层，（是）电厂。我们一层一层地挖，一层一层地挖下去，挖了这么多，有14米。实际上他最后活（下来是因为）有这么大的一根柱子坍下去，他就在柱子旁边，179个小时不喝一点水的他才能够生存下来。

问：那个时候为什么很多部队没有办法进到映秀镇里面呢？

答：没有信息，路断了，没办法进去。那么大的地方，手机都打不通的，很闭塞的。我们上海的队伍进去就是带了两部卫星电话。没有卫星电话，所有的信息都反馈不出来的。那时候一般都没带卫星电话，我们上海的队伍都带了，都是通过卫星电话跟公安部联系。所以信息全部出来了，后来部队就有很多人（进来了）。

问：像马元江这样的救援，为什么会难度那么大？

答：是因为楼板有70公分的大梁，他人在混凝土的下面，我们要往下打十多米。我们从上海带来一个机器，没有这个机器，我们也束手无策。就一把铁锹，一个人有什么用？我们在映秀救了20多个有生命迹象的，应该说是上海去的队伍里救的最多的。我们为什么能救那么多人上来，就是带了一个先进的装备，没有这个装备，我们上海的救援队也没有办法去做。这个机器现在在（四川的）博物馆。整个四川救援，我们的这两台机器发挥了重大的作用。

问：当时你们一个队伍大概进去了多少个人？

答：20多人的特勤支队是乘飞机进去的，我跟局长带300多人是步行进去的，因为飞机正在配合救援。主要是映秀镇的小学，我们得知小学里面埋的小孩子很多。我们最早到的时候，好像已经被埋50几个小时了，我们去的时候已经是第二天了，到了现场马上救了好几个小学生。原则上是先救小再救大，先救活。

问：除了汶川地震的救灾之外，您还有什么印象深刻的救灾经历？

答：之前还有1998年的洪水，像2008年那么大的地震救灾是比较少的。上海消防出去救援还有一次是1993年到南京炼油厂，1993年南京那个厂我去了，当时就立了个二等功。也就是车站中队在业务上取得了第一名以后，总队领导比较放心，所以就派了车站中队跟浦东的周渡中队两个中队去南京参与救灾。我带队去的，当时是南京炼油厂万吨的汽油罐燃烧爆炸。从1993年到南京炼油厂开始有去外省现场救援的事情，以前跨市跨省救援一般很少的，现在多了。那个时候我们中队业务比较好，领导也比较放心，就派去了。我们从上海带了两个泡沫罐，就是灌泡沫的罐子，就这两个罐子发挥了重大的作用，后来油罐的火就灭掉了，如果没有这两个装备，也不知道要烧多长时间。火灭掉后，我们也很激动的。

问：真正地震救灾的实战，以前我们这个部队应该没有经历过吧？只是在上海做了很多地震救灾的模拟和演练吧？

答：对，地震救灾就是2008年以后上海开始参与了。但是我们训练的模块、程序、流程在组建的时候就已经有了，包括水域救助。二〇〇几年的时候，上海消防每年要打捞好多人，学生比较多，那个时候我们就参与了水域救助。所以这方面上海都是有经验的。现在水域救助类的也都跨省市了，去年到山东，这次到湖北，上海都去了。

问：以前和现在比，救灾条件应该也不太一样了，是不是设备也不太一样了？

答：现在面更广了，你看水域救助以前比较少，现在多了，而且还要跨省市。以前装备没那么先进，现在这几年的装备就不一样了，我们支队里面的装备，上海市政府每年投入很多钱。2000年5月8日我们成为大队以后，上海的救灾总体的水准就提高了一个层次。上海市政府对特勤大队特别看重，每年投入很多的资金。先进的装备来了，就马上投入部队。因为跟民生安全息息相关，所以就很重视。到现在，我们大队的一等功、二等功有将近100多个了，都是在上海立的战功。

问：您获得过很多奖项荣誉，哪个荣誉对您来说是印象最深刻的？

答：每一个功都有每一个功的故事。你比如说南京炼油厂（抢险），这个厂有十万多个油罐，要是都炸了的话，南京那个城市还像样吗？那个时候很多领导都到场了，点名要接见我们车站中队，后来他们最信任的就是上海消防队伍。我们中队是公安部的模范中队，李鹏总理接见的。我是1994年被评的"全国优秀人民警察"，在消防战线，我是第一个的，相当于英模。我们特勤确实特别辛苦，后来也有很多国家领导人来视察过。我们特勤支队还有一个"全国十大消防卫士"，就在我们特勤组。

我们在四川（抗震救灾）的时候有些都是超规格的。比如全世界通用的原则，一般都是三天72小时没有生命的迹象，原则上就是直接用挖土机挖了，但是我们都没有（放弃），救出来好多个，都是超过一百个小时的。最长的179个小时，这是历史上的奇迹。

当时的公安部副部长刘金国，听到有一个（到179小时）还活着的，他专门赶到映秀镇，赶到我们现场。那是我们在现场的第8天，一般生命迹象都是不可能出现了，但我们听到了呼救的声音。

刘部长专门赶过来就说了一句话,"你们要不抛弃不放弃,要用一切力量救"。而且他给我们现场直播,所有的指挥中心都现场直播。那个规格是很高的,后来这个人成功获救,真是世界奇迹。在(映秀镇)我们上海消防中心总共救了27个人,都是有生命力的,都活过来了。

带好队伍

问:您2002年在《上海消防》发过一篇文章,叫《打造新型士官队伍》,当时写这篇文章的背景是什么呢?

答:当时我在支队,我们这支队伍组建的时候,希望吸引一些其他中队的班长骨干,因为他们的经验比较丰富。那么我们开始组建时就把这些老同志、老班长请到我们特勤支队来,担任组建防核生化、防洪排爆(这些方面)的骨干,这些技术上的骨干,一般要当五六年兵以后才能成长起来。

这些骨干他们业务上比较懂,只要有装备器材,现场配合起来就可以搞一个教材,逐步完善。当时士官多了,标准也高了,所以队伍一定要带好,要起尖刀作用的。

我们去了现场没有干不了的事情,必须要把它做好。因为需要我们的都是危难的时候,否则我们成立特勤支队干什么呢?所以对官兵的要求更高。但如果官兵家里面有什么困难,组织上都可以帮助,所以这一点我们士官都很能理解。当然,现在这批士官在单位也有20多年了,他们的级别相当于团长,高级士官们都在岗位上发挥了重要的作用。这一块,应该说我还是比较放心的。

问:您带了这么多年的士官队伍,对他们有什么期望?

答:他们现在在各自的岗位上都是担任主攻手。平时我们也交流的。之前有一次救援我们牺牲了两个同志,对我们来说感到很痛苦。可能在现场处置当中,先期的指挥员没有到,初期的指挥员可能判断力不强，造成没有必要的伤亡。这个岗位风险肯定有的，我们怎么样规避风险，这才是要跟他们探讨的问题。要规避风险，第一现场的指挥特别重要。

有的时候我会问，你们最近都干了些什么。他们后来说了，金山那几个人都是我们救出来的。我说对了，你们应该把人家救过来，这样你们才是尖刀。几次大的火场，我问其他的领导，他们都感觉到还是特勤中队在发挥作用，这个是我最欣慰的。也可能以前我把他们骂得比较多了（笑），那个时候如果你没有过硬的本领，你光想着拿工资，那怎么行！士官统称都是兵，但他们待遇享受高的可以到正团级的。一般高规格士官会在特勤单位产生。上次我去开会，听说现在一等功、二等功有100多个。

问：您在中队的时候就一直保持这种高标准严要求，对吗？

答：我们这支队伍，是从一支在上海总队五十几个中队里比较靠后的（队伍）抓起来的，通过抓部队的管理、部队的训练，包括我当时抓了支部，提高了队伍的士气。然后，就是立功的人多了，提干的人多了，大家感觉到在这个氛围里都有冲劲。我们的训练真的是很严格的，人家说很残酷的。我经常说一个例子，三楼是你的父母亲，火烧了，他们在叫。你作为儿子在下面，他们在呼叫，你怎么办？你肯定要练好本事，才有可能救啊。你说你没有本事你怎么上去？你就要拼命地把业务练好，练好本事了你才能救人，你没有本事怎么救人？

问：我听说你们有一个泡沫项目，能不能给我们介绍一下？

答：这个项目是针对上海的化工企业的，针对油罐、气罐设置的。当时我们中队是属于沿江的，属于专业队。我们是沿着黄浦江的，是船舶救援专业队。当时有江南造船厂等沿江的造船厂，这方面就是我们的工作，这个中队的主要专项是这个。那么还配备了泡沫车，泡沫车就是灭油类火灾什么的，所以有这个项目训练。这个项目真正的效果就是到南京炼油厂抢险时充分地发挥了作用，我们用挂钩上去就把油罐（的火）给消掉了。

退　　休

问：您辛苦了这么多年，退休之后怎么规划自己的生活呢？

答：以前欠家里的多，现在就还给家里人。我小孩在公安，也已经当兵了。家里人对我们的工作主要是支持，其他的也没什么的，就是这么过日子。

我是从农村出来当兵的，提干以后就在车站中队，当时中队是比较落后的，但在新兵连的时候我就受到了班长的教育："要做就要做第一。"那我就安心工作。

我是2015年退休的。你看，退休以后，我要是继续去做消防行业，踩进去的话也可以的，但我是不踩的，退休就退休了，安安心心养身体。以前的战友们沟通也多，有什么困难相互交流，大家可以相互帮助。我们退休有组织，都很好。

虞 谦

虞谦，1965年3月出生。1983年考入中国人民解放军电子技术学院计算机工程系，1986年11月加入中国共产党。1987年分配至上海警备区工作，在上海警备区教导大队机要室、司令部机要处、自动化站、通信处等单位历任译电员、参谋、自动化站长、通信处长、高级工程师（技术六级），大校军衔，2015年5月退休。2004年，虞谦带队在经费非常有限的情况下开发出了上海警备区数据容灾备份智能管理系统。该系统获得了军队科技进步奖一等奖。虞谦本人也因此被军区特批授予一等功。其他荣誉：组织完成的科研项目分别获得军队科技进步奖一等奖2次、二等奖1次、三等奖4次，发明专利6项，荣立一等功1次、二等功1次、三等功2次，2008年奥运火炬手、2008年全军学习成才先进个人、2015年军队杰出专业技术人才奖。

访谈者：刘再骋、李锡德

访谈时间：2021 年 7 月 2 日

参军和考大学两件事一块完成

问：虞大校您好，我们是复旦大学历史学系的大三学生，很荣幸能有机会对您进行口述史的采访。首先，请您简单地介绍一下您的读书经历。

答：我是江苏苏州人，家在苏州寒山寺附近。那里原是苏州的郊区，属于农村，现在已经变成市区了，也就是现在的苏州高新区。如果你们去玩过的话，应该是一个非常漂亮的地方。上海到我们这里的直线距离很近，大概只有一百公里不到，所以现在回过头来看，军校毕业后组织把我分配到上海，是非常照顾的。毕业时，由于我的学习成绩比较好，本来是要留校做老师的，但当时上海正好在挑干部，而我的学习成绩又比较好，就选我过来了。

我当兵当了 32 年，其中 28 年是在上海警备区度过的。刚来上海的时候在基层部队干了八个月，后面就到机关工作。应该说非常感谢部队这么多年来的培养，这么多年来的历练和锻炼，也经历了很多风雨。

这两天来采访我的人比较多，昨天又恰逢我们党建党 100 周年，回过头来想想这些年经历的风风雨雨，确实很有感触。首先，一个人的成长，无论在地方还是在部队，都离不开培养他的土壤。我们的土壤就是我们的祖国，不管在军队也好，在地方也好，都是一样。像你们在大学里，你们是刚刚开始起步，那么未来的人生道路也很长，你们将来也可能会出国留学，或走其他的发展道路，但是祖国永远是我们的根。

昨天我还组织了一个非常有意义的纪念活动，我带领我们公司的四名退役军人，到龙华烈士陵园参加了一个祭扫仪式，重温入党的誓词,给烈士们重新擦拭了墓碑。整个过程我觉得非常有意义。在党的生日到来之际,能够接受你们复旦大学的采访,我觉得也是很有意义的一件事,也非常感谢你们。

2015年退休以后,我当过北京兵器集团专门研究所的顾问,也当过苏州科达特种视讯有限公司的副总,干通信方面的工作。2017年我回到上海,组建了璨达信息科技公司。为什么组建这家公司?还是希望能发挥自己更多的能量去做点事情。我们公司两类人,一半是研发,一半是部队退役的,部队退役的同志主要做产品交付、培训和维护。

我这里做的产品是一个非常特殊的东西——轻武器射击训练系统。我们做的系统是希望解决轻武器射击模拟训练的关键问题:缩短训练时间,提高训练效率,确保训练安全。具体怎么样去做呢?还是跟我原来的本行相关,也就是利用信息化的手段去解决我们部队现在训练中存在的问题。我们客户就四个方向:军队、武警、公安和军训,对大学军训我们也提供保障,现在你们在大学里面(军训)可能不打实弹了,但现在我们有模拟训练,可以完整地体验这个射击的过程。模拟射击系统与实弹射击是非常接近的,模拟训练取得优秀后,再去打实弹,除了心理因素之外,两者基本上是吻合的。我现在带领团队就在做这件事。

问:请问您为什么会选择参军?

答:这个问题问得很好,为什么会参军。我参军和考大学两件事一块完成的,回顾这件事也挺有意义。我出生在1965年,应该说家里的生活条件和全国的大多数农村的家庭一样,是比较清贫的。父母吃苦耐劳,勤俭持家,从小就教育孩子要自立,要和同学比成绩,不要比吃穿,要诚实做人,努力学习,凭自己的真本事吃饭,这是让我印象最深的。

我们小时候,农村的孩子嘛,当时一边学习,有空的时候还是力所能及地帮父母做些事,包括农村的一些农活等,从中也锻炼了自己吃苦耐劳的素质。在中学学习期间，我担任过课代表、班长等职务，也积极参加学校的各种实践活动。那么后来为什么选择当兵呢？我想了一下，应该是两个原因，一个应该说还是对部队的一种热爱，我在高二的时候就带领大家积极报名参加飞行员选拔考试，我是由于视力的原因，最后飞行员没有考上，但是我班级里有两个同学考上了飞行学校，一名成为了光荣的运输机驾驶员，在部队做到了团级干部，他现在转业了，还有一名在航校期间转成地勤了，也是军人。那么第二个原因，非常朴素，就是不想给家里父母增添负担。也不是说家里条件差，总觉得大了就要自立，进入军校学习至少可以减轻家里的负担。动机就是这样，很简单，也比较真实。

问：我们看资料说20世纪80年代您在信息技术大学的计算机工程系学习，当时我国的计算机专业还在起步阶段，能否请您介绍一下在计算机工程系求学的情况？

答：说起报考这个学校，当初还有一个插曲，也是我参军的原因，就是我从小特别喜欢无线电。我印象最深的是初中的时候组装过一个台灯，买零件就特别开心，此外还组装了矿石收音机。

信息技术大学的计算机专业在1983年的时候是刚刚开始招生，我是这个专业的第五期本科，应该说也是非常光荣的。当时我们在院校学习的时候，编代码敲进去的是孔条，还不是什么打印纸。当时用的计算机型号是JJ130，是小型机，跟我们现在的微型计算机是完全不一样的概念。等我们大学毕业的时候，才刚刚开始有286计算机。可以说，当时的计算机学科刚处于起步阶段。由于对这个专业的热爱，我在院校的学习是非常刻苦的。我印象非常深的是，在我们161个同学里，挑选出来8个人参加全院的论文答辩，我是其中之一。我大学毕业的设计是线切割机的改造，获得了学校的优秀毕业论文，当时还是很有成就感的。

除了学术方面的历练，军校的学习经历也培养了我严谨的作风。对我个人而言，在军校使我完成了从一个社会青年到一名合格军人的转变，而且也培养了我的学习能力。大学我觉得最重要的是学习能力的培养。这种学习能力为将来的工作打下了坚实的基础。

是共产党员的站出来

问：请问您是什么时候入的党？是很顺利就入党了，还是经历了一些考验？

答：刚刚过了建党100周年的日子，自己入党的时间肯定是记忆非常深刻的。我是在大四——也就是1986年的11月加入了中国共产党，成为了一名预备党员。转正式党员是到了上海警备区教导大队，在1987年的12月，成为一名正式的党员，我觉得这也是非常光荣的。

有一点我感受比较深的，就是在组织生活中，老党员、老前辈、老首长们，在支部生活、党小组的生活中对我们点点滴滴的帮助和培养。一个人不可能生来就是一名优秀的共产党员，肯定需要在历练中逐渐成长。我当时很年轻，是上海警备区司令部第一个本科生，到了机关以后，领导对我还是比较看重的。在机关里，我还是党小组组长，当时退休的一些老政委，都是我们党小组的。给我印象非常深刻的是，他们的组织纪律观念非常强，并且按时交纳党费，积极向组织汇报思想。

军队党员干部的要求更加严格，不能出现任何政治偏差。比如，有的同志有思想认识的问题，我们帮助他的时候，党小组开会展开批评与自我批评，是非常严厉的。在会上，大家畅所欲言，对存在的问题毫不犹豫地予以批评，也包括自我批评，这种氛围培养了我们的党性，也帮助了我们的成长。重温这些过程，我觉得非常有意义。经过这种历练和培养，在大事面前就更加不容易糊涂,在小事面前也会更加谨慎,当祖国和军队需要的时候,就会毫不犹豫地挺身而出。

问:您曾经荣立过一等功,并且受到过很多的荣誉和奖励,在众多奖励中,您觉得哪一个对您来说是最重要的?

答:应该说这些奖励都是组织上给我的荣誉,不能说哪个最重要,应该说印象最深刻的,也是最有纪念意义的,是2008年的南京军区抗震救灾优秀共产党员,我觉得这个荣誉非常有纪念意义。

那一年,我带队参加了汶川的抗震救灾,带领一个七人的通信小分队驰援四川,那也是当年南京军区唯一出动的战斗分队。当时军区的战备任务非常重,去抢险救灾的主要是医疗分队和医护人员,战斗分队我们是唯一的一个。

经过军区首长特批以后,我们从上海出发,在灾区转战半个多月,在每一个通信不通的地方,我们通信分队到达以后就开通通信枢纽,建立通信联系,传输抗震救灾的有关图像,等到地方的通信建立以后,我们又转场到一个新的地方,整整忙了15天。当时我带队去,中间我又回来上海跑(奥运)火炬(接力),火炬跑完(再去四川),任务结束以后我把通信分队带回来。

在这15天时间里,我们在一线的同志应该说是非常有感触的。这是一次非常成功的行动,我们完成得也非常出色,回来以后给了我这个荣誉,我感到很光荣。这里还有一个插曲,我还可以讲一下。当时接受这个任务的时候,我是处长,我分别找手下的参谋谈话,说准备要出发了,但首长最后命令还没下达,我们现在开始准备,如果你带队怎么样?我所有的参谋都坚决地表态,请处长放心,坚决完成任务。这就是军人在有任务的时候应有的表现,说实话我是非常高兴的。当时最初决定是我们通信站的主任去,后来临出发前,夜里十点钟,我们政委打电话给我说:"经过警备区党委研究,决定还是你去,我们比较放心,怎么样?"我脱口而出:"报告首长,坚决完成任务,请首长放心!"第二天早晨我们就出发了。

所以你说党员的先进性在哪里?往往就体现在关键时刻,在祖国和人民最需要的时候。很多影视作品中有这样的台词,说"是共产党员的站出来",就是这种先进性的体现。军人和普通的党员相比更加特殊,应该说军队的干部,大部分是共产党员,极少数的可能由于年轻还没有入党。那么,成长到一定职务以后百分之百肯定是党员。对一个军队党员干部考核的标准应该说是更高的,就是当党和国家需要的时候,就要挺身而出。很多令人感动的事例,都体现了我们军人的一种党性,一种血性,一种担当。

问:您曾经在2008年担任奥运火炬手,能跟我们谈一谈感想吗?

答:当时能够成为一名奥运火炬手,真的确实是感到一种无上的光荣,也是一个极高的荣誉。当时决定让我们跑火炬的时候是说跑400米,真正跑的时候只跑了30米,还没起步就结束了,因为跑的火炬手增加了。开始确定我的时候还没那么多人,后面好像增加到了400多个,各行各业都有。我感到非常光荣的是,全军通信兵、通信行业里,我是唯一的一名火炬手。上海的军人火炬手有两个,一个是我,还有一个来自"好八连","南京路上好八连"的指导员也是火炬手。

汶 川 救 灾

问:能不能请您具体地谈一谈在汶川地震时候的一些情况?

答:应该说这件事在我的军人生涯中打下了深深的烙印。当时我和分队成员参与到通信保障工作中,做了大量的工作。在奔赴四川灾区的路上,让我印象深刻的一点是,在从上海出发往四川开进的时候,途中所有的加油站只要是往那个方向去抗震救灾的,无论是军车还是其他车辆,全部让先行,优先加油,其他的车停下来等在后面。在奔赴抗震救灾途中,这给我留下了深刻的印象。

当时,我们从上海开了一辆通信车,去四川组建通信枢纽。我们卫星通信车既是一辆指挥车,同时也是个通信枢纽,开到四川以后,它的卫星图像和它的数据传到上海的地面站,地面站通过光缆再连到成都军区,成都军区再接到四川的抗震救灾指挥部。

在抗震救灾中,需要大量地进行对外的通信联系,因为抢险救灾就跟打仗一样,需要大量物资和人员的支持和保障,但是这个保障不是无序的,它需要精确化,而不是不需要的东西堆一大堆,既占用了道路资源,又影响了前方的救援。所以在抗震救灾的过程中,我们做通信保障的在这个地方就发挥了巨大的作用。主要来说就是指挥协调,协调人员、部队的调动,同时方便各种救灾物资的调度。这里可以具体讲一讲我们抵达四川后在平武县南坝镇做的通信保障工作。

5月17日凌晨3时,我们的赴川通信分队到达四川成都,分队官兵们特别是四位司机同志十分疲劳,但所有同志顾不上休息,立即与四川省政府"5·12"抗震救灾指挥部设在省公安厅的机房进行设备对接。"使命高于天,我们抢一秒钟,就可能为救灾多赢得一分钟宝贵时间。"在设备调试完毕后,我们随即于凌晨5时赶赴重灾区"信息孤岛"平武县南坝镇,途中克服重重困难,于13时到达指定地域后,15分钟后所有的通信设备全部开通,利用高清视频会议系统迅速向四川省政府"5·12"抗震救灾指挥部送回了第一组视频图像,开通了卫星电话,南坝镇即刻恢复了与外界的联系。

当我们抵达南坝镇时,南坝镇涪江桥由于被地震损毁,救援队仅靠着江面上一叶小舟抢运伤员和灾民,效率很低。为加快救援速度,空降兵某部官兵正奉命在涪江上架设浮桥,水流湍急,该部官兵缺少架设浮桥的经验和方法,架设进度缓慢。抗震指挥部利用从卫星通信车传回的第一组现场视频画面,得知这一情况

虞　谦

后,立即组织舟桥专家对空降兵某部实施遥控指挥,传授架桥技巧和方法,大大提高了架桥的速度,为救援赢得了时间,为生命赢得了希望。在南坝镇参与救灾的部队官兵、医疗队队员,纷纷来到应急通信车前,要给自己的亲人、单位领导打电话。从广东赶来的疾控医疗队队员小刘,在通过卫星电话联系到队长后,一时说不出话来,流下了激动的泪水。原来,他们从5月14日进入平武县南坝镇以来,一直不能和外界取得联系。

当年我们出发前往四川,行军了2 200多公里,摩托化行军44.5个小时。途中也经历了危险的一段,不是在四川——四川当然也有危险,但途中最危险的一段是从湖北宜昌到重庆万州的那段崎岖的盘山险路,当时到达的时候已是深夜,通过多方了解这段盘山道路最危险的路段就是从贺家坪至野三关段,这一段318国道由于附近在修高速路,路况损坏严重,陡坡多、急转多、塌方多、飞石多,道路环境十分险恶,山顶离地面有数千米深,一面是峭壁一面是悬崖,而且路面是坑坑洼洼。我们驾驶员是不休息的,三个驾驶员轮流,我始终在副驾驶,每个上来开两三个小时换一个人,这样就确保我们行军是不中断的。我担心他们有恐高症,也不好直接问他们,我就问了他们一句话,我说你们站在高楼往下看头晕不晕,他们俩小伙子给我回答,处长我们头晕的。我一想这个事情有点麻烦了,那么怎么样过那段险要的路呢？我们下午五点钟出发,一夜经过了一段最危险的山路,夜里面你是看不见山下的,最慢的时候大概一小时开几公里,甚至只开一两公里,很陡的路,就沿着路中间开,开了大灯,也没有车,慢慢开。第二天凌晨天亮了以后,盘山公路已在我们脚下。现在回过头想想,当时处置还是非常对的,这就是我们当时的那辆应急通信车(见图12),发挥了比较大的作用。

进入灾区还经历了很多险路,我们过了好多年以后回看这个图像(见图13),当时觉得没什么,现在觉得还是有问题的。这张

图 12　应急通信车夜间行进,虞谦提供

图 13　应急通信车经过滑坡地段,虞谦提供

图片是当时一队其他部队的战士,他们通过这个地方是步行过的,让这个车慢慢通过,因为这个地方是滑坡过的,随时可能再滑坡,如果再滑坡,这车人全部埋下去了,就没了。

其实,我们出发之前全部是准备好的,我在办公室,把我的工资卡拿好,装到马甲袋,回家就甩在我家里的床底下。回来跟我老婆开玩笑说:"这是我的私房钱。"实际上是我的工资卡。真的,这个是要做好准备的。

我们经过的滑坡路段是滑坡以后紧急开挖出来,而且我们这个车比较重,它会晃,当时很担心车会晃倒。

还有堰塞湖周围,刚刚经历了滑坡,那个路都冲垮掉了,没有路。后来我提出来,只要军用卡车能过的地方,我们都去,军用卡车拖不过来,我们就没法过去了。

我们当时去的时候,所有的食品全是我们自己带的,带了个微波炉,车上有发电机,我们所有的设备全部是自己带的,包括水。考虑到灾区是没法洗澡的,我们买了大量的纸尿裤,每人发了一大包,天天换。现场条件还是比较艰苦的。

后来,我们带的水、食品多的还匀给了灾区,还为灾区捐了款,应该说我们在现场尽了军人的一点微薄之力。人民群众对我们也很好,我印象特别深,我们经过的时候,他们把自己拿到的水送给我们,我们当然坚决拒绝,这种军民的鱼水情体现在这些小小的细节上。

我们的应急通信指挥车配置的通信与指挥控制系统,可通过卫星、CDMA1X、短波电台和800 M集群四类信道的七种手段与指挥部连通,该车集成的"城市防卫作战指挥信息系统"还获得了2007年度全军科技进步二等奖,科技含量高、功能多、手段先进。此次组织赴川参加抗震救灾,应用了其中通过卫星信道的三个通信手段:高清视频会议终端、指挥信息网终端、军用程控电话与传真,可以满足到达现场后的对上、对下通信联络,可以让后方领导"看到""听到"现场的实际情况。在组织赴川完成应急通信保障行动中,有两点是我在出发前和到达成都前最为担心的,一是这么远距离的调度,电路质量能否满足图像传输需要,当时时间很紧没法组织远程试验;二是我们的应急通信车和车上这么多集成的设备经过长距离的机动后能否正常工作。到达成都调试通过,一切正常后我才放了心。说明我们的行动方案是可行的,应急通信指挥车和各类系统设备是可靠的。

刚才你们问四川抗震救灾感受最深的在哪里，我觉得一是一方有难八方支援。二是我们军队的行动能力，是绝对迅速的。一声令下，立马出动。军队有个特殊性，这里我可以跟你们说一下，就是驻地部队只要是当地人民群众碰到重大自然灾害，可以边行动边报告，本来部队的出动要经过严格的审批，但是只要是自然灾害，地震也好，洪水也好，其他特殊情况也好，只要人民群众有要求，部队的最高指挥员在通信联络不畅的情况下，可以自己直接进行安排，边行动边请示报告，这个是我们军队和人民群众心连心、血肉相连的一个具体的体现。

我觉得，作为一名军人，能够在国家和人民需要的时候挺身而出，是光荣和骄傲的，同时也是一名军人应尽的义务。

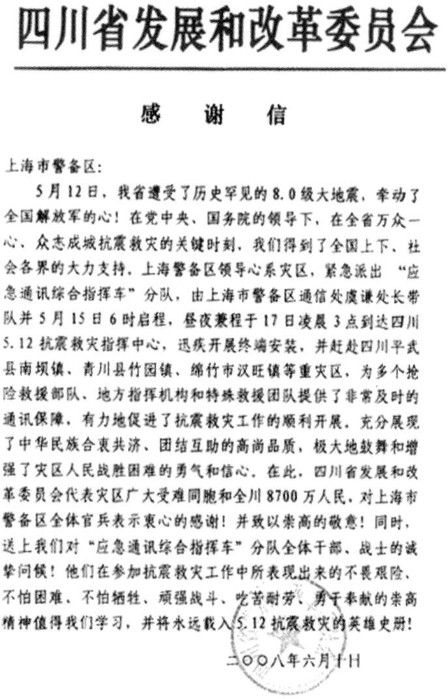

四川省发展和改革委员会

感 谢 信

上海市警备区：

5月12日，我省遭受了历史罕见的8.0级大地震，牵动了全国解放军的心！在党中央、国务院的领导下，在全省万众一心、众志成城抗震救灾的关键时刻，我们得到了全国上下、社会各界的大力支持。上海警备区领导心系灾区，紧急派出"应急通讯综合指挥车"分队，由上海市警备区通信处虞谦处长带队从5月15日6时启程，昼夜兼程于17日凌晨3点到达四川5.12抗震救灾指挥中心，迅疾开展终端安装，并赶赴四川平武县南坝镇、青川县竹园镇、绵竹市汉旺镇等重灾区，为多个抢险救援部队、地方指挥机构和特殊救援团队提供了非常及时的通讯保障，有力地促进了抗震救灾工作的顺利开展。充分展现了中华民族合衷共济、团结互助的高尚品质，极大地鼓舞和增强了灾区人民战胜困难的勇气和信心。在此，四川省发展和改革委员会代表灾区广大受难同胞和全川8700万人民，对上海市警备区全体官兵表示衷心的感谢！并致以崇高的敬意！同时，送上我们对"应急通讯综合指挥车"分队全体干部、战士的诚挚问候！他们在参加抗震救灾工作中所表现出来的不畏艰险、不怕困难、不怕牺牲、顽强战斗、吃苦耐劳、勇于奉献的崇高精神值得我们学习，并将永远载入5.12抗震救灾的英雄史册！

二〇〇八年六月十日

图14　感谢信，虞谦提供

这张照片（见图14）也给你们看一下，是当时四川省发改委给上海人民政府、上海警备区的感谢信。这个感谢信跟你们说一下,当时我都没给媒体提供,收起来了,我今天才拿出来的,昨天我把它找出来了。从四川回来以后我大概就做了一场报告,其他的我都没做。因为工作一忙,就投入自己新的工作中去了,若干年以后,我觉得拿出来看看,还是有意义的,下次再交给我们警备区的档案馆。

研发容灾系统

问:能否介绍一下您在2004年研发容灾系统的背景和历程,然后在研发期间您是怎么攻坚克难,带领团队做出这个系统的?

答:这件事也非常有意义,这是我在当自动化站长的时候,组织研发的一个科研项目。这个科研项目是怎么想起来的呢?"9·11"事件,两栋大楼倒塌给了我们一个很大的警醒:如果我们的指挥枢纽突然遭到袭击,如何来恢复,怎么来解决这个问题?就一个通信枢纽机房,如果遭到一颗炸弹炸毁,或者遭到自然灾害的侵袭,需要重新恢复,重新进行联系,所需的时间是非常长的。凭想象就可以知道,它里面构成是非常复杂的,从UPS电源到服务器,到各种通信的接口,到各种通信的路由,它的重新组成是非常复杂的。怎么样来解决这个问题?

"9·11"事件给了我们很多的启示。给我印象最深的一件事,是大楼整个倒塌以后,有一家公司快速恢复了业务,为什么?因为它在40公里外的郊区建有一个灾备中心,这个灾备中心数据保留了以后,公司的业务得以快速恢复。这一案例给了我启发,我们军队也完全需要这样做,所以我当时申报了这个项目。从警备区当时的情况来讲,我们是一个基层单位,不具备进行这种大型科研项目的能力,但是有这个需求。中间最难的地方是有很多技术难度。数据灾备系统,我对这个的研究是非常深入的,过去这么多年，我们还可以做很多技术讨论。前一段时间，上海现在一些准备上市的做灾备系统的公司，有好几个，跟他们做技术交流的时候，他们很惊讶，说虞处长你怎么对灾备系统这么熟悉？我说若干年前我已研究过了，我们还有三项国家发明专利，可以上网查到。

当时最大的技术难点，我们提出来的一个理论是这样的，因为部队跟地方还不一样，它最大的特点是不仅数据不能丢，同时上面的应用层的服务也不能断。我提出来了一个概念叫"零数据丢失"，就是a点和b点是同时在运行，a点如果被战争或者自然灾害损毁了，b点能够迅速、自然地接替。我当时在2002年、2003年左右就提出来这个概念，所以我在最后进行答辩的时候，院士们提的最多的问题不是技术问题，而是问我：你怎么想到这个问题？他们很惊讶，一个来自基层单位的军人，怎么去想到这个问题的。实际上还是刚才我说的，一个军人的职责，就要求我去思考这些问题。

我也非常感谢上海这个平台，我们上海有这个优势，有技术条件，有高校、研究所，还有我们在这里工作生活，应该说对信息的灵敏感知度是完全不一样的，包括你们到上海来学习可以感受到，我在上海当年的工作也是一样。这个项目当年拿了一等奖以后，说实话它带来的效应还是比较好的，我们还开发了一些附属的产品，比如说文件存储系统等，包括一些延伸的产品，为部队的战略建设、通信保障提供了一个很好的支撑，但是很可惜的是没有把它产业化。

问：那么您刚才提到是由"9·11"事件触发了思考，可见虞老师视野非常广阔，对信息有着非常高的灵敏度。这方面有没有其他的信息向我们介绍一下？

答：应该说一个人思考的深度和广度或者是高度，来源于积累。勤于思考是非常重要的，我一直讲要脚踏实地，我们做了很多事,实际上都是围绕自己工作去做的。我们和研究所的不同之处也在这里,研究所是国家下达任务,当然从更高的层面解决这些问题,而我们在基层是解决实际问题,我做的很多科研项目都是围绕着实际需求去做的。因为我当时正好在负责通信枢纽的建设和指挥信息系统的建设,就关注了"9·11"事件。美军当时就已经部分解决了相关问题,而我军当时则还是空白的,所以我们是最早去思考这个问题,去尝试解决这个问题的。不能说我们做得很完美,但是我们至少在这个方向上去做了研究,在某几个点上做了技术的突破,也得到了专家的认可。那么突破来源于什么?来源于平时的工作积累,或者说叫狂热的工作中的一种钻劲吧。一件事情你只要思考进去了以后,里面的线路都是无穷无尽的,包括我现在做的训练系统一样,我现在做训练系统,也来源于当时的技术积累。开小口、挖深井、做透彻,这是我们现在这个团队的理念。围绕一个技术点,我们做了长时间的突破,当时这个也是这样一个尝试。

前面讲到的基础知识的积累,在我看来是相当重要的一种素质。这就需要具备学习能力。学习能力是无形的东西,也是最重要的。就是说当一个新的知识来的时候,我能够快速地学习,比如说我读大学期间还是286(计算机),到了486(计算机)我们很快就上手了,可以跨越过去,再延伸到服务器,计算机语言从最简单的汇编语言到C语言,到现在的Java语言,虽然感觉可能有鸿沟,但中间点通了以后,跨过去是很快的。

退 而 不 休

问:在退役之后,您是如何规划您的生活的?

答:军队干部退休,我这样来描述一下,就是铁打的营盘流水的兵,我们的军营永远在,但是我们的干部和战士,无论职务多高，无论年龄多大，总归有离开的一天。当然每个人离开的方式，离开以后做什么，可能有各自不同的选择。

我是退休的，虽然是退休了，但我总觉得自己还没有到了不能动的年纪，我们好多老专家 80 多岁 90 多岁还不停地在自己的领域工作，我们还算年轻，更应该带队去做好事情。那么怎么做好这件事，确实做过思考，也做过一些尝试。刚退休的时候担任过北京兵器集团研究所的特聘顾问，也担任过上海市保密领域信息化的评审专家，我还担任全军采购系统的专家，现在还是全军信息化项目的评审专家，也担任了苏州科达上市公司在北京一个分公司的副总，做的事情好多也是跟部队相关的，但是总感觉在做这个事情的过程中，没有把自己的能量发挥出来。

所以我就组建了上海璨达信息科技有限公司。这个公司就是做设计模式训练系统。当年我在部队的时候，在 2013 年拿了第二个军队科技进步一等奖，是三维实境仿真战术训练系统，拿了四项发明专利，我就想把这件事继续做好，我觉得经过部队这么长时间的锻炼，我们有一个巨大的优势，是对部队的理解，对部队需求的理解，这一条是很多人做不到的，而我们有这个优势。那既然有优势，就要把它发挥好，把能量奉献出来。但是没想到开公司是很困难的。我跟你们说一下，自己要独立去开个公司，你会碰到无尽的问题，资金的问题，团队的问题，项目的问题，能不能可持续发展，你的产品部队能不能接受？这个是要靠你真刀真枪去干的，不是靠理论讲讲、跟领导讲讲就用你了，不可以的，是要经得起检验的。

我是 2017 年决定从北京回来组建这家公司，组建团队，想办法解决资金的问题，我家属也比较支持我工作，最困难的时候把家里的房子也抵押了出去，解决了贷款的问题。最困难的时期，我们已经过去了，我们正在做研发的时候，也碰到了部队的一个特殊的时期，正好是军改。那么在这个调整期我们恰恰是沉下心来认真做研发,反复打磨产品。现在我们的订单从2017年的0,到现在已经开始成批量地推向部队,而且我们的产品还在不停地改进,不停地优化。特别有意义的是,我们这里还有大量的退役军人,随着公司的发展,他们的人数会越来越多。研发团队,可能地方的同志多一点,但是工程方面,施工、安装、培训的问题都是由退役的军人负责。他们脱了军装到这里,又在做与部队相关的事,又回到了军营,很亲切,同时他们也有很强的纪律性、保密观念和吃苦精神。因为我们部队很多是在交通不太发达的地方,在山沟沟里面,在偏远的地方,去施工、安装,确确实实有很多的困难,要有吃苦的精神,而我们这些小伙子非常优秀,也非常能干。我把大家集合在一起,在干一件非常有意义的事,我有决心把这件事越做越好。

李旻

李旻,1972年4月出生。1995年7月参军入伍,1998年被评为新长征突击手,1999年5月加入中国共产党。2003、2007年各荣立三等功1次;2010年度被评为上海市公安局"三八红旗手";2011年度获公安部优秀专业技术人才奖;2012年度浦东支队十佳学习成才标兵;2013年公安部消防部队"优秀女警官";2013年度浦东支队十佳学习成才标兵;2014年上海市巾帼建功标兵、全国公安机关爱民模范;2015年获得全国公安系统"二级英雄模范"称号;2013—2014年度上海市公安局"三八红旗手"。先后参加了"APEC峰会"、世博会消防安保、"清剿火患""亚信峰会"等重大消防安保任务、消防专项行动和重大火灾隐患的整治工作,充分发挥了一名高级专业技术干部的作用。

李旻

访谈人：陈雨顼、鲍颖
访谈时间：2021 年 7 月

大学毕业去参军

问：请问您为什么会在大学毕业后选择参军入伍呢？

答：我们当年——1995 年，大学毕业的时候，实际上还是包分配的，当时我们这种大学生体制内还叫"国家干部"呢，我们那时的分配叫双向选择。其实，在这之前，我已经和上海市住建委下的国企签订了录取意向，准备到那边的设计院去工作。正好就是那时候，碰到上海消防总队到我们学校去招聘，招当年毕业的应届大学生。在这之前从来没有想过女孩子也可以去当兵，但我从小对部队是有一份向往的，以前一直觉得自己跟当兵是无缘的，这时突然之间就很激动，就去报名了。当时报名的时候，我也不知道消防有防火这条线。大学刚毕业的时候，我对消防的理解就跟普通老百姓一样的，认为就是灭火的。我学的专业是工民建嘛，就是造房子的，我以为消防部队招我们是因为它要扩展，要造房子，所以我以为是去为部队造房子去的。所以当时很激动，觉得就是去为部队服务的，就这样很懵懂地进了部队。

面试的时候，当时消防局的建审处处长兼防火部副部长、全国很有名的专家沈友弟接待了我们，他后来是（上海市）消防局的总工。他给我们介绍了消防局的业务情况，这时候我才知道，他们为什么到大学来招我们，不是让我们去帮忙建房子，而是因为消防里头有防火模块，当年正好是上海改革开放"三年大变样"的时期，上海的城市建设速度很快，需要补充很多大学生来帮助完成建筑方面的审核、验收，为建筑物防火做工作。这个时候，我才知道自己将来的工作性质。

当时想的是能参军，对我来说就是实现了原来觉得不可能实现的愿望,是愿望的实现,是梦想的实现,我当年的想法就是努力工作,回报社会,都没想到过我可以入伍,突然间就是有这样的机会出现在我面前,我当时是真的没想到。

问:您作为一名技术岗的军人,您在军队的生活是怎么样的?

答:我们消防部队是武警部队,大学生入伍后会有一段培训时间。我们原来在大学里,军人的素质养成是不具备的,所以入伍后有一段时期是集中训练,就跟新兵入伍训练差不多。我们要学习部队的内务条令、队列条令、纪律条令,还训练站军姿、队列操练,都跟新兵训练一样的。当这个训练完成,初步具备了军人的素养以后,我们才开始进行分工,我就到了防火部门。防火部门更注重对我们的业务培养——因为我们是技术干部嘛。平时部队的军事训练也没有落下,就是训练强度不像我们灭火部队那么强,但也有定期的队内训练,也有体能训练,每年都会有体能测试。

我们虽然干的是技术活,但还是要有良好的体力。比如说,我平时出去做窗口,一天下来,你要有很好的精力去应对那么多来办事的群众、单位。同样,你去工地检查、验收,有时候还没有电梯,18层楼我们也得自己走上去。为了查看屋顶水箱、电梯机房,那都得自己走上去。所以说没有良好的体力支撑,是没有办法完成我们的工作的。

问:您退役前已经是大校的军衔了,想问一下您在部队职务提升的情况?

答:我入伍的时候是消防部队,消防当年是武警编制,但有一些业务是接受公安的领导,尤其防火这一块;直到我退休这一年我们消防部队转制了,在此之前一直是武警部队。我们现在常说"公安消防机构",但这实际上是从1998年9月1号《消防法》颁布实施后,才叫"公安消防机构"的。

我们大学生入伍的时候是作为部队干部被招聘的。入伍后,

李 旻

第一年是实习干部,挂红牌子的;第二年就升中尉,相当于副连职;因为是搞技术的嘛,就随着我技术等级的提升,慢慢地军衔也就上去了。

问:那请问一下消防部队各部门之间工作上主要有哪些配合和区别呢?

答:当年的消防部门是叫"司政后防",司令部就分管灭火的;我们防火部就是管社会面的,就是防火;然后那个"后"就是后勤部门,为我们司令部也好,为消防部门也好,做好后勤保障的;然后政治部门就是做好队伍的管理以及干部的后续梯队的培养。这个就跟一般的部队都是差不多的形式。

问:请问一下您是如何入党的?

答:应该这样说,九几年的时候,大学生入党的情况不像现在那么普遍。大学时我参加过积极分子学习,但没有入党,还是团员。到了单位以后,我马上交了入党申请书,但有那么多老同志都还没入党呢,所以是到了第四年我才入党。我进来第二年就拿了嘉奖,第三年是"新长征突击手",但到第四年才入党。所以,对我们当年来说,入党是一件很艰难的事情,能够入党对我来说是一件很荣幸、很荣幸的事情。

问:除了感到很荣幸以外,您觉得入党对您的人生产生了什么样的影响?

答:当年进了部队以后就觉得应该入党,不入党好像跟不上这个队伍。我身边的这些老同志,当年的那些老党员,包括当时带我的师傅,给我的感觉真的是一心为公,哪怕他是在批评你,也不是针对你个人,而是针对你做的这件事情。他觉得这件事情你通过什么形式可以做得更好,现在这些缺陷如果不处理的话会产生什么后果,都直言不讳地指出,让你情不自禁就希望加入他们这个团体中去。所以入党这件事情对我来说,就是非常激动。我们部队的宗旨就是"全心全意为人民服务",入党以后,我始终牢记这个宗旨,坚定奋斗的目标。

"爱民模范"是对我最大的肯定

问:您是"二级英雄模范",能不能给我们讲讲这个荣誉?

答:这样说吧,我在部队里这么多年,从来没有给自己设立过要拿什么,取得什么先进这种目标,所以说,这个"二级英雄模范"到底属于哪一档,我自己也一直没搞清楚过。但是实际上,我入伍以来拿的各种证书其实很多,那天给我女儿看,我说:你看到没,一抽屉的证书。

拿"二级英雄模范"是因为我被评为"全国公安机关爱民模范",因为这个公安部才授予我"二级英雄模范"的称号。我入伍这么多年各种立功也好,获得的荣誉称号、奖状也好,主要都是因为一些科技成果,但最让我觉得欣慰,对我肯定最大的,就是"爱民模范"这个称号。因为从来没有想过,我们搞防火工作的人能够取得这么高的荣誉。一直觉得社会上大家认为的消防英雄就是冲进火里的救火英雄,可我没有这样的光辉事迹,我就是普普通通在自己的岗位上、在窗口,为群众办事服务。建设单位过来了,我审查图纸,发现问题,帮助解决问题;到了施工现场,发现火灾隐患,提出整改意见;到了单位监察,发现隐患,整改隐患——这些工作每年都一样,没有什么特别的。对我个人来说,我工作的这二十几年实际上是见证了浦东改革开放,见证了我们消防改革的历程,我们是见证人之一,也是参与人之一。

有人问我最自豪的一件事情是什么,我说,我是我们全国消防部队里"做窗口"最早、时间最长的人。为什么说这句话? 1996年浦东成立招商中心开始试运行,我入驻窗口工作,这是全国第一个消防窗口。当年的窗口不是受理窗口,是咨询窗口,就是提供一些政策、业务方面的咨询。1998年招商中心正式运营,我们就变成了受理窗口,所以我说全国消防"做窗口"的不会有比我更早,时间更长的。这是让我最自豪的一件事情。我原来拿到的一些奖项,不管是全国优秀消防监督员也好,还是科技成果二等奖也好,立功也好,主要都是业务方面的,但"爱民模范"是因为为民服务拿奖,而且是这么长时间一直为民服务,我觉得这是对我最大的肯定。

问:那你们的工作就好比是治未病,是不是?

答:对的,《消防法》就写着嘛,我们消防工作是以预防为主,防消结合。防是前一阶段的措施,消是应急处置的措施。

问:听说您参加工作后,审核、验收了800多项大小工程,这个数量真是惊人啊,而且都能获得好评,请问您是如何做到的?

答:嗯,确实是零投诉,这一点我自己是很自得的。我当年刚进单位时,我师傅给我讲了一个事情,就是当年浦东改革开放刚开始的时候,城市建设步伐很快,正好发生了一起事故;后来我们消防局进行责任追究,发现什么问题呢?就是因为当年项目很多,要提高审批速度,我们有同事在审批的时候呢没有注意到地毯的燃烧性。那是家舞厅,电灯泡炸裂灯丝掉下来后引燃了地毯,造成了比较大的火灾,那个人后来受了纪律处分,这件事情给我的印象很深。进了消防部门工作以后,我们领导一直在说,我们消防是为经济建设保驾护航的,不管再怎么讲以经济建设为纲,安全底线我们一定要守好。所以说,审批也好,验收也好,检查也好,这个底线思维在我工作初期就已经建立了。你们觉得800多个项目很多,但这真的是跟浦东改革开放的建设速度有关的。

这么多项目里头,要说故事呢,其实真的是很多的。浦东图书馆项目是日本人设计的,这个日本设计师对空间转换的设计很灵活,当时项目进来的时候他有很好的灵感叫"书山",图书馆进去大概在三楼、四楼这块地方,设计了两个层面的大厅,称为"书山"。在旁边台阶上有很多书架，配有桌子，你可以在桌子上看书，也可以沿台阶上去，直接从书架上拿书出来坐在台阶上看书。这个"书山"的创意很好，但是跟我们防火分区的理念产生冲突了。我们消防要注意防火分区，就是说万一发生火灾的时候，要把火控制在一定的范围内，不能让它蔓延太大，所以有防火分区的概念，每个分区面积不能太大。现在"书山"这个设计一下子穿过两层以后，面积就很大了，不符合防火分隔的要求。但当时我们新区的政府也好——因为这是政府工程，设计师也好，都很想保留"书山"的概念，说不行的话，他们就搞性能化设计。当时我正好要到武警学院参与编写《中国消防手册》，在飞机上就和我们防火部郑部长谈起这个项目。防火部郑部长当时就说，图书馆这种项目，不像会展中心之类是独一无二的项目，很难复制，搞性能化是可行的，但图书馆太多了，大学里都可以造，搞性能化以后别人都可以来仿效，所以当时对性能化也是比较限制的，说不同意搞性能化设计。但这个项目不能停滞，这个设计概念呢又要保留，我们就跟设计方、甲方一起来讨论。一开始我提出来要做防火卷帘，但设计方说这样就把书山给割了，后来正好想到我们中国人的一句话，"书山有路勤为径"，我就提出来，我们把"书山"当中切出来几条，但不把它切断，正好作为防火卷帘的导轨，就作为"书山"的"径"留在那里，这样对"书山"的概念也是一种补充。这个方案日本那个设计师觉得好，主管部门也觉得好，听完这个概念都很开心。所以说，我们防火工作人员不是简单地拿一本规范去死抠，或者去限制建筑的发展；我们在工作中也是希望能够更好地保留设计中新颖的、好的理念。但是我们消防部门，要在它的理念上确保安全，给出好的处理方式，体现我们的专业技能。

其实外面也一直有人说我比较严格，批项目卡得比较紧。"做窗口"对我最大的帮助就是树立了为民服务的理念，但从我刚做消防的时候就确定了要守住底线，严格执法，这个榜样是前辈们给我树立的。这样,我们的工作就既要保证底线,又要服务于经济,这个时候就要不断地提高自己的业务水平。只有提高了业务水平,才能更好地服务,才能保证你的严格执法是有效的。

问:想问一下在比较宏观的意义上,您是怎么看待自己验收工程师的工作的?

答:我的工作实际上不叫验收工程师。我们防火有四大岗位:有建审岗位,就是防火岗位;还有就是我们这个,叫科技岗位,就是管产品的;再有就是法制岗位和火调岗位。我除了火调岗位没有从事过,其他岗位都从事过了。我的高工职称是评在建审岗位,但新《消防法》颁布以后,各个支队也要管消防产品了,我主要从事的是科技岗位;也从事过法制岗位,因为我们还有一些信访投诉、行政诉讼要处理,都要去弄的。作为我们单位的业务骨干,我后期的工作主要是把人带出来,就是培养新的业务骨干。

不过,我在建审验收岗位上干得时间最长,干了十几年。我们消防的保护对象实际上主要是场所和建筑,那建审岗位就是我们防火的第一关口,要保证这个房子尽可能不产生先天性的火灾隐患,就是在造之前不要有大的偏差;所以说我们建审验收岗位要为建筑安全、为公民生命安全筑起第一道防护,这个岗位做好了,可以避免很多后续问题的发生。当然,也不是说我当时的建审验收岗位履责到位就没有火灾隐患了,这个也是不可能的。因为我们的规范也在不停地发展,我们对事物的认识也在不断地提高。我们对事物的认识提高了,就能发现更多的隐患。就像看病一样,原来设备比较落后没查出来,照 X 光片没照出来,但后来照 CT 就照出来了,类似的情况。但不管怎么说,建审验收一定是我们防火的第一道防线,所以这个岗位是非常重要的。我后来也做过产品岗位,这跟建审验收也是有关的,因为不管是建审,还是验收,所有的防火措施都是通过消防产品来实现的,所以也是有关联的。所以各个岗位就是互相补充、互相映衬的。

问：请问在消防系统里有没有师徒传承？

答：消防系统有很好的新老传承，就是"老带小"，而且是全方位的带教，师傅出去工作，去看项目，去检查，都会带着你一起去。上班第一天，我师傅就给了我一本《建筑设计防火规范》，让我先去看，一个礼拜看完，看完以后就开始正式工作。正式工作之后呢，师傅就带着你，你写的任何法律文书，不管是审核批文、验收批文，还是监督检查的批文，师傅都要把关，带着我们在工作中不断地体会，不断地指正我们存在的问题，这就是我们消防系统的新老传承。还有另一种情况，是工作岗位的更替，比如说我原来是搞审核验收的，现在准备调去产品岗位了，但这时候没有师傅，而我已经是老同志了，那我就自学，碰到问题就去请教我们单位里这方面的业务骨干，或者是总队专家，那这也是一种知识的传承。

浦东开发开放的幕后英雄

问：您说自己工作的过程就是伴随着浦东改革的进程，那能跟我们聊聊浦东这30多年来的变化吗？

答：城市的变化，你们去看一些老照片就能知道。我刚到浦东工作的时候，是摆渡过来的，当时在东昌路的渡口，浦西那边就是从外滩摆渡的，两边差别很大，当时浦东跟浦西就完全两个世界，一个是城市，一个是农村，当时就是这样的感觉。但你看看现在浦东高层太多了，我觉得现在陆家嘴摩天楼太密集，不好看了，我觉得最好看是二〇〇几年的时候，建筑密度还没有这么高，但是高层已经有一定的量了，感觉很好，现在太密集了。

问：在这个过程中有没有什么事情是令您印象深刻的？

答：我体会最深的是体制和机制的改革。浦东给我们的感觉就是改革开放的前沿，是试验田，有很多好的做法都是从浦东开始落地，慢慢地总结出经验再推广。以我们消防为例，消防最早搞"告知承诺"的审批就在我们招商中心，1998年下半年开始酝酿，1999年下半年开始正式实施。上海市在2002年的时候就开始实行"简易审批"。"简易审批"的范围当年很小，我们当时"告知承诺"只针对火灾危险性为丙类及丙类以下的工业建筑，总队在这范围上稍微扩了一扩，但范围也很小。"简易审批"的模式是这样：你来申请审批的时候，要提交告知承诺书，并说明项目规模，我们认为符合条件的，当场审批同意，这个项目就可以去实施了。然后，我们就是按比例进行抽查，事后抽查，就类似于现在新《消防法》里的备案制，建设工程备案制的雏形就是我们那个时候从浦东开始的。

到了2003年，"技术审批"和"行政审批"在建审阶段分离也是在浦东试行的。实际上是从2002年就开始调研，我们当时做过一些尝试。我们觉得很骄傲的是，这些好的做法最后促成了2009年5月1号《消防法》的最大变革，就是消防审批制度的改革，这个我们很有成就感。我们说的机制体制改革，很多改革的措施、想法的试行，试验田就是在浦东。现在看上去很成熟的做法，当年迈出这一步是很难的。还是以"简易审批"为例，当时为什么没叫"备案制"，因为上位法规定了审批就是审批，而且审批方要承担法律责任的。我们曾经有行政诉讼，我们是简易审批，我们当时问了一下法律专家。法规规定你承担审批的职责，出了问题，不管你有没有抽查过，责任还是你承担的。这个我们压力很大的，当初迈出第一步的时候是很难的，就是既要考虑到为改革开放、为经济建设服务，要方便办事群众、方便办事企业，但同时要考虑怎么守住我们的安全底线，我们要勇于承担责任，这一步步地过来其实是很不容易的。

问：听说在2003年和2007年您两次荣获三等功，能不能给我们讲一下立功的情况？

答:2003年和2007年两次立功,都是涉及一些重大项目。从建设工程来说,最后投入使用验收之前第一个关口就是消防,如果消防不能验收通过的话,那后面很多项目都无法继续。所以说我们消防部门要保障重大工程的完成,对重大火灾隐患要进行整改。这两次立功都是因本职工作获得了领导、上级部门的肯定,没有特别突出的事迹。

问:就是幕后默默做工作,对吧?

答:对,可能那一年我把一些重大工程的项目保质保量提前完成了,包括重大火灾隐患的整改。你们可能不会注意到,很多大型活动举办的时候,我们消防队都会入驻的,但消防队入驻之前,我们防火单位实际上已经检查了N遍了,我们也要制定保卫方案的。要对场所进行摸底——建筑基本情况、消防设施的基本情况、维保情况等;还要检查建筑物日常管理是不是到位,然后跟安保方案对接,要跟安保团队配合协调,才能完成有质量的安保方案。你们可能会看到消防队员在辛苦地巡查,但实际上在这之前,我们已经把这些地方都跑过了,所有基础资料都掌握了;就像拍电视剧,我们可能是编剧、场务,消防员是演员。

问:对于我们普通民众来说,虽然看到消防员,但最好他们不要派上用场。

答:对,我们也是这样期望的。我们做了这么多工作,安保做了那么多方案,实际上都是不期望用上的,所以一定要在前面就把隐患消除了。比如亚信峰会的时候,我们去检查入住的酒店,发现有些酒店的火灾报警系统太老了,已经用了十几年了,有些配件都不行了。我们反复评估,找厂家,跟甲方谈,找维保单位谈,确定工期,确定可操作性,反复评估。

问:遇到大型活动,工作压力是不是很大?

答:大的。碰到大型活动,我们叫"点、线、面",灭火部门保护的是"点",我们就是管"线"和"面"的。"点"我们也要参加的,要给"点"提供方案；一旦确定了"点"之后，我们就要开始管"线"和"面"。我们还要设计表格，对应"线"和"面"的检查，不同的检查，要我们设计不同的表格。有时候一天要检查好几家单位，不停地在外面跑，这个单位跑完再跑它边上的单位，就像跑接力赛一样。这个跑是全面检查，就是每个点、每个场所——餐饮的场所、住宿的场所、消防设施、设备用房，会场……全部都要兜一遍。所以说如果体力跟不上也不行，跑不动。一天下来要跑几万步，一直在跑、一直在跑，人没歇的。

问：听您这么说，我们才了解了消防的幕后工作。

答：消防部队里头人数最多的部门就是防火和灭火，防火部门不比灭火部门的人少多少。为什么呢？因为很多基础性的工作，实际上都是我们防火部门在做，只是大家没看到而已。老百姓看到的是消防队员的灭火状态，是英雄事迹；但实际上为灭火部门创造相对安全的环境，就是防火部门的责任，我们的付出也很多的。

火灾的发生是不可能完全避免的，从事物的发展规律来说是不可能完全避免。但是我们设置了很多前端的措施，一旦发生火灾，通过这些措施使火灾可控，不要有人员伤亡。这就是我们防火工作的目标，就是预防火灾。要预防火灾还有很大一块的工作就是宣传。真正的预防火灾，防火部门的防控，主要防在宣传。再比如电器防火这一块，我们也可以采取些措施防火，防止电器产生电火花，防短路等。我们制定建筑防火规范是要控制什么呢？就是预设可能会发生火灾，怎么控制火灾的规模、当量，怎么确保人员都能够安全地疏散掉。还包括我们设计的一些灭火救援措施，为火场的工作任务提供相对安全的环境。有时候我们防火干部也要去给灭火单位官兵上课，上消防设施课。我们做的工作是保证消防员的，使火灾可控。消防员身前面对的是火场，我没法控制，但身后我可以为他们提供保证，保证是可控的状态，这是我们一直在努力的。

病退后继续消防科研

问：您比较年轻就退休了，但我听下来觉得您对工作保持着很高的热情，很喜欢自己的工作，那为什么会比较年轻就退休了呢？

答：还是身体原因。我这个人呢就是有点完美情结，或者说有点强迫症，工作的时候如果没有达到我自己设定的目标值，我就会不停地去修正，所以我当年经常加班，不是留下来写东西，就是看项目。上班时间是跟别人谈项目，有很多工作就积压到下班后加班干。迪士尼开放是哪一年啊？就是在这一年，体检的时候身体查出了问题。我到七院去看，说我肺里头有毛玻璃结节，指标很不好，建议我开刀。后来又到胸科医院去看，胸科医院看下来也不好，也是建议开刀，但是他说最后再查一次，定的是三月份再去复查一次。三月中旬还是下旬，正好是迪士尼要开张了，我们要做开业检查，那一段时间都在忙迪士尼的事情。所以我又拖了半个多月，开刀更是拖了很长时间，后来还是开刀了，切掉了一片肺叶。我们领导蛮关心我的，叫我工作不要那么辛苦了，后来基本上不让我做组织承办员了，就是让我多带带徒弟，再做一些技术和法律方面的工作，碰到反复信访的啦，就让我做些技术指引、执法指引，工作相对轻松一点，就是希望我能正常下班。一开始呢我也正常地工作，但后来又开始慢慢加班了，过了两年多吧，大概是2017年又生病了，这次是生了肝炎，这个肝炎不是那种传染性的，是自身免疫系统肝炎，就是免疫系统紊乱以后攻击肝脏导致肝炎，就需要服用糖皮质激素，这药副作用不少，吃多了会骨质疏松啊什么的。在这种情况下，实在是身体状况已经不能够适应工作节奏了，所以才病退了。

李 旻

问：那您是怎么规划自己退休以后的生活的？以前工作这么辛苦，退休以后突然闲下来了，会不会有这样的感觉？

答：也没闲下来。一开始是准备闲下来的，但实际上闲不下来。同济大学成立了"城市消防风险防控中心"，我被聘去当专家了。我们这几年搞一些跟消防相关的课题，比如去年和上海市住建委合作，帮助住建委搞了建筑工程消防标准体系的课题，后来又完成了冷链系统的消防课题。另外，还做了注册消防工程师考试的辅导教材；去年还写了一本城市消防风险防控的书，我负责其中一章，也负责统稿，今年应该会出版。有时候我原来单位有什么事情，我还是主动过去的，所以也没闲下来。

问：所以也是相当于进入了退而不休的状态，是吗？

答：相对来说还是休闲一些，不像原来有工作压力，现在是他们有事我会去帮忙。这样其实蛮开心的。我从事消防工作这么多年，对工作有一种热情在，所以不大会放弃这份工作。

问：您女儿也去读警校了，对吧？这个也是受到您的影响吗？

答：我也不知道是不是受到影响，反正她当时就觉得去公安也挺好的，是她自己报名的。我平时工作很忙，对女儿学习这块儿不太管，幸好我有个妹妹，我女儿的家长会基本上都是我妹妹去开的，我只在中考前和高考前去女儿学校各开过一次家长会，所以她是不是受我影响我不能说，只能说应该有点儿……但她挑的那个专业是网络安全专业，跟我不一样。

采访者：李老师，非常感谢像您这样的幕后英雄，才有我们的平安生活，谢谢。

黄凯辉

黄凯辉，1980年10月出生，上海崇明人。1998年12月入伍，二级士官，班长，曾服役于武警浙江省消防总队杭州支队富阳大队。2011年3月批准退休，四级伤残。1999年12月受嘉奖1次，2002年8月在火灾战斗中火线入党。2002年6月在扑救"6·5"杭州雪达造纸厂火灾中表现突出，由武警杭州市消防支队授予三等功；2002年8月26日，浙江省富阳市春江街道一家名为金龙乳胶厂的化工企业发生火灾，黄凯辉作为班长，带领战友们第一时间登上执勤车辆赶赴火灾现场，位于工厂内的2号反应釜发生爆炸，黄凯辉等七名消防官兵被困火海，黄凯辉身体大面积皮肤被烧伤，尤其面部最为严重，呼吸道也被大火烧穿，经后期全力抢救，脱离生命危险，但已致四级伤残。2002年被浙江省公安厅授予一等功。2002年12月被评为优秀士兵，2003年被杭州市评为"十佳文明市民"。

黄凯辉

访谈人：陈彦君、蔡昕怡
访谈时间：2021年8月13日

为什么参军

问：请问您为什么选择参军？

答：参军的话，从小可能有一点梦想，希望参军，喜欢当兵的。当时职高毕业后，也没有什么好的方向，就想到部队去发展一下。

问：请您给我们简要介绍一下部队里的生活，比如你们每天的训练，或是休息的时间是怎么安排的？

答：我们这个消防部队的话比较特殊，不像其他部队一样有长时间休息，我们是一年三百六十五天，天天战备的，基本上就没有整块休息的时间。除了星期六、星期天可能不训练，其他时间每天都在训练。过年过节就更加紧张了。根本没有时间去休息的。

问：那您为什么会选择去消防部队呢？

答：因为我们崇明岛那年70%都是征消防兵；我这个人从小就喜欢看警匪片，他们说是"武警"，一听这个我就去了。

问：您刚开始当消防兵的时候，比如说要进火场的时候，是怎么克服进火场的恐惧呢？

答：我们当兵三个月都没进过火场呢。因为前三个月都是训练，后三个月开始下中队。下了中队之后就是进入火场救火。当时也是比较怕，那时候还小嘛。这么大的火，没有见过呀，长这么大就没有见过救火的。所以第一次接触消防职业，刚开始还是很紧张的。但是，三到四次火救下来以后，基本就不紧张了。我们能够知道自己在火场上要做些什么，我们怎么进入火场去救火，适应得还是蛮快的。

问：服役两年后，本来父母都给您安排好工作了，但您却选择留在部队,当时是怎么想的?

答:当时我老爸老妈想让我回去。我们领导找我谈话的时候,我就觉得,我这个人可能还是蛮适合救火的。救火这个事情,没救过火的人可能理解不了,它是很热血的,很让人愿意去选择这个工作作为自己的职业,它自带那种吸引力吧。

问:看来您对救火还是非常热爱的。

答:对,蛮喜欢的。因为每次警报声拉起的时候,全身的血液就沸腾了。年纪轻嘛,总归有点梦想,对不对?希望自己成为一个受瞩目的人,或者说,做出一些贡献的人。当然现在也是一样的,有时候看到消防车"呜哇呜哇"地过去,心里还是有很热血、很激动的感觉,感觉自己还能够穿上消防服,上去救。可惜现在身体不允许了,它对体能的要求比较高,没办法再去参加这个工作了。

问:请问当兵时有什么印象深刻的、有趣的、快乐的事吗?

答:当兵每天都很快乐。因为你身边跟你相处的人,战友、好朋友啊,其实都是能够把性命交给他的,那你就会觉得很舒服。不会存在特别高兴的事,但每天都很开心。当然我们也会有矛盾,也会有争执,这个都会有,但是快乐的时光还是胜过这些不愉快的时间,整体的快乐不能用言语表达。人家说了,当兵后悔三年,不当兵后悔一辈子。其实像我们现在离开部队,回忆起来,每天都是很开心的,哪怕就是苦啊累啊,这都没关系,其实每天都会想着,那个时候的生活还是比较简单,比较真挚。

入党与立功

问:那请问您是什么时候入党的?

答:我是 2002 年入党的。

问:请问入党对您有什么影响吗?

答：在当时那种状态下，不管自己有没有入党，我都要做好自己的工作。我们现在的生活都是那些革命先辈拼命打下来的，我们能够生活在这个时代的话，还是要感谢前辈的牺牲。所以我当时对于入党并没有很强烈的要求，而是想着做好自己的事情，能够发挥自己的作用。说得大一点就是完成自己的人生理想。并不是说我不积极争取入党，而是说在这个时代，我们去当了兵之后，不管你入不入党，不管是我还是其他战友，都在无私奉献；其实他们都达到了入党的标准了，无非就是说入党是有要求的。你的觉悟、你的思想、你的作用以及你对这个事业能够付出多少（都有要求），但有些战友他可能当了两年兵就回去了，那并不是说他不好，而是整个社会需要他们这样子做。有些人留队，也是这个部队需要。

问：您荣立过一等功，之前也有过很多荣誉奖励，在这些荣誉奖励之中，对您来说最重要的是什么？

答：最重要的是什么？最重要的就是我还活着啊，这是最重要的！什么荣誉，什么辉煌的历史，可能并不能代表你这个人。人生长到一定境界，或者说到一定时间的话，个人对这些就看淡了。你获得了这些荣誉，其实当时并不是就冲着荣誉而去努力的，而是在当时的情境里，觉得我就是要这样做。最重要的就是，活着，蛮好的。

问：您出了那么多次火场，有哪次印象特别深刻吗？

答：那好多呢，印象最深的就是我立三等功的那次。2002年，雪达造纸厂。因为他们刚从国外引进了五台先进设备，但火灾就在这个生产车间里，当时有两台已经烧掉了，没有办法去保了，我们就说要全力地去保护另外两台没有过火的。它这个机器的特点就是贵，从国外引进过来的，国内很少，对我们中国技术而言可能也是比较宝贵的，这点我印象特别深。其实那次差点光荣掉了，差点被墙体倒下来砸到，当时是我们中队长救了我一命。没什么惊心动魄的事情,他就跟我说:"黄凯辉!你过来一点。"他也没说什么事情,我就走过去了,走到他面前,他就跟我说:"你这个地方的墙,好像不太对劲。"因为我当时在墙底下没有注意,这个墙是比较高的,框架结构,也没有往这方面想。(中队长)刚说完,墙体就倒下来了,正好砸在我站的那个位置。这是让我印象比较深刻的,也体现出我们战友之间相互关心——把自己的背后交给人家,也是非常感激我们那时的中队长。

问: 是什么能让您在四年的消防生涯中获得这么多荣誉?

答: 其实这个主要是看你个人对消防事业是不是真心喜欢,如果你不喜欢,给你再多的机会,或者说再多的经验,它也起不了任何作用。因为你不喜欢它,你想的就是逃避它,人的惰性就是这个样子。所以如果说你懒惰了,比方说爸爸叫你去扫个地,你说我就是不想扫,我就是想等到没办法了再胡乱扒两下。但是如果说你真喜欢了,不用别人去督促你,像打游戏,现在小孩子都喜欢打游戏,你需要去督促他打游戏吗?你不需要,所以说这个就看你自己的喜欢,对这个事业,能不能有清楚的认知。譬如说我们的训练,今天我做了一百个俯卧撑,明天我能做一百零一个,这也是一种进步,那你在这里的进步就是在火场上多一份生的希望。拿我自己来说,其实我很感谢我以前的班长对我很严厉,加大我的训练量,不断要求我去练。你想想看,如果我没有这种体能,其实我就会死在火场里了。有一次,差不多是两米多高的墙,发生了爆炸,只有顶上是不封闭的,其他地方都是围起来的,全都是火,那我也没地方跑,眼睛也看不见,但是我有体能,我能从这个地方爬两米多高,我一下就爬上去了,爬上去后我还翻出去了,不然我就死在里面了。我们消防队训练,第一个是训练自己的技能,训练自己的熟练度,第二个就是提高你的生存率,这个就是最最直接的一个体现了,没体能你啥都没有,你到了里面,有什么危险你没办法处理。像你刚才说的,我当兵四年,立了很多功,但是你到了火场上,立功是次要的。每一次平安回来,才算是最主要的。

问:您当班长的时候也是非常严格地进行训练吗?

答:嗯,对,他们都很怕我。我是个比较爱笑的人,但在工作的时候我从来不会去和别人开玩笑。生活归生活,工作归工作。在我手底下当兵可能都是背地里骂我,肯定骂我凶。我记得我的老班长们曾经跟我说过的一句话:我现在对你严一点,其实是对你好,如果说你这个人,你这个兵,我都放弃掉了,不来说你了,那就说明你在这个部队里是根本待不长的,你的军旅生涯就是很短暂的。班长都是喜欢去说自己喜欢的兵,他觉得我说了你之后你会更好一点的。在外面做生意也是一样的,哪个员工努力工作,他的工作量就会最大,不管是当兵还是当员工都是一样的。有的时候为什么老板或是班长老叫我做事情,这就是一个道理,能者多劳嘛。班长其实就是想着,能够让你多锻炼一些,以后可能你也会当班长,可能你也会当领导,在那个时候,你会回过头来想想看,还是班长对我严厉点也好,让我多做点事也好,其实都是积累经验。

问:您受伤是在富阳的火灾吧,请问您被救出来的时候是失去意识了吗?

答:没有,我是完全清醒的,到第一家医院——富阳市第一人民医院时是清醒的,刚开始自己找了一辆车,带了几个战友一起去医院的,可能当时身体素质比较好,扛得住。但因为这家医院设备达不到要求,而且当时受伤的人比较多,所以需要转院,转到浙江省第二人民医院时才昏迷的。

问:您一直保持清醒的,那时候您在想什么吗?

答:爆炸之后满世界都是火,看也看不见,听也听不见,爆炸的冲击波把耳膜震破了,当时以为自己要光荣掉了,以为自己要牺牲在那里,后来我在想着,牺牲就牺牲呗。当时爆炸只有十几、二十秒钟,看见这样的火,从脚底下过来的时候,当时整个人就蒙掉了,都不知道是怎么回事,人就好像陷入一种回忆当中,等我反应过来的时候整个人生的经历——从小到大的经历都在眼前放电影一样地放了一遍。然后在想,老婆也没讨,父母也没有孝顺,父母把你养这么大,"轰"地一下就没了,那时候心里还是比较有抱负的,这个目标那个理想都没有实现,但突然间就这么几秒钟的时间,把整个人生看透了。当时想死就死了,光荣就光荣,牺牲就牺牲,这也是没有办法逃避的,很快调整心态,接受事实,就把眼睛闭起来想着,就算我今天牺牲了,我也到下面去看看,看看是啥样子。闭着眼睛就在那边摸。我们消防队的话,班长的一项技能就是进入火场前第一个先观察,观察逃生出口,因为当时我是战斗班的班长,进去之后四周环境先看一下,知道大概位置,哪个方向是大门,哪个方向是后门,哪个方向是侧门,反正就心里大概有数。我被轰出去大概十几二十米吧,掉到地上之后,当时我离那个侧门是差不多有十七八米,然后我就在想着下去看看也好,一边想着一边身体在动,往哪个方向走是一个自然反应,两只手摸着摸着,一只手摸空了,正好是右手摸空了,就往右边跑,(如果)左手摸空了,我就会往左边跑。当时我是右手摸空了,就往右边跑,正好出来了,当时里面还是有火,它那个房间差不多两米多高一堵墙,挡牢了,我就直接从那爬上去,然后就翻出去了。

问:那您是自己出去的?太震撼,都听蒙了。

答:对,是自己出去的。(笑)

问:那当时除了您以外其他战友们是被救出去的,还是也是自己出去的?

答:后来评上二等功臣的梅明和徐鑫林,是我带出去的,翻了墙之后他们也在下面,正好我正准备要往下跳,就听见声音,听见有人在叫,回头看他们两个在里边,就把他们拉上去,拉上去之后三个人一起翻墙出去。到了下面之后,当时我是班长,他们刚当兵第二年,也是比较慌的,新兵比较慌。出现这个事情,他们没有任何主意,我就带他们从那个化工厂的后门——那里是稻田,穿过稻田之后找到一个阿姨,她家儿子也是当兵的,我当时比较紧张,名字也没问,只记得这个战友非常热心,开着面包车,一边哭着一边按喇叭把我们送到医院去。车到半路,我们中队长陈云也上来了,然后我们四个一起坐面包车到医院去。

问:您当时离开火场,是被村民开车送去的?那时没有救护车吗?

答:对。一般现在救火,是没有随行的救护车的,可能是国力还达不到吧。你想想看,就是一个救护车,它要这么长时间待命,等待你受伤,不现实。所以说一般像我们消防队救火,如果受伤了,基本上都是社会车辆。当然这个也充分从侧面体现出我们中国广大群众的淳朴,热心帮助别人,有互相帮助的意识。这个战友、这个刚刚退伍的战友,就是一边流泪一边开着面包车送我们去医院的。这点确实是,只有我们的中国才有吧。

问:你们当时一共七个人,所以是分开去医院的?

答:对。我们从后面摸出来,再从稻田里面出来,时间耽搁的比较长。这是一家纵深比较深的化工厂,场地比较深,它前门比较开阔,正好有条大马路,路还是蛮宽的,所以他们从大门口出来的话,去医院要比我们快。像沈佳骏,他也是自己跑出来的。他自己从前门跑出来的,火场里他站的位置其实跟我差不多,当时在那个操作平台上,他受伤之后是从前面跑出来的,因为他刚好在我下面一点点,他是在地上,我是在半空的,我是在操作平台的楼梯上。像我们的中队长,我的副班长陶贞红和另外两个战斗员,他们是在操作平台上的,当时高温主要集中在操作平台上。但是沈佳骏是在底下,他的炙烤时间比我们都长,因为他从爆炸点一直到大门口的话将近差不多有50多米远。

问:五十多米远在火场是一个怎么样的概念?

答：最起码有两个房间这么远。这是很致命的，如果没有充沛的体能他是跑不出来的。所以说，训练的时候加把劲，就是在火场上能有多一份生的希望。你想想看普通人，蜡烛的火点上都很烫，不要说它当时爆炸的温度达到一千五百度左右。你想想看，还要跑五十多米远，能坚持吗？整个人的水分都没有了。当时他跑出来还是得益于体能好。他全身烧伤面积超过70%多，两只手都没有了，耳朵也没有了，头皮也烧掉了，烧到永久性不能长头发，只能戴假发。那时他刚当了八个月兵，可能效率意识还没有刻到骨子里，所以他是从正门跑出来的，其实最佳路线还是从后门，从我那个地方跑出来是最佳的。

用读书和爱情来疗伤

问：您后来治疗过程大概用了多长时间？

答：治疗到康复，六年。第一年基本上都躺床上，没办法动，手都没法动。当时医生说，我们三度烧伤比较严重，这种烧伤对于疤痕性增生体质有致命的打击，而我就是疤痕性增生体质，受伤之后容易结疤。像我这种大面积受伤，尤其是我这种体质，疤痕一结，它是一整块一整块，一块块硬的那种，很硬很硬的，像什么呢，像橡皮，学生用的橡皮，它带一点点软，但很硬。里面是很硬很硬的，因为它里面的组织处于一种混乱的状态，不像我们正常皮肤的话它有七层表皮还有真皮，而我呢整个一块就一层，都是这种肉。当时医生说，我这种烧伤情况会影响今后的生活，说我的手会萎缩，萎缩到一节或两节，最差会萎缩到只有一节，最好的情况是萎缩到两节。当时我吓死了，医生说没办法，肯定要萎缩的，他说："除非你不怕疼，咬着牙练。"然后我就咬着牙练，天天练，反正每天练康复运动，就这个动作，就这样进行按压康复训练，每天这样按压，每天都是一手血。我的皮肤绷不住，一压就破。像我这十个手指头的指甲，没有正常人的抵抗力，很容易感染，指甲容易脱落。康复训练集中在前三年，后面就是进行一些小幅度的训练。六年时间都住在医院里，太难受了。

问：但您现在看起来其实还好。

答：脸上动了好几次手术，所以说现在看起来好一点。刚刚烧伤的时候，确确实实我自己都没办法接受。那时候年轻嘛，比你们也大不了几岁，我那时候也就是二十来岁，所以说接受不了自己当时的状态。差不多有一两年没照镜子，太丑了，接受不了当时的外貌。年轻人嘛，总归是希望自己漂亮点，希望自己帅一点，这个是避免不了的。烧伤之后，脸部毁容的时候，确确实实花了很长时间才能完全去接受这种面貌，心里总是有点疙瘩，总觉得人家在用一种很异样、很鄙视的眼光看着我，或者说用很不屑的眼光看着我，或者别有用心的眼神看着我。每天我看到别人看我，就觉得不自然，那时候哪怕记者来采访，也是觉得你们只是在嘴巴上叫我英雄什么的，心里肯定在想"哎呀，怎么这么丑啊"。后来时间长了，才慢慢、慢慢地接受。

那时候，我们副班长带着我一起去读成人夜校。刚开始我没有去，他去了。看他每天都高兴得很，今天说这个同学，明天说那个同学啥事情，什么做作业啦，我在想你怎么那么高兴啊，不行，我也得去，然后就死皮赖脸地让他带着我去，还做了插班生呐。（笑）我跟校长说"别的班级我都不乐意，就要跟他一个班"，后来那个校长听说我们是杭州消防的，也很热心，他说："行，但你跟不跟得上？"我说："你放心，我有的是时间读书。"然后就死皮赖脸地一定要跟他一个班级，还跟他同桌，哈哈哈，跟他一起上学。后来上着上着，慢慢觉得，那些同学都很真挚，那时候我遇到的几个，确确实实在我人生转折点起到很关键的作用。因为他们看你的眼神，就像你们现在看我的眼神一样，很清澈、很自然、很真挚的那种眼神去看我，他们给了我很珍贵、很真挚的同学友情。虽然他们有的已经参加工作了,有的已经生小孩了,但他们为了能够提升自己,让自己的生活或见识能够更上一步去参加成人夜校,然后遇到我们,他们把很真挚的同学情谊给到我们,确确实实在那个阶段起到改变我们心态的作用。确确实实非常关键,因为当时也是我第一次敞开心扉去跟别人交朋友。

第二个阶段就是我跟我老婆结婚,生了小孩。第三个阶段就是现在我干快递。以前我不敢出去,戴个口罩、戴个面巾把自己藏起来。但是时间一长,其实也就这样。所以说从康复到现在,整个人的人生经历分三个部分,第一部分是自己去上学,第二部分是跟我老婆结婚生孩子,第三部分是现在,就是说我能够在外面送快递,每天都能接触不同的人,每天能接触不同的事情,去参与,在外面走走跑跑,整个人的心情会是很舒服的。

其实我的康复训练一直到现在还在继续,因为人的心理也要康复。身体要康复,心理也是需要康复的,而且心理的康复其实要比身体康复需要的时间更长,因为你的心态在一点点成长,阅历在成长,要调整自己去适应自己在社会的位置和社会功能的改变。我从儿子,变成丈夫,变成爸爸,现在又变成一个快递员,这个心理成长也是比较宝贵的。希望能够带给别人一点点影响,遇到挫折,不要去想着我过不去这个坎儿。什么都能过,除了回不到过去之外,其他的都能过。

问:那能问一下每个阶段的具体时间吗?

答:我在受伤的第二年,2004年左右,就开始上学了。当时因为脸没受伤嘛,衣服穿了身体上的伤不仔细看不出来,天天在医院里太压抑了,人的精神状态也不好。说实话,在疗养的时候,一天到晚就是等吃饭,没有其他事情干,受伤了,啥也干不了,跑也跑不到哪去,只能等吃饭,过得太乏味了。然后呢,我的副班长,他先去的,刚开始他没跟我说,每天就看他骑着个小自行车出去,我就问他:"你每天干嘛呢?"他说:"我搞了个夜大读。"然后我想,那不行,我说你这么高兴,我也要高兴,我也得去。然后就跟着他一起去。去了浙江工业大学,读工商管理专业。

问:也就是说受伤后第一年是全部躺在床上?

答:对,第一年着重的任务就是康复、锻炼,如果你错过这段时间,就练不回来了,真的练不回来了。就像我这个嘴一样,那个时候除了开刀之外,就没办法锻炼了。虽然你每天在说话,每天在吃饭,它好像是锻炼,但其实不算锻炼,我现在嘴张不大了,就比你们小了大概三分之一吧,也没办法很大口大口地吃。当时需要把它割开在里面做手术,这也有一定风险的,因为它可能会裂,我就有点担心,当时就没有选择做这个手术。我说就这样吧,反正自己的东西总是好一点。割开了之后又不好看了。所以说第一年我们还是注重锻炼,相互鼓励吧。相互之间鼓励,你鼓励我我鼓励你的,去做这个锻炼。然后到第二年,我们才去念书。

问:那你们当时就是白天去夜大读书,然后晚上回医院吗?

答:我们当时是晚上去上课,我们读的是夜大,不是白天上课的。但夜大也是需要考的,我们也是考进去的。这样我们就白天进行康复锻炼,晚上骑自行车去上课。我骑自行车特别开心。从医院到学校得骑差不多 25 分钟,这也是一个锻炼,蛮开心的。一天到晚关在医院里肯定是不舒服的,就蛮期待晚上去上课的,心情比较舒畅嘛。那个时候读了差不多三年吧,三年也蛮开心的。所以说,人就是要走出去,不管什么时候,每天待在家里也没意思。

问:那您大概是什么时候认识您妻子的呢?

答:我跟我老婆是 2009 年年底认识的。不过也不算正式认识,就是偶尔聊聊天。当时怎么说呢,就是怕吧。一是怕自己受伤,再次受到伤害;身体上受伤害没关系,怕的是心理上受伤害。我当时有个战友,他比我小好几岁,她是我战友的朋友的同事,就是这样一种关系,我那个战友和他的朋友给我们介绍的。那个朋友给了我一个 QQ 号,说你们自己去聊好了。然后就加了 QQ,有一句没一句地聊着。可能是我不太上心,她也工作忙吧,但后来聊着聊着,突然间,感觉话题多起来,感觉可以聊聊,人也比较开心,那肯定谈恋爱的感觉都是这样的。然后么,逐渐相互了解了,了解相互的家庭,了解个人的成长经历,了解彼此的世界观。我当时正做着淘宝店铺,也蛮好玩的,就每天跟她聊着店里的事情,后来就开始视频聊天,然后再慢慢接触。

当时我心里想着,如果她线下看到我第一眼,如果说她表现出来介意,那就算了,这段感情就埋心里算了。因为毕竟如果对你的外貌介意,那肯定是一直会介意的,需要很长时间才能消除的。可是,你知道我看我老婆第一眼是什么感觉吗?我看我老婆第一眼的感觉就是:呀,这不是我老婆嘛!然后她说,你也不丑嘛。第一眼看上去不丑,那就可以了。2011 年的时候去她家,然后就结婚了。

自立与创业

问:听说您后来康复出院后仍然选择留在军营,为什么会作出这个决定呢?

答:第一个,在医院里住的时间太长了,我不愿意再住医院;但是回家的话,生活上也诸多不方便,父母年纪大了,回家疗养的话,也是增加父母的负担。留在部队的话,和这么多战友在一起,对自己的心理恢复以及身体上的恢复,都有帮助。回到部队里面,第一个是能够做一些自己力所能及的事情,比如说班长在训练的时候,我们能够帮个忙搭把手也是好的。有一次过年,火警多,我们整个中队所有的消防车都出去救火了,只剩下一辆车,这时又来火警了,当时整个中队就我和一个驾驶员,那也必须出警,我就一个人出警。这是一对老夫妻吵架,老头子想不开把自己的房子给烧了。他们在顶楼,后来我就一个人去救火,如果说我没在,驾驶员一个人是根本没办法同时完成供水、架设水枪阵地、灭火这几项工作的。因为他必须始终守在那个车上,我在这里至少还能帮个忙。这是2008年。我回到中队没多长时间,等到战友们过来支援的时候,火差不多已经控制住了。战友跑到旁边问我:"还可以吗?"我说:"还可以呀。"

问:您还开过淘宝店铺,那您是什么时候开始不做淘宝店铺,改当快递员的?

答:2016年年底。那时我的店铺品牌授权方做不好,不做了,所以我就把自己的店铺关掉了,在家休息了几个月之后,开始去做藏红花。你们知道吗,全中国90%以上的藏红花都是崇明产的。我以为藏红花是西藏的,一直这样以为,后来才知道,藏红花是我们崇明产的。我们也去引进了种植技术,种了十多亩,不过到现在为止,还是半死不活的。因为它投入精力比较多,人工成本大,也是看天吃饭的。我种藏红花没多久,2017年我哥和他朋友商量一起做快递,我就一起参加了,现在他们慢慢都不做了,我哥有自己的工作要忙,另外一个朋友也退出去跑船去了,后来就是我一个人做,做到现在为止,就是这个样子。

当兵不后悔

问:当兵对您的人生有什么影响?

答:这个问题,蛮难回答的。当兵对我的影响还是蛮大的。没当兵前,没有什么人生目标,连价值观世界观都很模糊。当了兵之后,你的世界观人生观啊,它会发生很大变化,甚至说颠覆你之前的世界观。当兵,教会你的第一件事情,就是要独立。第二件事就是忍耐,你要忍,要学会忍耐,什么事情都要忍耐。第三个是教会你什么叫做自尊,当了兵之后,你的自尊很值钱。不管是在家人与战友之间,还是出任务,都会觉得你这个人在这里,就是个标杆。你只要往那一站,代表的就是安全、信任、可靠。因为我穿军装,我就很自豪。但是,真正能够感到自豪的事情就是,在你赶到火场的时候,老百姓看你的眼神,跟你说的话,以及当时的情况让你做出的选择,让你做出的决定,这都关乎你的尊严。

问:那您希望自己的孩子也去当兵吗?

答:如果他愿意,我肯定支持啊。人的一生总归是自己选择好过别人帮你选择,我们作为父母,起的只能是督促的作用。尤其是现在小孩子跟我们小时候不一样。现在小孩个性比较强,接收的信息也多,个性也比较强。他如果愿意去当兵,或者说去实现自己的人生理想、他的志向,他的愿望、他的爱好,那我们作为父母肯定是支持的。他如果不愿意去当兵,那也是他的人生选择,并不是说我一定要他当兵才体现我这个父亲的光辉形象,不是的,我们要尊重小孩子的自主选择权跟判断力。只要大问题、大方向没有错,你就让他自己去选择。他大方向错了,那不行,那肯定把他改正过来。

大方向没错,我和我老婆坚持的意见就是不干预、不阻挠、支持。因为社会是在不断进步的,你们的价值观世界观,和我的价值观世界观可能是不一样的,你们的世界观应该比我们还要更上一个层次,因为你们的接触面比我们广,肯定比我们更优秀。人不都是一代人比一代人更优秀嘛,社会都是在进步的。

图书在版编目(CIP)数据

戎光印记/上海市军队离休退休干部活动中心,复旦大学历史学系编;陈雁主编. —上海:复旦大学出版社,2023.9
(上海军休干部口述历史系列. 一)
ISBN 978-7-309-16895-2

Ⅰ.①戎… Ⅱ.①上… ②复… ③陈… Ⅲ.①中国人民解放军-军队英雄-先进事迹 Ⅳ.①K825.2

中国国家版本馆 CIP 数据核字(2023)第 145191 号

戎光印记
上海市军队离休退休干部活动中心　复旦大学历史学系　编
陈　雁　主编
责任编辑/黄　丹

复旦大学出版社有限公司出版发行
上海市国权路 579 号　邮编：200433
网址: fupnet@fudanpress.com　http://www.fudanpress.com
门市零售: 86-21-65102580　团体订购: 86-21-65104505
出版部电话: 86-21-65642845
上海盛通时代印刷有限公司

开本 787×960　1/16　印张 17.75　字数 215 千
2023 年 9 月第 1 版
2023 年 9 月第 1 版第 1 次印刷

ISBN 978-7-309-16895-2/K・816
定价: 68.00 元

如有印装质量问题,请向复旦大学出版社有限公司出版部调换。
版权所有　　侵权必究